Illustrierte Einführung in die
Schlossöffnung
3. Ausgabe

standard publications, inc.

3. Ausgabe   3.0

Illustrierte Einführung in die
Schlossöffnung

Autoren
Mark McCloud
Gonzalez de Santos

Illustration
Mirko Jugurdzija

Redakteure
Jin Fujiwara
Lynard Richmar

standard publications, inc.

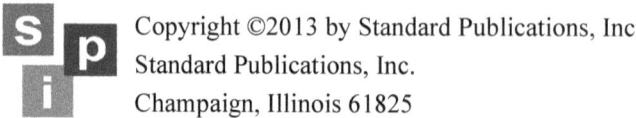 Copyright ©2013 by Standard Publications, Inc.
Standard Publications, Inc.
Champaign, Illinois 61825

Alle Rechte vorbehalten. Kein Teil dieses Bandes darf ohne vorherige schriftliche Genehmigung auch auszugsweise reproduziert werden oder in elektronischen Systemen gespeichert oder übertragen oder sonst wie vervielfältigt werden.

Der Autor und Verleger dieses Buches übernehmen keine Garantie jeglicher Art, weder ausdrücklich noch implizit. Der Autor oder Verleger übernehmen keinerlei Haftung für eventuell auftretende Schäden in Verbindung mit oder erwachsend aus der Bereitstellung, Ausführung oder Nutzung dieser Informationen.

Der Verleger bietet Mengenrabatte an, wenn dieses Buch in größeren Mengen bestellt wird.

ISBN 978-0-9722691-4-8

Deutsche Übersetzung und Layout: Translation by Design
(www.translationbydesign.com)

Standard Publications, Incorporated

Deutsche Übersetzung eines Auszugs aus der 1832. Ausgabe der Edinburgh Encyclopædia

Ein SCHLOSS ist eine bekannte Vorrichtung, mit der Türen, Truhen usw. gesichert und vor einer Öffnung durch Unbefugte ohne den richtigen Schlüssel geschützt werden können. Die einfachste und gebräuchlichste Form des Schlosses umfasst einen massiven Riegel, der in der Regel in ein Metallgehäuse passt und so keine Vorwärts- und Rückwärtsbewegung zulässt. Der Riegel sollte auf allen Seiten eingeschlossen sein, so dass er von außen nicht erreichbar ist. Die einzige Ausnahme bildet eine kleine Öffnung, durch die der Schlüssel eingeführt werden kann, mit dem sich der Riegel bewegen lässt. Diese Öffnung sollte im Schloss von zahlreichen Besatzungskomponenten oder Metallstücken umgeben sein, die keinen direkten oder unmittelbaren Durchgang ermöglichen sollten, damit das Schloss nicht mit einem beliebigen geraden Gegenstand nachgeschlossen werden kann. ... Übel gesinnte Personen könnten sich zahlreiche Schlüssel beschaffen, sogenannte Generalschlüssel, mit denen sich fast jedes Schloss, das auf den o. a. Prinzipien basiert, öffnen lassen sollte. Ein Generalschlüssel ist ein Schlüssel, bei dem nur der Teil des Schlüsselbarts vorhanden ist, der den Riegel bewegt. Alle anderen Elemente sind abgefeilt und reichen gerade, um den Riegel zu verschieben, ohne selbst zu zerbrechen. Es ist offensichtlich, dass ein solcher Schlüssel nicht gegen eine Schlossbesatzung ankommt, da nur wenig massives Metall vorhanden ist. ...

Die Schließtechnik erfreut sich immer zunehmender Beliebtheit, da die Herstellung von Schlössern ohne diese Hindernisse für viele von großem Interesse ist. In der Tat ist der Wunsch, Besitzgüter vor dem Zugriff Unbefugter zu schützen, so wichtig, dass nur wenigen Vorrichtungen so viel Schweiß und Erfindungsgeist zugedacht worden ist wie dem Schloss.

Die meisten Erfindungen für Schlösser sollten sich durch einen besonderen Vorteil auszeichnen, d. h. sie sollten Widerstand gegen Gewalt oder Schutz vor Nachschließversuchen bieten. Manche Spekulanten haben sich ein ganz anderes Prinzip zu eigen gemacht: Das Prinzip der Kombination eines Schlosses mit einer Alarmvorrichtung, d. h. einer großen Glocke, einer Waffe usw., so dass Versuche, das Schloss aufzubrechen, die Glocke zum Läuten bringen oder die Waffe entladen, wodurch Lärm und Verwirrung entstehen und der Störenfried u. U. nicht umhinkommt zu fliehen. Uns sind mit Hinsicht auf die Einzelheiten solcher Situationen, mit denen die Sicherheit von Schlössern erhöht werden soll, Grenzen gesetzt. Wir werden daher nur auf diejenigen eingehen, die sich mit der Zeit bewährt und daher an Beliebtheit gewonnen haben. ...

Das Thema der Schließtechnik ist so umfangreich, dass es unsere Möglichkeiten übersteigt, auf alle unterschiedlichen Arten und Konfigurationen einzugehen. (J. F.)

Inhalt

Einführung 9

1 Buntbartschlösser 12
    So erkennen Sie Buntbartschlösser 12
    Funktionsweise 13
    Beispiel für ein Buntbart-Vorhängeschloss 14
    Nachschließen von Buntbartschlössern 18
    Impressionieren von Buntbartschlössern 21

2 Stiftzylinderschlösser 28
    So erkennen Sie Stiftzylinderschlösser 28
    Funktionsweise 28
    Teile eines Stiftzylinderschlosses 29
    Theorie 30
    Standardwerkzeuge 32
    Zugang ohne Schlüssel 38
    Harken 40
    Nachschließen 42
    Übungen 49
    Plug Follower (USA) 52
    Überbrückungsmethode 54
    Shimmen 56
    Schlag- und Vibrationsmethode 58

3 Komplexe Stiftzylinderschlösser 66
    Gerundete Stifte und abgeschrägte Öffnungen 67
    Arbeiten mit dem Generalschlüssel 70
    So ermitteln Sie den passenden Generalschlüssel 73
    Hochsicherheitsstifte 77
    Spannwerkzeuge 81
    Flipper 85

4 Plättchenzylinderschlösser — 90
Beidseitig bedienbare Plättchenschlösser — 92
Nachschließen von Plättchenschlössern — 94

5 Tubularschlösser — 100
Funktionsweise — 101
Nachschließen von Tubularschlössern — 104
Harken — 107
Manipulation einzelner Schlossstifte — 115
Nach dem Nachschließen des Schlosses — 118
Tubularschlösser in Hochsicherheitsanwendungen — 119
Improvisierte Werkzeuge — 124

6 Hebelschlösser — 130
Historische Hebelschlösser — 130
Funktionsweise — 132
Nachschließen von Hebelschlössern — 139
Hochsicherheitshebelschlösser — 143
Herstellung eines Generalschlüssels für Hebelschlösser — 145

7 Impressionieren von Zylinderschlössern — 150
Vorbereitung des Rohlings — 152
Impressionieren des Schlosses — 154
Impressionieren – Beispiel — 163

8 Kombinationsschlösser — 170
Funktionsweise — 170
Knacken von Kombinationsschlössern — 180
Schloss mit 10 Kerben — 184
Schloss mit 12 Kerben — 194
Anmerkungen zum Schluss — 201

9 Was Sie noch wissen sollten — 206

Glossar — 210

Rechtlicher Hinweis — 221

Einführung

Bevor Sie weiterlesen, sollten Sie verstehen, dass es sich bei der Sperrtechnik um eine Fertigkeit handelt. Sie sollten das Erlernen dieser Fertigkeit wie jede andere angehen. Es ist möglich, dass Sie zunächst nur wenig Erfolg haben. Aber mit der Zeit und etwas Hingabe können Sie es schaffen. Wie bei die meisten Fertigkeiten gilt auch hier: Üben, üben, üben. Immer und immer wieder. Dieses Buch beschreibt die unterschiedlichen Methoden der Sperrtechnik sowie die erforderlichen Werkzeuge. Ein Verständnis der Funktionsweise wird Ihnen beim Nachschließen oder Umgehen Ihrer Schlösser helfen. Daher liefert dieses Buch auch detaillierte und bebilderte Angaben zur Funktionsweise unterschiedlicher Schlossarten. Diese Informationen werden beim Erlernen dieser Fertigkeit oder auch in der Praxis hilfreich sein.

Die tatsächlichen Nachschließmethoden sind eigentlich recht einfach. Sie arbeiten mit der Bauweise des Schlosses, um es ohne Schlüssel öffnen zu können. Allerdings kann es sich manchmal als sehr schwer erweisen, die hier genannten Methoden einzusetzen. Mit der Zeit wird sich aber herausstellen, dass Sie ein Schloss, für dessen Öffnung Sie zu Beginn eine Stunde benötigt haben, jetzt innerhalb von 10 Minuten nachschließen können. Ein Schloss, für das Sie fünf Minuten gebraucht haben, lässt sich nun in wenigen Sekunden öffnen. Mit der Zeit werden Sie Ihre erlernten Fertigkeiten immer besser einsetzen können.

Dieses Buch geht nicht detailliert auf die rechtlichen Sachverhalte der Sperrtechnik ein. Sie müssen sich über die geltenden Gesetze und Richtlinien selbst informieren. Wenn Sie dieses Buch als Lehrbuch im Unterricht verwenden, wenden Sie sich an Ihren Lehrer, wenn Sie Fragen haben. Egal was passiert, halten Sie sich an das Gesetz. Es gibt viele rechtmäßige Gelegenheiten, bei denen sich die Fähigkeit, ein Schloss zu öffnen, als nützlich erweist. Neben den zahlreichen professionellen Schlüsseldiensten im Land, die mit legitimen Sperrtechniken ihr Geld verdienen, sind Kenntnisse der Sperrtechnik in zahlreichen Berufen hilfreich. Schlösser müssen häufig von der Polizei, Sanitätern und Abschleppdiensten im Rahmen ihres Berufsalltags geöffnet werden.

Führen Sie sich stets vor Augen, warum Sie ein Schloss öffnen. Häufig ist es möglich, ein Schloss zu umgehen, ohne dass es überhaupt nachgeschlossen oder geknackt werden muss.

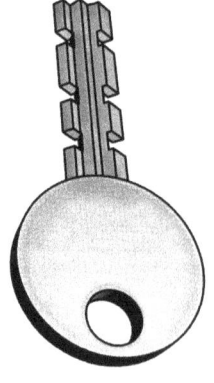

ID# 1

**Buntbart-
schlösser**

Buntbartschlösser

Buntbartschlösser zählen wahrscheinlich zu den ältesten Schlössern überhaupt. Heutzutage sind sie jedoch in der Regel hinfällig. Da sie so einfach nachzuschließen sind, bieten sie nicht sehr viel Sicherheit. Trotzdem erfüllen sie noch einen Zweck und sind manchmal besser als nichts.

Buntbartschlösser kamen während der Römerzeit auf. Seit vielen Jahrhunderten hatten sich damals die Zünfte darum bemüht, die Geheimnisse der Schließtechnik für sich zu behalten, um Kontrolle darüber zu haben, wer diese Technik erlernen konnte. Buntbartschlösser galten damals als Standard. Die alten Chinesen und Russen begaben sich jedoch daran, das Schlüsselloch hinter Verzierungen zu verbergen, um die Sicherheit ihrer Buntbartschlösser zu erhöhen. Die ungeheure Größe mancher wichtiger Schlösser führte zu mehr Sicherheit, da sie nicht so einfach nachzuschließen waren. Im Europa des Mittelalters ging man sogar so weit, dass man Fallen einbaute, die die Hände oder Finger greifen oder gar amputierten sollten, wenn jemand versuchte, den falschen Schlüssel einzuführen, oder an dem Mechanismus herumspielte. Diese waren auch noch Anfang des 20. Jahrhunderts beliebt und wurden u. a. als Türschlösser verwendet.

So erkennen Sie Buntbartschlösser

Heute werden Buntbartschlösser in billigeren Bügelschlössern, an Möbeln, bei Handschellen und bei Gepäckstücken verwendet. Wenn das *Schlüsselloch* einer der Zeichnungen rechts entspricht, handelt es sich wahrscheinlich um ein Buntbartschloss. Die Schlüssel für Schlösser dieser Art lassen sich in der Regel ohne Reibung oder Widerstand einführen und wieder abziehen. Zudem sind im Schlüsselkanal weder Stifte noch Plättchen zu sehen.

Beispiel für Schlüsselkanalbesatzung

Funktionsweise

Bei Öffnen eines Schlosses besteht das Ziel in der Regel darin, den *Sperrriegel* zu drehen, zu bewegen oder irgendwie zu verstellen. Dieser Riegel wiederum gibt den Bügel, den Schlossriegel oder den anderweitigen Schließmechanismus frei.

Schauen wir uns zunächst einen vereinfachten Schließmechanismus an. Diese besteht in der Regel aus einem *Schlüsselkanal*, d. h. der Öffnung, in die der Schlüssel eingeführt wird, und einem Sperrriegel, der vom *Schlüsselbart* gedreht wird. Die folgenden Abbildungen veranschaulichen ein derartiges Schloss.

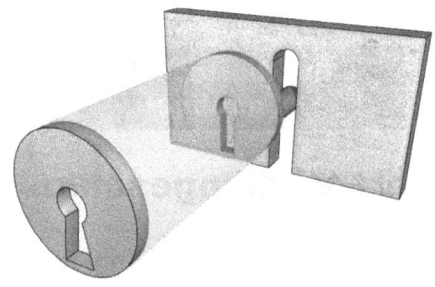
Einfaches Schloss – verriegelt

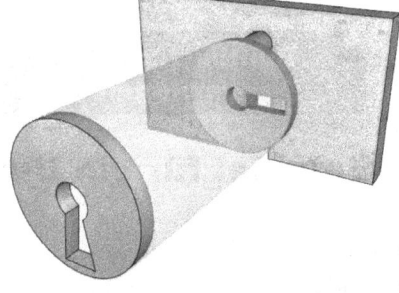
Einfaches Schloss – geöffnet

Bei Buntbartschlössern wird dieses Konzept einen Schritt weitergeführt. Diese Schlösser verfügen über eine *Besatzung*. Bei diesen Besatzungen handelt es sich um Einschnitte oder Bärte, die falsche Schlüssel blockieren und nur den richtigen Schlüssel durchlassen. Dies bedeutet, dass alle Schlüssel eines bestimmten Buntbartschlosses über den gleichen Schlüsselbart verfügen, um den Sperrriegel drehen zu können. Diese Schlüssel haben auch *Kerben*,

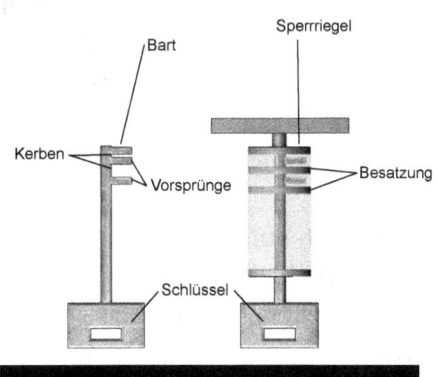
Teile eines Buntbartschlosses

mit denen die Besatzung eines bestimmten Schlosses umgangen wird. Unterschiedliche Schlüssel haben unterschiedliche Kerben. Jeder zeichnet sich durch das Design aus, das auf das jeweilige Schloss passt. Der richtige Schlüssel funktioniert, weil die Kerben mit der Besatzung ausgerichtet werden können, und sich der Schlüssel somit ungehindert drehen kann. Da jedes Schloss eine andere Besatzung hat und die Kerben auf die Besatzung abgestimmt sein müssen, kann theoretisch nur der richtige Schlüssel das Schloss öffnen.

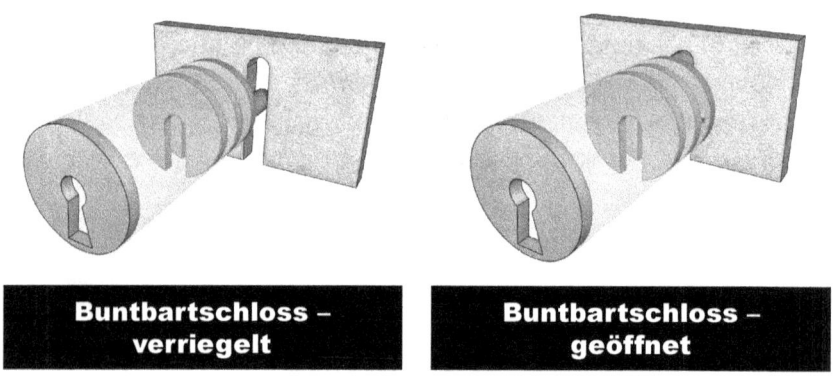

Buntbartschloss – verriegelt **Buntbartschloss – geöffnet**

Beispiel für ein Buntbart-Vorhängeschloss

Buntbart-Vorhängeschlösser sind nicht so beliebt wie Stiftzylinderschlösser. Sie finden jedoch hier und da noch Verwendung und werden auch noch in Ihrem Baumarkt zu finden sein. Auf den ersten Blick sind sie u. U. nicht als Buntbartausführung zu erkennen. Nur der niedrigere Preis gibt evtl. Hinweis darauf, dass es sich nicht um ein Stiftzylinderschloss handelt. Ein geschultes Auge erkennt die offensichtlich minderwertigeren Schlösser. Im Folgenden finden Sie somit eine Beschreibung der Funktionsweise eines regulären Buntbart-Vorhängeschlosses, damit Sie besser verstehen, wie Schlösser dieser Art nachgeschlossen werden können.

Buntbart-Vorhängeschlösser lassen sich z. B. am charakteristischen Schlüsselloch erkennen. Das Schlüsselloch besteht häufig aus einer kleinen, sich drehenden Scheibe mit einer verzahnten Öffnung. Diese Öffnung fungiert wie eine Art Besatzung. Nur ein Schlüssel mit dem richtigen Profil und der richtigen Form kann passieren. Die Sicherheit, die ein Schloss dieser Art bietet, ist recht minimal, da zahlreiche Werkzeuge und Gegenstände eine Besatzung dieser Art außer Gefecht setzen können.

Buntbartschlösser Buntbart-Vorhängeschloss

Wie Sie in der folgenden Abbildung erkennen können, besteht das Vorhängeschloss aus zahlreichen gestapelten Metallplättchen, die jeweils mit vier Stäben stabilisiert werden. Die meisten Plättchen umfassen einfach drei Öffnungen: zwei für den Bügel und eine für den Schlüssel. Manche wurden jedoch für einen bestimmten Zweck gefertigt. Anstatt eines runden Schlüsselkanals verfügen z. B. manche Plättchen auch über einen flachen Schlitz, durch den der Schlüssel zwar passt, der aber eine Schlüsseldrehung nicht zulässt. Diese Plättchen übernehmen die Funktion der Besatzung. Der Schlüssel kann zwar passieren, wenn Sie ihn in das Schloss einführen, aber wenn Sie versuchen, ihn zu drehen, stößt er gegen die Besatzung. Nur ein an dieser Stelle ganz dünn geschnittener Schlüssel kann sich in der Kerbe drehen. Unterschiedliche Schlüsselkombinationen lassen sich einfach durch eine neue Anordnung der Besatzungsplättchen herstellen.

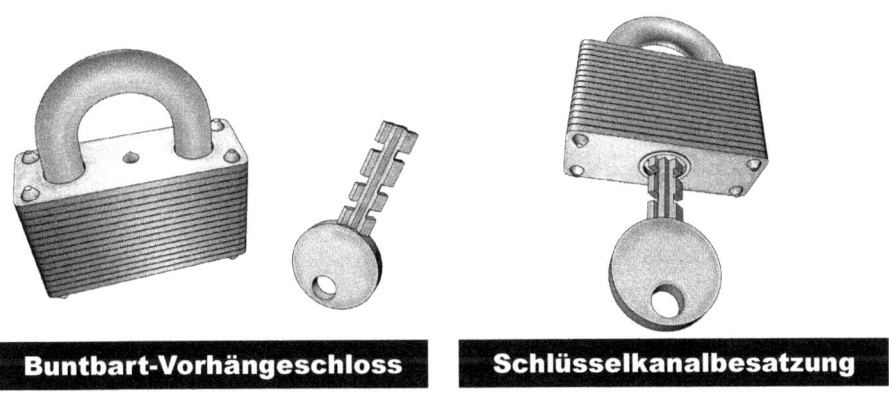

Buntbart-Vorhängeschloss   Schlüsselkanalbesatzung

Schauen wir uns einmal dieses Schloss von innen an, um seine Funktionsweise besser verstehen zu können. In diesem Beispiel übernehmen zwei Plättchen den eigentlichen Schließmechanismus. Die obige Abbildung zeigt nur zwei Plättchen und wie sie den Schlossbügel in Position halten. Jede verfügt über eine gefederte Metallstange, die in einer Kerbe im Schlossbügel ruht. Solange sich diese Metallstange in der Kerbe befindet, kann der Schlossbügel nicht angehoben werden. Er bleibt im Schloss arretiert. Der Schlüssel (oder ein sonstiges Instrument) biegt diese Metallfeder einfach zur Seite. Wenn sie nicht mehr in der Kerbe ruht, kann der Bügel aus dem Schloss gezogen werden (eine Bewegung, die durch eine weitere Feder unterstützt wird). Hierbei ist zu beachten, dass dieses Schloss über zwei Metallfedern verfügt, die den Schlossbügel in Position halten, d. h. eine auf jeder Bügelseite. Das Schloss öffnet sich erst, wenn beide Federn gleichzeitig zur Seite geschoben werden.

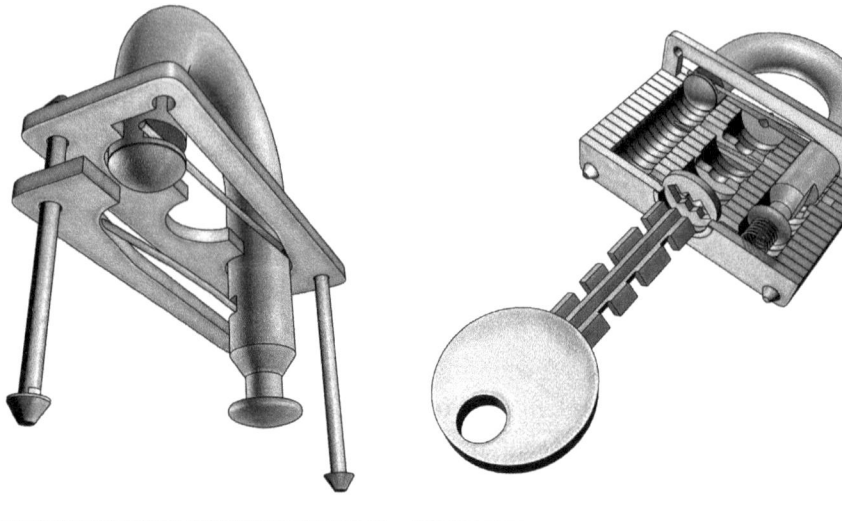

Verriegeltes Bügelschloss

Buntbart-Vorhängeschloss – Schnittansicht

Die Schnittansicht veranschaulicht, wie alle Komponenten zusammenpassen. Die Buntbart- und Sperrplättchen sind schattiert dargestellt, um die Anordnung zu zeigen. Es ist gut erkennbar, wie sie anders angeordnet werden können, um einen anderen Schlüssel aufzunehmen. Jede Bügelseite verfügt über eine Metallfeder, die den Bügel auf gegenüber liegenden Seiten arretiert. Eine Seite des Schlüssels schiebt die Metallfeder nach unten, während die andere Seite des Schlüssels die Metallfeder nach oben drückt.

Der Schlüsselkanal ist so konzipiert, dass nur der richtige Schlüssel beim Einführen in das Vorhängeschloss verwendet werden kann. An der Schnittansicht ist jedoch zu erkennen, dass die bestimmte Schlüssellochform nur vorne am Schlüsselkanal gegeben ist. Es gibt bestimmt zahlreiche Werkzeuge oder Gegenstände, die hier durchpassen. Fast jeder flache Gegenstand aus Metall würde sich hier eignen.

Wenn der Schlüssel nur teilweise in das Schloss eingeführt wurde, stoßen die Vorsprünge am Schlüsselbart ggf. an die Besatzung, sobald Sie versuchen, den Schlüssel zu drehen. Wie unten in der ersten Abbildung zu sehen ist, behindert die Besatzung des Schlosses die Drehbewegung des Schlüssels. Der Schlüssel kann zwar in eine Richtung eingeführt, aber nicht gedreht werden. Manchmal ist es möglich, einen Schlüssel teilweise einzuführen,

Buntbartschlösser   Buntbart-Vorhängeschloss

so dass die Kerben mit der falschen Besatzung ausgerichtet sind und der Schlüssel sich drehen kann. Die Abschnitte des Schlüsselbarts befinden sich dann aber u. U. nicht in der richtigen Position, um die Metallfedern, die den Bügel in Position halten, zu bewegen. Daher ist es nicht nur wichtig, dass die Vorsprünge an Ihrem Schlüssel fehlen, die gegen die Besatzung stoßen, sondern auch, dass sich die Bartabschnitte an der richtigen Stelle befinden. Zudem ist es u. U. erforderlich, dass der Bart Ihres Schlüssels über mehrere Abschnitte verfügt (wie in unserem Beispiel zu sehen ist). Bei manchen Schlössern muss sich der Bart am Schlüsselende befinden, bei anderen nicht. Die Position ist nicht unbedingt immer vorgeschrieben. Manche Buntbartschlösser haben ganz besonders geformte Besatzungen, um noch mehr Sicherheit zu bieten.

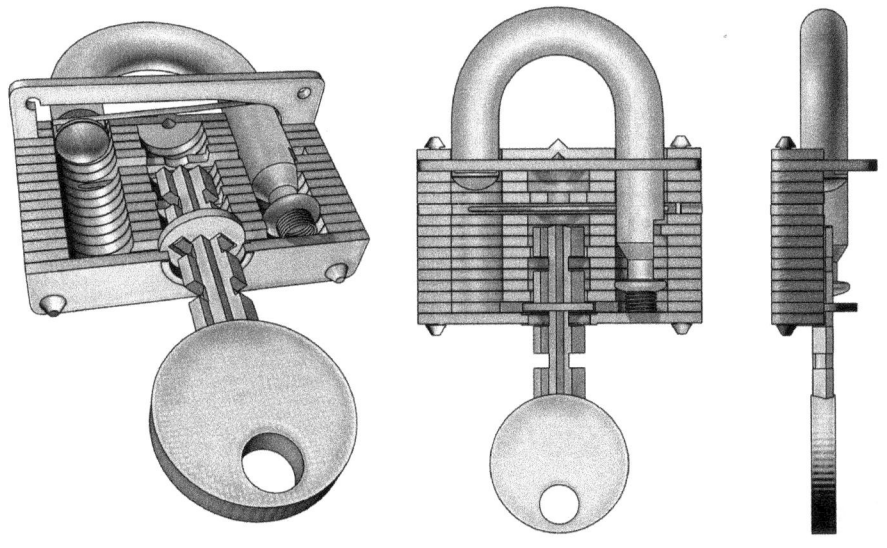

Schlüssel teilweise im Buntbart-Vorhängeschloss

Wenn der richtige Schlüssel ganz eingeführt und gedreht ist, werden beide Metallfedern aus den Kerben im Bügel geschoben. Der Bügel kann dann herausgezogen und gedreht werden. In der Regel befindet sich eine Feder im Schloss, mit der der Bügel automatisch aus dem Schloss springt. Dieses Beispiel eines Vorhängeschlosses zeigt eine solche Feder. Es gibt hier auch ein spezielles Plättchen mit einem Vorsprung, durch den der Bügel davon abgehalten wird, dass er beim Aufschließen des Schlosses sofort hochspringt.

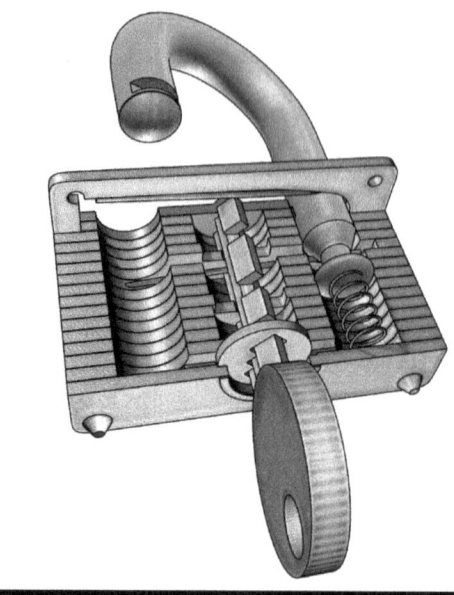

Buntbart-Vorhängeschloss – geöffnet

Die meisten Vorhängeschlösser verfügen über ähnliche Mechanismen, die den Bügel am Schloss sichern, auch wenn dieses entriegelt ist.

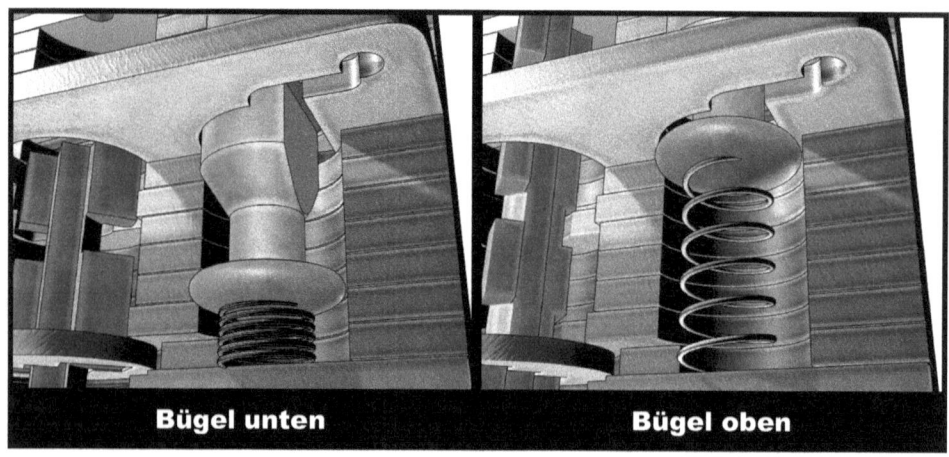

Bügel unten — **Bügel oben**

Nachschließen von Buntbartschlössern

Buntbartschlösser können relativ einfach nachgeschlossen werden. Sie müssen dazu lediglich den Sperrriegel bewegen. Leider sind Ihnen aber die Besatzungsabschnitte im Wege. Eine Lösung wäre, diese

Buntbartschlösser Nachschließen

Besatzungsabschnitte einfach zu meiden. Wenn Ihr Schlüsselbart keine Vorsprünge aufweist, die gegen die Schlossbesatzung stoßen können, kann der Schlüssel sich ungehindert drehen. Schauen wir uns daher noch einmal das einfache Schlossdesign an, das wir weiter oben beschrieben haben. Wir sollten dazu einen Schlüssel anfertigen, der lediglich aus einer *Angel* und einem *Bart* besteht. Mit dem Bart können Sie den Sperrriegel drehen. Die Angel umfasst keine Vorsprünge, die gegen die Besatzungsabschnitte stoßen könnten. Ein solcher Schlüssel würde aus nur wenig Material bestehen. Er wird daher *Generalschlüssel* oder Dietrich genannt.

Wenn Sie ein Buntbartschloss nachschließen möchten, sollten Sie am besten über mehrere Generalschlüssel oder Dietriche verfügen, die sich für die unterschiedlichen Buntbartschlossarten eignen. Versuchen Sie mit jedem Schlüssel, den Sie besitzen, das Buntbartschloss zu entsperren. Führen Sie den Schlüssel soweit wie möglich ein und versuchen Sie, ihn zu drehen. Öffnet sich das Schloss nicht, versuchen Sie, den Schlüssel leicht hin und her zubewegen. Bleibt auch dieser Versuch erfolglos, fahren Sie mit dem nächsten Schlüssel fort. Sie können auch unter Verwendung der Impressionstechnik, die weiter unten beschrieben wird, einen Schlüssel anfertigen. Je nach Ausführung und Form des Buntbartschlosses benötigen Sie aber einen entsprechenden Generalschlüssel. Professionelle Schlüsseldienste verfügen über ganze Generalschlüsselsortimente, mit denen sich diese Schlösser in den meisten Situationen nachschließen lassen. In den meisten Fällen eignet sich aber schon einfach ein gebogener Draht oder ein L-förmiger Gegenstand, um das Schloss zu öffnen.

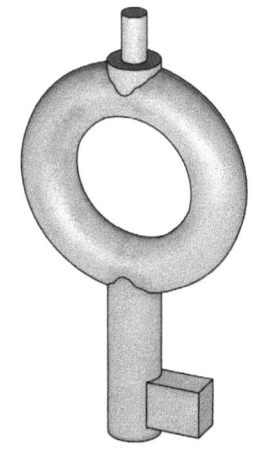

Handschellen-schlüssel

Interessant ist, dass bei den meisten Handschellen, die heutzutage verwendet werden, ebenfalls Buntbartschlösser zum Einsatz kommen. Diese Vorrichtungen dienen speziell der Bewegungseinschränkung. Handschellen im regelmäßigen Einsatz müssen daher besonders robust und kosteneffektiv sein. Bei normalem Gebrauch kann die Handgelenkklammer geschlossen und verriegelt werden und nur mit einem Schlüssel wieder entsperrt werden. Handschellen von Behördenqualität sind z. T. *doppelt bzw. zweitourig verschließbar*. Sie können nicht weiter festgezogen werden, sobald sie doppelt verriegelt sind. So lassen sich unnötige und unbeabsichtigte Verletzungen der Person, der sie angelegt wurden, verhindern. Und es erschwert ein Knacken oder Nachschließen durch Unbefugte. Der Schlüssel muss hier erst in eine Richtung und dann vollständig in die andere Richtung gedreht werden, um die Handschellen zu öffnen. Mit der ersten Drehbewegung wird der doppelte oder zweitourige Schließmechanismus aufgehoben, mit der zweiten Bewegung der Knarrenmechanismus, damit die Handgelenkklammer aufschwingen kann. Die meisten Schlüssel für Handschellen dieser Art verfügen über einen kleinen Barteinschnitt, mit dem ein Schieber bewegt bzw. der in eine bestimmte Öffnung eingeführt wird, um die doppelte Verriegelung zu aktivieren.

Auf den hier gezeigten Abbildungen sind u. U. mehrere Barteinschnitte zu sehen. Der Grund hierfür liegt darin, dass zahlreiche Buntbartschlösser über zwei Sperrriegel verfügen müssen, die zur selben Zeit bewegt werden müssen, damit das Schloss entsperrt werden kann (wie z. B. die Buntbart-Vorhängeschlösser in diesem Buch).

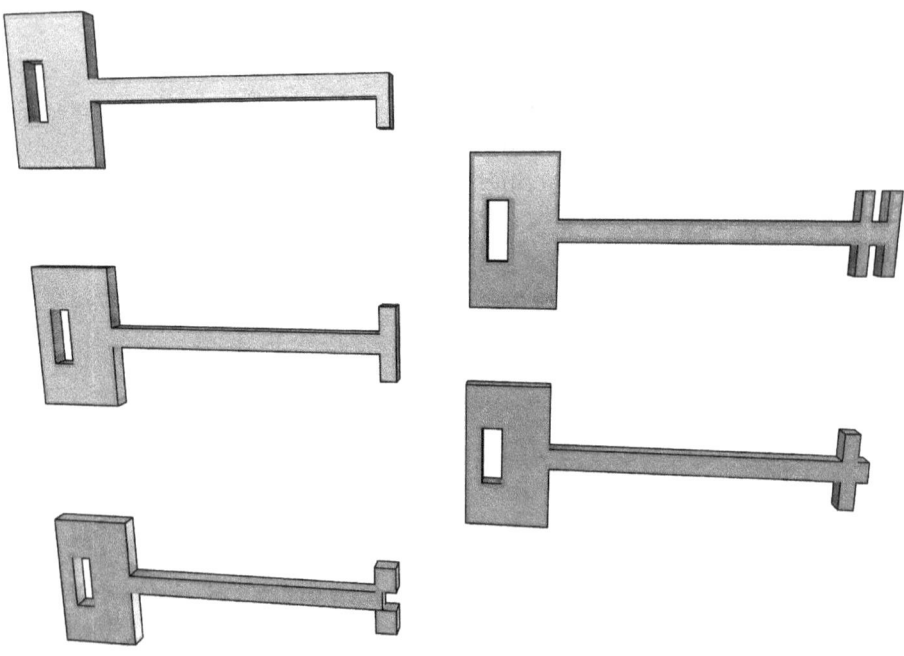

Buntbart-Vorhängeschloss – geöffnet

Impressionieren von Buntbartschlössern

Anhand der *Impressionstechnik* können Sie einen neuen Schlüssel für ein Buntbartschloss herstellen, ohne dass Sie den Originalschlüssel haben oder gar seine Form kennen. In der Regel ist es kein Problem, Buntbartschlösser mit dem Generalschlüssel oder einem L-förmigen Gegenstand nachzuschließen. Manchmal bietet es sich jedoch an, wenn man über einen tatsächlichen Schlüssel verfügt. Zunächst benötigen Sie dazu einen geeigneten *Rohling*. Oft kann es sich bei vielen Buntbartschlössern als schwierig erweisen, einen tatsächlichen Rohling zu finden, da es sich entweder um eine seltene Schlossart handelt oder das Schloss zu billig ist, als dass man sich mit der Herstellung eines Generalschlüssels abgeben möchte. Der richtige Rohling erfüllt die folgenden Bedingungen:

- Er passt problemlos in die Öffnung des Schlosses und berührt nicht die Wände des Schlüsselkanals.

- Er ist aber breit genug, dass er den Schlüsselkanal ausfüllt, damit er bei einer Drehbewegung den Mechanismus bewegen kann, mit dem sich das Schloss öffnen lässt.

- Er ist so robust, dass er einem gewissen Kraftaufwand ohne zu brechen oder sich zu verbiegen standhalten kann.

- Er muss beim Abschleifen, Abfeilen oder Zuschneiden den jeweiligen Belastungen standhalten können, ohne Risse zu zeigen oder sich zu verbiegen.

Ein Schlüssel, der in ein anderes Schloss derselben Art passt, ist in der Regel der perfekte Ausgangspunkt. Oft aber reicht schon ein flacher Gegenstand aus Metall. Das Blatt einer Stichsäge würde diesen Anforderungen problemlos entsprechen. Diese Blätter sind in unterschiedlichen Größen erhältlich und eines sollte sich mit Ihrem Schloss verwenden lassen. Zudem sind sie recht günstig zu haben und einfach zu finden. Schwarze Blätter sind besonders gängig, aber hier ist zu beachten,

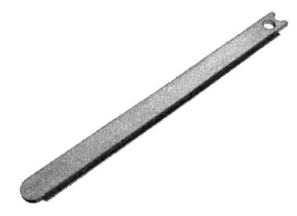
Sägeblatt

dass die Markierungen unter Verwendung von Ruß ggf. nicht gut zu sehen sein werden. Wenn Sie sich für das Blatt einer Stichsäge entscheiden, sollten Sie die Verzahnung aus Sicherheitsgründen abfeilen oder -schleifen.

Feilen eignen sich ebenfalls. Sie sind überall erhältlich und kosten nicht viel. Mit einem Schleifrad geht Ihnen die Arbeit schneller und einfacher von der Hand. In Ihrem Baumarkt sollten Sie fündig werden. Mit einem schmaleren Schneidrad können Sie präziser arbeiten als mit einem dicken Schleifstein, der in der Regel im Lieferumfang des Motorantriebs enthalten ist. Schleifräder sind manchmal nur schwer zu transportieren. Es mangelt ihnen daher an der Flexibilität und Kontrolle, die Sie in der Regel mit Feilen erhalten. Grobe Schleifarbeiten lassen sich jedoch am besten und schnellsten mit einem Schleifrad erledigen, während Sie mit der Feile den letzten Schliff anlegen können.

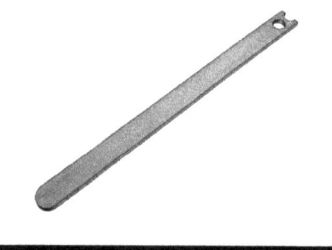

Rohling

Wenn Sie einen guten Rohling haben, können Sie mit dem Impressionieren beginnen. Der Rohling muss dazu zunächst beschichtet werden, damit Sie problemlos Markierungen setzen können. In der Regel wird der Rohling dazu über die Flamme einer brennenden Kerze gehalten. Die Rußschicht, die sich auf dem Rohling bildet, kann einfach abgekratzt werden. Manchmal allerdings lässt sie sich zu einfach entfernen. Wenn Sie mit einem schwarzen Rohling arbeiten, sind die Markierungen u. U. nur schwer zu erkennen, es sei denn, Sie halten den Rohling ins Licht und achten auf Stellen, an denen das Licht unterschiedlich reflektiert wird. Bringen Sie zur Probe einige Markierungen an, um festzustellen, wie sie aussehen. Der Rohling kann nicht über die Flamme eines Gasherds gehalten werden, da hier kein Rauch gebildet wird und keine Verbrennungsrückstände entstehen, die eine Rußschicht hinterlassen. Sie können alternativ auch warten, bis etwas Kerzenwachs geschmolzen ist, und den Rohling dann gleichzeitig mit einer Wachsschicht überziehen. Tauchen Sie den Rohling dazu in das geschmolzene Wachs in der Nähe der Flamme. Oder brechen Sie etwas gehärtetes Wachs von der Kerze ab und legen Sie es auf den Rohling. Halten Sie dann den Rohling über die Flamme, um das Wachs zu schmelzen. Ist die Wachsschicht zu dick, wird sie ggf. bei Einführen des Rohlings in den Schlüsselkanal abgezogen. Mit etwas Übung werden Sie schnell herausfinden, wie viel Wachs genau richtig ist. Der Rohling kann natürlich auch einfach schwarz angemalt werden.

Wenn Sie mit der aufgetragenen Schicht zufrieden sind, können Sie mit dem Impressionieren beginnen. Wenn sich der Rohling nicht in das Schloss einführen lässt, ohne dass die Oberfläche dabei verkratzt, ist die Beschichtung oder das Blatt selbst ggf.

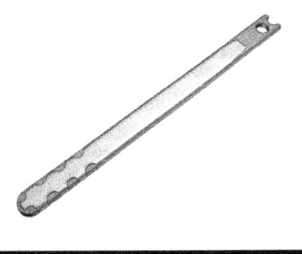

Rohling mit Markierungen

zu dick. Sobald sich der Rohling jedoch vollständig im Schloss befindet, drehen Sie ihn mit einem gewissen Drehmoment in beide Richtungen. Er sollte gegen die Besatzung im Schloss stoßen und sich nicht besonders weit drehen lassen. Sie wollen schließlich erreichen, dass die Besatzung die Beschichtung auf Ihrem Rohling markiert. Oft ist es hilfreich, wenn Sie den Rohling leicht hin und her bewegen, um die Markierungen besser sichtbar zu machen.

Neuer Schlüssel

Ziehen Sie das Blatt jetzt vorsichtig heraus und achten Sie dabei darauf, dass keine neuen Markierungen entstehen. Sie sollten auf der Oberfläche des Rohlings die Kerben und Kratzer der Besatzung sehen. Jetzt müssen Sie lediglich die Stellen Ihres Rohlings entfernen, an denen sich die Markierungen befinden. Ignorieren Sie langgezogene Markierungen, die ggf. bei Einführen oder Herausziehen des Rohlings entstanden sind. Sobald Sie die Teile des Rohlings entfernt haben, die gegen die Besatzung stoßen, sollte sich das Schloss mit Ihrem Schlüssel öffnen lassen!

Besondere Vorsicht ist bei bestimmten Schlössern geboten, bei denen sich hinten im Schlüsselkanal ein kleiner Stift oder Zapfen oder eine sonstige Sperre befindet. Schlüssel für diese Schlösser verfügen über eine Spitze, die ausgehöhlt ist oder sich am Ende durch eine Öffnung oder U-förmige Ausprägung auszeichnet. Diese Form ist notwendig, damit der Schlüssel auf den Stift oder Zapfen passt. Bei Einführen in das Schloss passt der Schlüssel um den Stift oder Zapfen und lässt sich ohne Probleme drehen. Wenn Sie keine *Endbesatzung* erkennen können, indem Sie einfach in den

Schlüsselkanal schauen, müssen Sie das Ende des Schlüssels ggf. mit einer Ruß- oder Wachsschicht überziehen, um feststellen zu können, ob sich eine solche Besatzung in Ihrem Schloss befindet.

Bei manchen billigeren Vorhängeschlössern müssen Sie evtl. den Bügel herunterdrücken und wieder herausziehen, während Sie den Schlüssel drehen, um das Schloss zu öffnen. Funktioniert auch das nicht, müssen Sie den Impressioniervorgang wiederholen. Unter Umständen haben Sie den Rohling nicht ausreichend tief eingeschnitten oder die Besatzung hat eine besondere Form, so dass beim ersten Mal keine vollständige Markierung entsteht. Manche Schlösser verfügen ggf. über eine Besatzung, die erst nach Drehen des Schlüssels mit dem Schlüssel in Kontakt kommt. Für diese Schlösser muss der Impressioniervorgang zudem mehrmals wiederholt werden. Sie müssen Ihren neuen Schlüssel ggf. mehrmals einführen und wieder abziehen, bis er richtig funktioniert. Wenn Sie zu viel vom Schlüssel entfernt haben, können Sie entweder mit einem neuen Rohling von vorne anfangen oder die zu tiefen Einschnitte wieder füllen. Hierzu eignet sich Lötmaterial, wenn nicht zu viel Kraftaufwand für das Schloss notwendig ist. Lötmaterial ist jedoch weich und hält nicht lange.

Buntbartschlösser Impressionieren

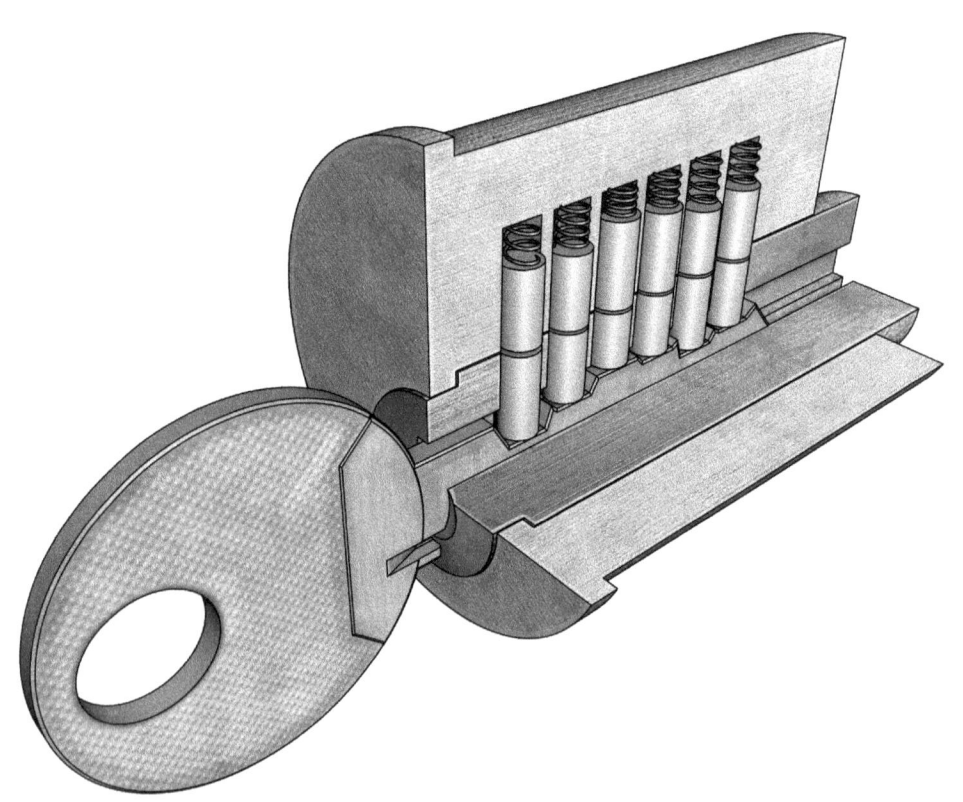

2

Stiftzylinder-
schlösser

Stiftzylinderschlösser

Bei dem *Stiftzylinderschloss* handelt es sich um das populärste Schloss in den USA. Es ist so ziemlich der Grundstein der Schließtechnik. Es überrascht nicht, dass es zu den ältesten Schlossmodellen zählt. Schon zur Zeiten der Bibel waren Stiftschlösser mit langen Holzschlüsseln in Gebrauch und wurden sogar in den Pyramiden in Ägypten entdeckt. Diese Vorrichtungen sind sogar älter als die gemeine Gabel. Im Stiftschloss der Ägypter wurde verhindert, dass ein großer Bolzen verrutschte und nicht, dass ein zylindrischer Kern sich drehte. In diesen Schlössern fehlten Federn und obere Stifte, obwohl sie zu der Zeit als revolutionär galten. Mit der Zeit sind sie anderen Schlossausführungen gewichen und in Vergessenheit geraten. Erst Mitte des 19. Jahrhunderts führte Linus Yale, Gründer der Yale Lock Company, das moderne Stiftzylinderschloss mit zwei Stiften in jeder Stiftsäule ein. Sein Sohn setzte die Arbeit des Vaters fort und entwickelte bis 1865 ein realisierbares, kommerzielles Serienprodukt. Heute ist die Auswahl der Stiftzylinderschlösser auf dem Markt sehr groß. Sie unterscheiden sich in der Qualität, Größe, Anzahl der möglichen Kombinationen und im Preis und geben uns ein allgemeines Gefühl der Sicherheit. Sie entscheiden, ob dieses Gefühl der Sicherheit gerechtfertigt ist oder nicht.

So erkennen Sie Stiftzylinderschlösser

Stiftzylinderschlösser sind an zahlreichen Orten und meistens an Riegelschlössern im Haus, Schränken, Vorhängeschlössern usw. anzutreffen. In der Regel sind die *Stifte* im Schlüsselkanal sichtbar. Diese Stifte sind oft rund und am Ende zugespitzt. Sie sind federbelastet und rutschen bei Krafteinwirkung zurück. Sie ähneln dem *Plättchenzylinderschloss*, dem weiter unten ein Kapitel gewidmet ist.

Funktionsweise

Das umfassende Verständnis der Funktionsweise eines Stiftzylinderschlosses braucht Zeit. Lassen Sie sich dadurch nicht entmutigen. Lesen Sie dieses Kapitel ruhig mehrmals durch, um sich vollständig mit dem Konzept vertraut zu machen. Zusätzlich zu den Abbildungen hier sollten Sie sich ggf. ein Übungsschloss anschaffen und es auseinanderbauen, um die Einzelteile

Stiftzylinderschlösser Funktionsweise

und deren Funktionsweise kennenzulernen. Gehen Sie aber vorsichtig vor: Manche der Einzelteile sind sehr klein und federbelastet. Sie springen beim Auseinanderbau des Schlosses schnell heraus und sind dann nur schwer wiederzufinden.

Teile eines Stiftzylinderschlosses

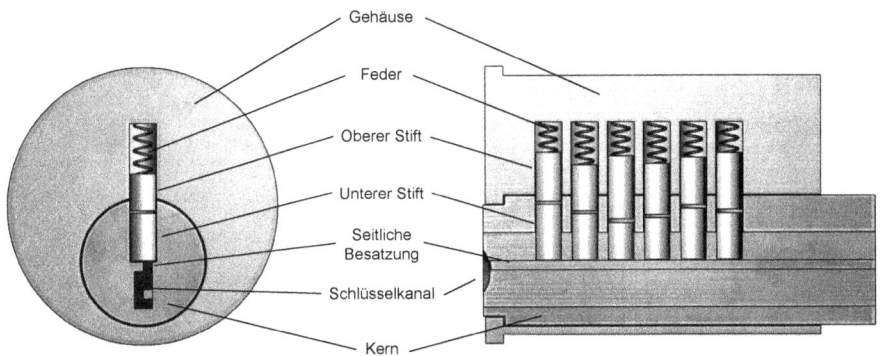

Buntbart-Vorhängeschloss – geöffnet

Obwohl zahlreiche Stiftzylinderschlösser über 5 Stiftsäulen verfügen, richtet sich die Anzahl nach der Qualität des Schlosses.

Wir sollten uns daher zunächst mit den internen Komponenten des Schlosses vertraut machen:

- Bei dem *Schlüsselkanal* handelt es sich um die Öffnung, in die der *Schlüssel* eingeführt wird.

- Die seitliche *Besatzung* des Stiftzylinderschlosses sind Vorsprünge entlang dem Schlüsselkanal. Diese Besatzung passt in die Kerben am Schlüssel selbst. Sie sorgt auch dafür, dass die Federn die Stifte nicht ganz herausdrücken.

- Der Zylinder, der sich mit dem Schlüssel dreht, wird *Kernzylinder* genannt.

- Das *Gehäuse* des Schlosses ist der Außenzylinder. Das Gehäuse bewegt sich nicht und bleibt in Position, während sich der Schlüssel dreht.

- Jede Stiftsäule verfügt über eine *Feder*, die die Stifte nach unten drückt.

- Jede Stiftsäule eines Schlosses umfasst 2 Stifte, wobei ein Stift auf dem anderen ruht. Nur ein Stift ist wirklich sichtbar, es sei denn, Sie nehmen das Schloss auseinander. Der *obere Stift* wird *Gehäusestift* genannt, da er sich im Gehäuse befindet. Alle Gehäusestifte sind in der Regel gleich groß.

- Der *untere Stift* in jedem Satz ist der *Kernstift*, da dieser in den Schlosskern hineinragt und den Schlüssel berührt. Wenn sich der Schlüssel nicht im Schlüsselkanal befindet, ruhen die Kernstifte häufig auf der Besatzung. Die Kernstifte sind unterschiedlich lang und passen in die Kerben im Schlüsselbart. Sie verfügen in der Regel über ein zugespitztes Ende, das sichtbar ist.

Theorie

Bevor ein Schlüssel in das Schloss eingeführt wird, schieben die Federn die Gehäusestifte nach unten. Diese Gehäusestifte reichen dabei in den Kernzylinder. Sie halten dabei den Kernzylinder in Position und verhindern, dass er sich dreht. Die Kernstifte können ebenfalls verhindern, dass sich der Kernzylinder dreht, wenn sie zu weit nach oben geschoben werden und in den Außenzylinder reichen. Solange ein Stift diese Trennlinie überquert, ist der Zylinder gesperrt.

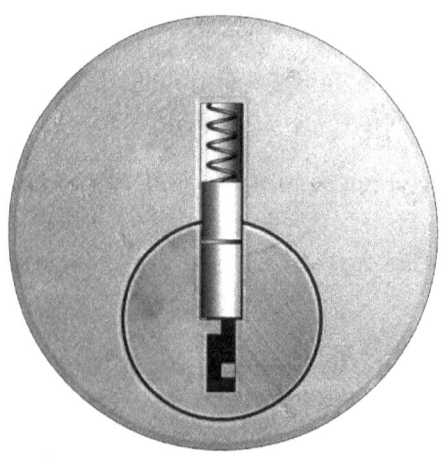

Ansicht von vorne

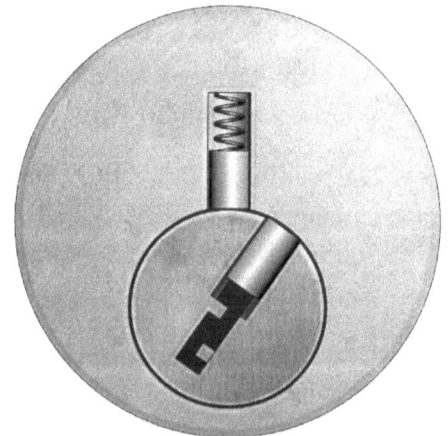

Ansicht von vorne - Schlüssel eingeführt und Kernzylinder gedreht

Stiftzylinderschlösser Theorie

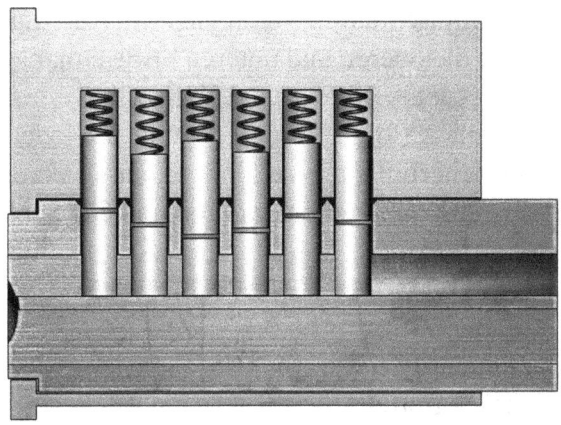

Seitliche Schnittansicht

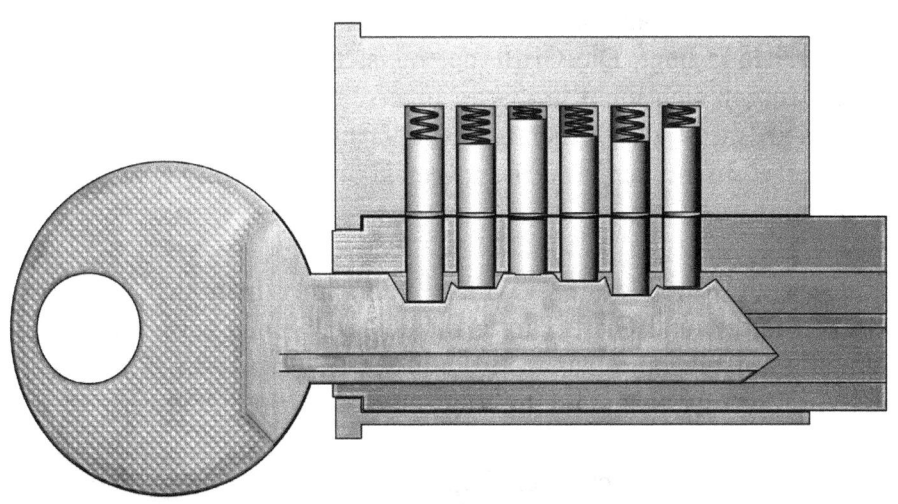

Seitliche Schnittansicht mit Schlüssel

Wenn der richtige Schlüssel in das Schloss eingeführt wird, hebt der *Schlüsselbart* die Stifte an. Die unteren Stifte (Kernstifte) ruhen dabei in den Kerben im Schlüssel. Achten Sie darauf, wie die Tiefe der Kerben genau auf die Länge der unteren Stifte passt. Je länger der untere Stift, desto tiefer die Einkerbung im Schlüssel. Wenn sich die Kerbe auf der richtigen Höhe befindet, werden die oberen und unteren Stifte entlang derselben Linie getrennt, die auch den Außenzylinder vom Kernzylinder trennt. Diese Linie wird *Scherlinie* genannt. Erfolgt diese Trennung bei jeder *Stiftsäule*, gibt es keine Stifte in der Scherlinie, die verhindern, dass sich der Kernzylinder dreht. Der Schlüssel kann nun gedreht werden und das Schloss öffnen.

Standardwerkzeuge

Es gibt viele Standardwerkzeuge, auf die Schlüsseldienste und Sicherheitskräfte zurückgreifen. Sie müssen sich in keinerlei Hinsicht auf diese Werkzeuge für den professionellen Gebrauch beschränken. Es finden sich bestimmt allgemein gebräuchliche Haushaltsgegenstände, die genauso gut, wenn nicht sogar noch besser, funktionieren.

Bei dem *Griff* handelt es sich um den Teil des Nachschließwerkzeugs, den Sie in der Hand halten. Da Sie diesen Teil des Werkzeugs berühren, sollten Sie darauf achten, dass Sie sich ein Werkzeug aussuchen, das besonders gut in der Hand liegt. Die Griffe der meisten Nachschließwerkzeuge und Harken werden sich nicht großartig unterscheiden. Suchen Sie sich eines aus, dass griffig ist, da Sie sich bei dem Nachschließ- oder Spannwerkzeug darauf verlassen müssen, dass Sie spüren können, was im Schloss selbst vor sich geht.

Als *Erl* oder *Angel* des Werkzeugs bezeichnet man den Metallansatz zwischen Spitze und Griff. Dieser sollte stabil genug sein, um sich nicht übermäßig zu biegen, aber auch dünn genug, dass er im Schlüsselkanal manövriert werden kann und die Bewegung der Stifte nicht verhindert.

Das Werkzeug sollte sich über die *Spitze* leicht einführen, abziehen und im Schlüsselkanal manövrieren lassen. Sie sollten auch die Stifte ertasten können. Diese sensorische Rückmeldung ist für Ihren Erfolg unerlässlich.

Stiftzylinderschlösser Standardwerkzeuge

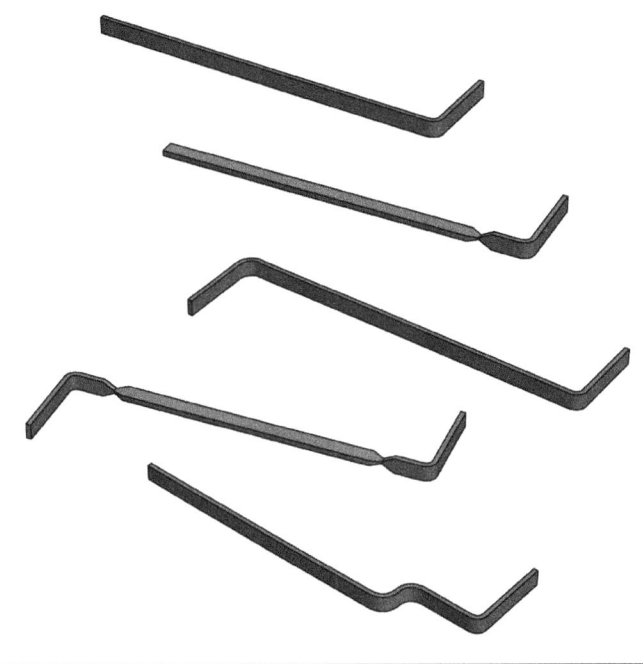

Spannwerkzeuge

Lassen Sie sich nicht davon ablenken, die unterschiedlichen Harken auswendig zu lernen. Wenn das Schloss mit einer Harke nicht nachgeschlossen werden kann, können Sie es immer mit einer anderen versuchen. Jedes Schloss ist anders und mit etwas Erfahrung werden Sie lernen, welche Werkzeuge sich am besten für welche Schlösser eignen.

Bei dem Spannwerkzeug handelt es sich um ein wichtiges Instrument. Mit ihm wird aber nicht der Kernzylinder gedreht. Das Spannwerkzeug hilft Ihnen beim Ertasten der Gegebenheiten im Schloss. Das kürzere Ende wird in den Schlüsselkanal eingeführt, während Sie versuchen, den Zylinder mit dem längeren Ende zu drehen. Es ist wichtig, dass Sie das richtige Spannwerkzeug für das Schloss wählen, das Sie bearbeiten möchten. Mit dem Spannwerkzeug wird Drehkraft auf den Kernzylinder ausgeübt. Es darf nicht zu groß sein, damit Sie ausreichend Platz haben, um ihn im Schlüsselkanal bewegen zu können. Es darf auch nicht zu klein sein, denn Sie müssen den Schlüsselkanal greifen und den Kernzylinder drehen können. Manche Spannwerkzeuge verfügen über kleine Federn, damit sie etwas Spiel haben. Manche Leute bevorzugen weichere Federn mit mehr

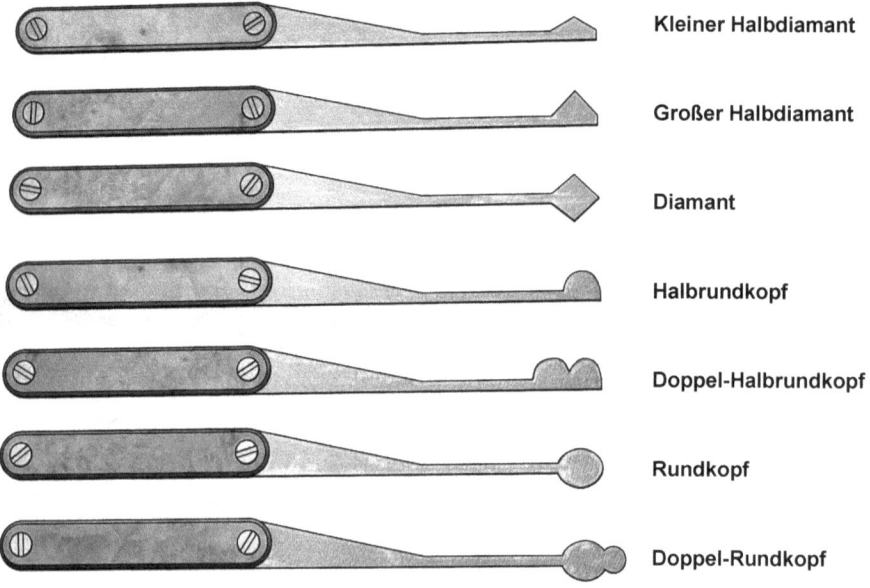

Unterschiedliche Nachschließwerkzeuge/Harken

Stiftzylinderschlösser Standardwerkzeuge

Spiel. Andere wiederum arbeiten lieber mit härteren Federn, mit denen sich die Vorgänge im Schloss eher ertasten lassen. Im Notfall kann anstatt eines Spannwerkzeugs auch problemlos ein Flachschraubendreher verwendet werden.

Viele der aufgeführten Werkzeuge eignen sich für unterschiedliche Zwecke. Sie sind ggf. für das Harken und Nachschließen zu gebrauchen. Hier finden Sie nur einige Vorschläge für diese Werkzeuge. Sie können jedes beliebige Werkzeug für Ihre Situation wählen. Selbstgebastelte Werkzeuge funktionieren u. U. ebenso gut, wenn nicht sogar besser, wenn sie ordentlich gemacht sind.

- *Kleiner Halbdiamant.* Zu den Vorteilen dieses Nachschließwerkzeugs zählt, dass es einfach eingeführt, abgezogen und vorwärts und rückwärts über die Schlüssel geharkt werden kann. Es eignet sich für Schlösser, deren Kernstifte fast gleich lang sind. Wenn der Längenunterschied zum nächsten Stift zu groß ist, kann die Diamantform den einen Stift nicht weit genug anheben, ohne den nächsten Stift dabei zu hoch anzuheben.

- *Großer Halbdiamant.* Dieses Werkzeug ähnelt dem kleinen Halbdiamant. Mit ihm können jedoch größere Unterschiede in der Stifthöhe überwunden werden. Da der Winkel an diesem Werkzeug kleiner ist, ist es jedoch schwieriger, dieses Werkzeug von Stift zu Stift zu bewegen. Halbdiamanten sind mit unterschiedlichen *Winkeln* erhältlich. Abgesehen vom Nachschließen eignet sich der Diamant auch für das Harken, die Vibrationsöffnung und das Nachschließen in Rückwärtsrichtung.

- *Diamant.* Dieses Werkzeug eignet sich für Schlösser mit Stiften oder Plättchen auf beiden Seiten des Schlüsselkanals.

- *Halbrundkopf.* Funktioniert gut bei Plättchenzylinderschlössern, da das Halbrund hier von Plättchen zu Plättchen rollen kann.

- *Doppel-Halbrundkopf.* Ähnelt dem Halbrundkopf und eignet sich zum Harken von Plättchenzylinderschlössern.

- *Rundkopf.* Eignet sich bei Plättchen auf beiden Seiten.

- *Doppel-Rundkopf.* Doppelt so gut.

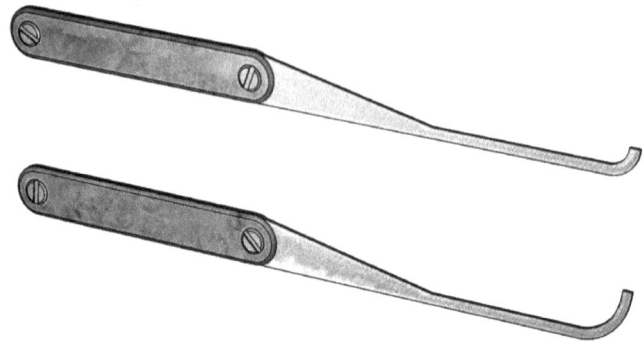

Unterschiedliche Nachschließwerkzeuge/Harken

Diese hakenförmigen Werkzeuge zählen zu den Standardwerkzeugen beim Nachschließen von Schlössern. Mit ihnen lassen sich die Stifte einzeln ertasten und anheben, ohne dass benachbarte Stifte gestört werden.

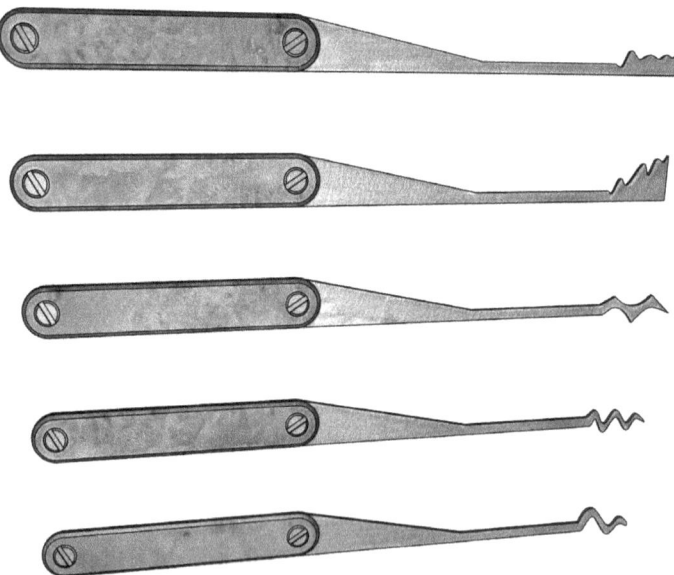

Unterschiedliche Nachschließwerkzeuge/Harken

Harkendesigns unterscheiden sich stark. Hier gibt es gravierende Unterschiede in der Anzahl und Form der Kerben und Höcker. Einige ähneln einer Schlüsselform, während andere eine fast wahllose Form annehmen. Höcker, Kerben, Grate und Vorsprünge sollen Schlüsselbärte simulieren. Beim Harken mit diesen Werkzeugen kann es passieren, dass mehrere Stifte gleichzeitig über die Scherlinie schnellen.

Stiftzylinderschlösser Zugang ohne Schlüssel

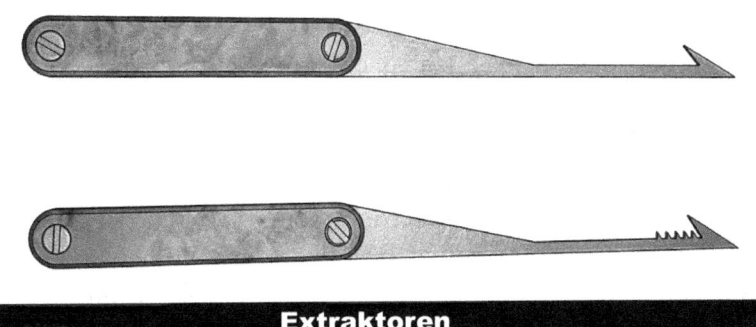

Extraktoren

Wie der Name schon sagt, werden mit dem Extraktor Schlüsselfragmente entfernt, die sich noch im Schlüsselkanal des Schlosses befinden. Extraktoren sind in der Regel wie Haken geformt oder verfügen über eine einseitige Verzahnung, über die sie einfach eingeführt werden können. Sie lassen sich jedoch gut greifen, damit der störende Gegenstand im Schloss herausgezogen werden kann.

Gebogener Rundkopf

Manchmal ist es hilfreich, wenn das Werkzeug über eine zusätzliche Biegung oder andere Form verfügt, damit es der Größe oder Form des Schlosses angepasst werden kann. Mit der Zeit und Arbeit an unterschiedlich großen Schlössern werden Sie bestimmt ein ganzes Sortiment an Werkzeugen zusammentragen.

Zugang ohne Schlüssel

Bedenken Sie, dass Sie auch nach der Lektüre dieses Buches ein Stiftzylinderschloss nicht unbedingt direkt beim ersten Versuch nachschließen können. Ohne Übung geht es einfach nicht. Beschaffen Sie sich daher einige Schlösser unterschiedlicher Qualität und üben Sie. Sie brauchen dazu auch einen Satz Werkzeuge, mit denen Sie arbeiten können. Bei Bedarf können Sie auch Ihre eigenen Werkzeuge anfertigen. Am einfachsten ist es jedoch, wenn Sie sich im Handel einen Satz Werkzeuge beschaffen.

Sie brauchen lediglich ein Spannwerkzeug und eine Harke, um ein Stiftzylinderschloss erfolgreich *nachschließen* zu können. Es gibt viele Methoden, mit denen ein Stiftzylinderschloss geöffnet werden kann. Das Nachschließen ist die standardmäßige und vielseitigste Methode. Da das *Harken* einfacher ist und schneller von der Hand geht, eignet sich diese Methode manchmal jedoch besser als normale Nachschließmethoden. Bei einem sogenannten E- oder Elektropick spielt die Geschwindigkeit eine Rolle. Und vergessen Sie nicht, dass Sie das Schloss ggf. auch ganz umgehen können.

Sie haben vielleicht schon viele Spielfilme gesehen, in denen ein Schloss mit einem wahllosen Haushaltgegenstand oder gar einem echten Dietrich geöffnet wird. In der Regel wird dazu oft nur ein Werkzeug verwendet: der Dietrich. Die meisten Leute glauben daher, dass ein Schloss mit nur einem Werkzeug geöffnet werden kann. In der Regel ist das jedoch nicht der Fall. Die meisten Nachschließmethoden setzen die Verwendung von 2 Werkzeugen voraus: ein Werkzeug, mit dem der Kernzylinder gedreht wird, und ein zweites, mit dem die Stifte gesetzt werden. Das Werkzeug, das die Drehkraft anwendet, nennt sich *Spannwerkzeug*. Sie können beliebige Gegenstände, die in den Schlüsselkanal passen, einführen, um den Kernzylinder zu drehen. Das zweite Werkzeug ist in der Regel ein *Nachschließwerkzeug* oder eine *Harke* zum Manipulieren der Stifte. Bei normalen Stiftzylinderschlössern wäre es problematisch, wenn die Stifte mit demselben Werkzeug manipuliert würden, die auch den Zylinder drehen sollen.

Außenschlösser, die Umwelteinflüssen ausgesetzt sind, können stark schmutzbelastet sein. Bei Schmierfett- oder Schmutzansammlungen kann

Stiftzylinderschlösser Zugang ohne Schlüssel

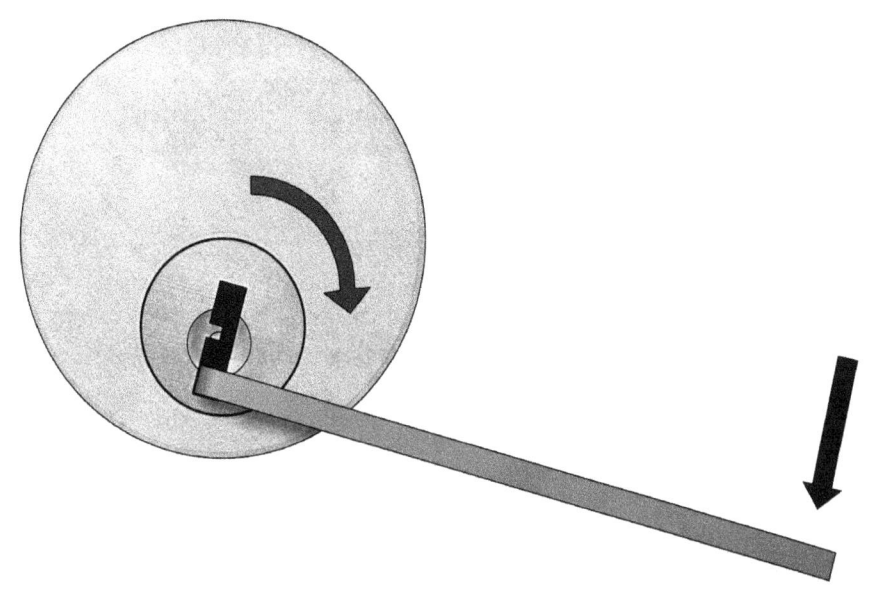

Platzierung des Spannwerkzeugs im Schlüsselkanal

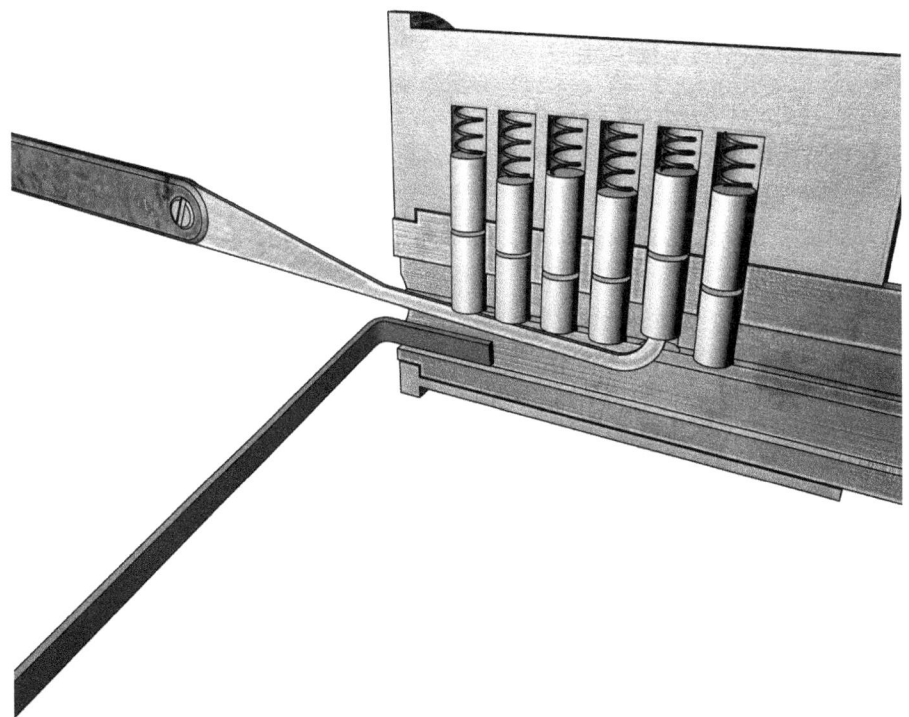

Platzierung des Nachschließwerkzeugs und Spannwerkzeugs im Schlüsselkanal

auch der Kernzylinder schmutzig werden und verstopfen. Dies erschwert natürlich das Nachschließen des Schlosses. Sie sollten das Schloss daher säubern, bevor Sie versuchen es nachzuschließen. Dazu eignet sich Waschbenzin oder ein Sprühreiniger für Elektronik. Diese Produkte verbessern ggf. auch die normale Funktion des Schlosses.

Harken

Das Harken ist eine Fertigkeit, die viel einfacher zu erlernen ist als das Nachschließen. Obwohl sie einfach zu erlernen ist, wird man hier nur schwer zum Meister. Für ein erfolgreiches Harken muss der Schlüsseldienst das richtige Gefühl entwickelt haben. Dieses ergibt sich nur mit viel Übung. Der Vorteil beim Harken besteht darin, dass diese Methode zu den schnellsten manuellen Methoden zählen kann. Sie lässt sich zudem erfolgreich an Stift- und Plättchenzylinderschlössern einsetzen, die in einem anderen Kapitel weiter unten noch behandelt werden.

Das Konzept besteht darin, die Harke wiederholt über die Stifte zu ziehen, so dass sich das Schloss öffnet. Obwohl dieser Vorgang zu simpel erscheint, kann er funktionieren, wenn man richtig vorgeht.

Führen Sie dazu zunächst das Spannwerkzeug unten in den Schlüsselkanal ein. Achten Sie darauf, dass noch ausreichend Platz vorhanden ist, damit die Harke um die Stifte herum manövriert werden kann. Wenden Sie jetzt **leichte** Drehkraft auf das Spannwerkzeug an, und zwar in die Richtung, in der sich der Schlüssel beim Öffnen des Schlosses drehen würde. Es ist wichtig, dass Sie die richtige Kraft anwenden. In der Regel ist nicht so viel Kraft erforderlich, wie Sie sich vielleicht vorstellen. Die Kraft, mit der die Stifte nach oben geschoben werden, kann viel größer sein als die Kraft, die auf das Spannwerkzeug angewandt wird. Hierfür wird nur ein wenig Kraft benötigt. Je frustrierter der Mensch wird, umso mehr Kraft wendet er jedoch an. Dies führt aber nur zu mehr Frustrationen. Legen Sie daher eine Pause ein. Lassen Sie sich das Erlernte durch den Kopf gehen und versuchen Sie es erneut, wenn Sie wieder einen klaren Kopf haben. Ihre Versuche sollten jeweils nicht länger als 15 Minuten dauern. Konzentrieren Sie sich danach auf das, was Sie gespürt haben, und vergleichen Sie es mit dem, was Sie erwartet haben. Sie müssen unbedingt ein gutes Gespür für

Stiftzylinderschlösser Harken

das Schloss entwickeln. Wie reagiert es auf Ihre Bewegungen? Lassen Sie sich Zeit und gehen Sie auf das Schloss ein. Drängen Sie nicht.

Schieben Sie die Harke jetzt im Schlüsselkanal ganz nach hinten, während Sie etwas Kraft auf das Spannwerkzeug ausüben. Drücken Sie den letzten Stift leicht nach oben. Ziehen Sie die Harke nun ab, üben Sie aber weiterhin leichten und steten Druck auf alle Stifte aus. Versuchen Sie, die Kraft gleichmäßig auf allen Stiften zu halten, auch wenn sich Ihre Position ggf. ändert und die Rückkopplung von jedem Stift anders ist. Lassen Sie keinen Stift aus, besonders nicht den ersten.

Ihr erster Versuch wird wahrscheinlich fehlschlagen, daher sollten Sie es auf jeden Fall mehrmals probieren. Mit jedem Zug der Harke erhöhen Sie die Kraft auf das Spannwerkzeug. Wichtig ist aber weiterhin, dass Sie die Drehung immer noch nicht mit zu viel Kraft einleiten. Nach mehrmaligem Hin und Her können Sie es mit einer anderen Harkenart probieren. Stellt sich auch dann noch kein Erfolg ein, müssen Sie ggf. das Spannwerkzeug loslassen und alle Stifte fallen lassen. Wenn einer der Stifte zu weit nach oben geschoben wurde und der untere Stift bindet, ist es ggf. am besten, wenn Sie wieder ganz von vorne anfangen.

Viele Leute halten das Werkzeug wie einen Stift. So liegt es bequem in der Hand. Die Spitze kann problemlos manövriert werden und Sie können bestimmen, wie viel Kraft Sie anwenden. Bei anderen Harktechniken bietet sich jedoch eine andere Handhabung an. Versuchen Sie dabei, die Harke am Massenmittelpunkt mit nur zwei Fingern zu greifen. So entsteht ein Schwenkpunkt. Sie können die Auf- und Abbewegung oder auch die seitliche Bewegung dann mit den anderen Fingern steuern. Wenn Sie die mit der Harke angewandte Kraft besser steuern möchten, drücken Sie den hinteren Teil des Griffs mit einem Finger nach unten. So wird die Spitze der Harke nach oben und in die Stifte geschoben. Sie können die Vor- und Rückwärtsbewegung nun mit zwei Fingern und die angewandte Kraft mit einem dritten Finger steuern.

In manchen Schlössern lassen sich die Stifte mit einem schnellen Ruck in Position bringen. Halten Sie die Harke in der Mitte mit zwei Fingern. So können Sie die Bewegungen besser kontrollieren und die Harke leicht nach oben und unten schwingen lassen. Ziehen Sie die Harke im Schlüsselkanal schnell vor und zurück. Alternativ können Sie die Harke im Schlüsselkanal auch rasch auf und ab bewegen. Ihre Bewegungen sollten schnell und energisch erfolgen, aber nicht zu hart sein. Variieren Sie die Kraft, die Sie auf die Stifte und das Spannwerkzeug anwenden. So können Sie die Stifte setzen. Sie sollten nach Möglichkeit vermeiden, dass die Stifte zu hoch in Position bleiben. Die vertikale Bewegung der Stifte ist geringer als die Bewegung der Harke. Gehen Sie so vorsichtig vor wie ein Kolibri an der Blüte, der trotz hoher Flügelgeschwindigkeit minutiös kleine Bewegungen vollzieht. Halten Sie die Harke weiterhin locker, während Sie sie immer schneller auf und ab bewegen. Minderwertigere Schlösser lassen sich besonders gut mit dieser Methode bearbeiten. Bei besseren Schlössern eignet sie sich nicht so gut.

Für unterschiedliche Schlösser bieten sich unterschiedliche Harken und Methoden an. Mit der Zeit werden Sie genug Übung und Erfahrung haben, um zu wissen, welche besser funktionieren. Schlösser, in denen alle Stifte fast gleich lang sind, lassen sich viel einfacher harken. Bei anderen wiederum bleiben alle Versuche erfolglos. Unter Umständen müssen diese Schlösser nachgeschlossen oder unter Verwendung einer Kombination aus Harken und Nachschließen geöffnet werden. Sie sollten sich daher unterschiedliche Übungsschlösser zulegen, damit Sie sich mit möglichst vielen Schlössern und Methoden vertraut machen können.

Nachschließen

Beim *Nachschließen* handelt es sich um eine Methode, bei der jeder Stift einzeln *gesetzt* wird. Sie eignet sich für Stiftzylinder- und Plättchenzylinderschlösser. Sie müssen sich mit der Funktionsweise des Schlosses vertraut machen, um es nachschließen zu können. Wenn Sie später andere Methoden ausprobieren, wird sich dieses Wissen ebenfalls bewähren. Ihr Ziel beim Nachschließen besteht in der Überwindung der Scherlinie, so dass kein Stift sie mehr blockiert.

Das Konzept

Wenn Schlösser keine Herstellungsfehler aufweisen würden, wäre es unmöglich, jeden Stift einzeln zu bearbeiten. In der Realität weisen Schlösser aber viele kleine Fehler auf, da sie mit bestimmten Bearbeitungstoleranzen

Stiftzylinderschlösser Nachschließen

gefertigt werden. Je hochwertiger das Schloss, umso kleiner die Toleranzen und umso schwerer ist es, das Schloss nachzuschließen. Unzählige kleine Metallteile müssen in Position rutschen, sich drehen oder sich verschieben. Daher gibt es kleine Lücken, die solche Bewegungen zulassen. Denken Sie also daran, dass dies der Grund dafür ist, dass Schlösser überhaupt nachgeschlossen werden können.

Schauen wir uns zunächst einen wichtigen Aspekt beim Nachschließen von Schlössern an: das sogenannte *Binden*. Die Stiftsäule bindet, wenn Drehkraft auf den Kernzylinder ausgeübt wird, während Sie versuchen, den Zylinder mit dem Spannwerkzeug zu drehen. Der Kernzylinder und das Gehäuse drücken den oberen Stift zusammen und halten ihn in Position. Das Gehäuse bewegt sich nicht. Wenn Sie den Kernzylinder drehen, greifen das Gehäuse und der Zylinder den Stift.

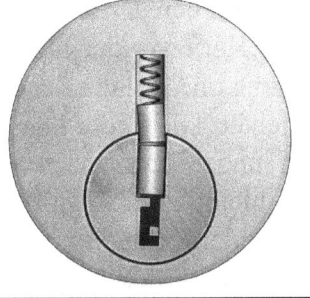

Oberer Stift bindet

Die Möglichkeit, Stifte einzeln zu setzen, ergibt sich, wenn Schlösser kleine Herstellungsfehler aufweisen, die manchmal nur 0,005 mm ausmachen. Die für die Stiftsäulen gebohrten Öffnungen sind nicht absolut gerade ausgerichtet oder parallel zur Achse des Kernzylinders. Daher lässt sich zunächst beim Drehen des Kernzylinders nur ein Stift oder lassen sich nur wenige Stifte binden. Die anderen bleiben lose in der Säule und können sich noch ungehindert auf und ab bewegen. Jedes Schloss zeichnet sich durch seine eigenen Merkmale und Reihenfolge aus, in der die Stifte gesetzt werden müssen. Beachten Sie, dass die Reihenfolge, in der die Stifte gesetzt werden, je nach Drehrichtung des Kernzylinders umgekehrt ist. Das Metall weist zudem eine gewisse Elastizität auf. Wenn Sie das Spannwerkzeug zu stark drehen, geben die Stifte leicht nach und es passiert, dass mehrere binden. Wenn Sie eine solche Situation vermeiden möchten, achten Sie darauf, dass Sie nicht zu viel Kraft auf das Spannwerkzeug ausüben.

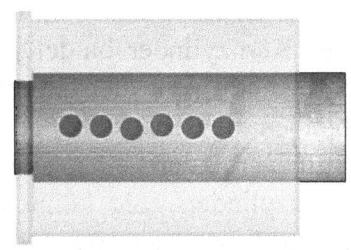

Stiftsäule falsch ausgerichtet

Ermitteln Sie unter Verwendung Ihres Werkzeugs zunächst, welcher Stift am stärksten bindet oder in Position gehalten wird. Sie können diesen Stift auch mit Ihrem Werkzeug nach oben schieben. Wenn Sie den Stift nach oben schieben, wird er wiederum gegen den oberen Stift drücken, bis Sie einen Punkt erreichen, an dem sich der obere Stift vollständig im Gehäuse befindet und die Scherlinie überquert hat. Der Kernzylinder, der zuvor Kraft auf den oberen Stift ausgeübt hat, kann sich auf einmal ungehindert drehen. Da Sie weiterhin ein leichtes Drehmoment ausüben, wird sich der Kernzylinder nun leicht drehen, bis er den nächsten oberen Stift erreicht und anhält.

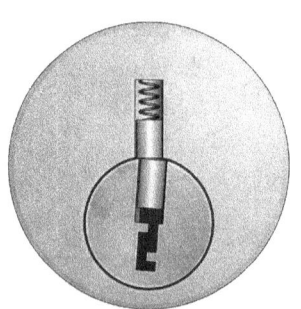

Stift hat sich gesetzt

Aufgrund der zusätzlichen Drehbewegung ist die Öffnung im Kernzylinder nun nicht mehr mit der Öffnung im Gehäuse der ersten Stiftsäule ausgerichtet. Die Feder kann den oberen Stift nun ungehindert nach unten schieben. Dieser bleibt allerdings an der Kante des Kernzylinders hängen und somit vollständig im Gehäuse zurück. Es kann sich nicht mehr bewegen. Wenn dies passiert, ist der Stift *gesetzt*. Weder der obere Stift noch der untere Stift blockiert die Scherlinie. Das ist das Ziel, das wir letztendlich erreichen möchten.

Jetzt müssen Sie einfach nur noch den Vorgang mit den anderen Stiften wiederholen. Wenn Sie den letzten Stift setzen, kann sich der Kernzylinder drehen. Sie haben ihn entsperrt. Herzlichen Glückwunsch!

Wenn Sie die Stifte nach oben schieben, müssen Sie auf Feinheiten achten, um spüren zu können, wann sie sich setzen. Hören Sie unbedingt auf, sobald der Stift gesetzt ist. Wenn Sie den Stift weiterhin nach oben drücken, ist es möglich, dass Sie den unteren Stift ebenfalls in das Gehäuse schieben. Die Drehkraft auf den Kernzylinder bindet jetzt den unteren Stift und nicht den oberen Stift. Beide bleiben im Gehäuse hängen und der untere Stift verhindert eine Drehbewegung des Kernzylinders. Sie können einen solchen Zustand erkennen, wenn Sie Ihr Werkzeug vom Stift entfernen und der untere Stift nicht nach unten wegfällt. Der untere

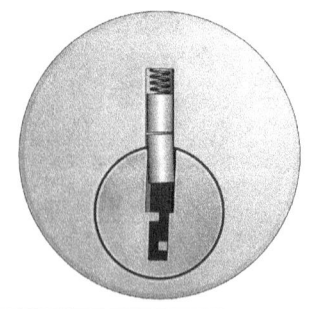

Unterer Stift bindet

Stiftzylinderschlösser Nachschließen

Stift blockiert jetzt die Scherlinie und verhindert, dass die anderen Stifte ordnungsgemäß binden. Und das Schloss werden Sie auch nicht öffnen können.

Sie haben den Stift richtig gesetzt, wenn Sie das Nachschließwerkzeug vom unteren Stift abziehen und dieser ungehindert nach unten fällt, ohne dass die Feder ihn nach unten schiebt. Jetzt sollte ein weiterer Stift binden und der ganze Vorgang kann wiederholt werden. Wenn Sie die Stifte zuerst nach vorne hin setzen und die Stifte länger sind, kann es sein, dass diese längeren Stifte Ihr Nachschließwerkzeug blockieren, wenn Sie die rückwärtigen Stifte zu setzen versuchen. Wenn sich zwischen zwei längeren unteren

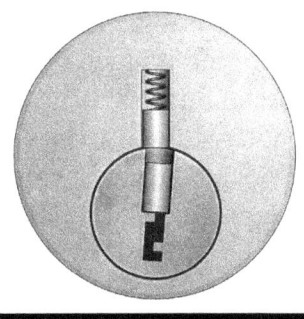

Unterer Stift fällt ungehindert ab

Stiften ein kürzerer Stift befindet, kann auch dies zu einem Problem werden. Mit einem guten hakenförmigen Werkzeug können diese Hindernisse umgangen werden und Sie können nur die notwendigen Stifte manipulieren und andere auslassen.

Jetzt sind Sie an der Reihe!

Jetzt müssen Sie versuchen, ein Stiftzylinderschloss nachzuschließen. Führen Sie dazu zunächst das Nachschließwerkzeug und das Spannwerkzeug in den Schlüsselkanal ein. Drücken Sie **vorsichtig** auf das Spannwerkzeug, um ein leichtes Drehmoment herzustellen. Gehen Sie unbedingt vorsichtig vor. Wenn zu viele Stifte binden, blockiert dies das Schloss. Wenn die bindenden Stifte nur schwer nach oben geschoben werden können, wenden Sie zu viel Drehkraft an. Bei Ermüdungserscheinungen oder wenn Frustrationen einsetzen, ist es möglich, dass Sie sogar noch stärker drehen. Legen Sie in einem solchen Fall eine Pause ein. Hochwertige Schlösser und solche, die mit kleineren Toleranzen gefertigt sind, erfordern ein größeres Drehmoment. Vorhängeschlösser und Türschlösser verfügen zudem über einen federbelasteten Sperrriegel, so dass mehr Drehkraft notwendig ist. Sie werden mit der Zeit erkennen, wie viel erforderlich ist. Wenn Sie Vorhängeschlösser entsperren, müssen Sie lernen, wie Sie das Schloss in derselben Hand halten, mit der Sie auch das Spannwerkzeug drehen.

Mit etwas Übung werden Sie die Methode lernen, mit der Sie am besten umgehen können. Probieren Sie ruhig einige Methoden aus. Es handelt sich hier nicht um eine exakte Wissenschaft.

Versuchen Sie, die Stifte mit dem Werkzeug zu ertasten, während Sie leichte Drehkraft ausüben. Verlassen Sie sich nicht rein auf das, was Sie sehen können. Sie müssen Gespür entwickeln. Wenn Sie wissen, wie Schlösser in bestimmten Situationen reagieren, entsteht in Ihrem Kopf eine Art Grundriss für das Schloss und die Anordnung aller Stifte. Führen Sie sich also das Innere des Schlosses vor Augen. Nur so werden Sie diese Fertigkeit meistern. Genau wie sich Sportler vor einem Wettkampf vor Augen führen, wie sie ihre Höchstleistung erbringen, sollten Sie sich vorstellen, wie Sie das Schloss nachschließen, bevor Sie überhaupt anfangen.

Versuchen Sie nun zu ermitteln, welcher Stift am stärksten bindet. Positionieren Sie Ihr Werkzeug dann direkt darunter und stellen Sie mit der Spitze des Werkzeugs einen Kontakt zur Unterseite des Stifts her. Üben Sie etwas Kraft aus und schieben Sie den Stift nach oben, nach Möglichkeit direkt in die obere Kammer des Schlosses. Die benachbarten Stifte sollten dabei nicht zu arg gestört werden. Es gibt Werkzeuge in unterschiedlichen Größen, die sich jeweils für die unterschiedlich gestalteten Schlösser eignen. Sie können jede Art Werkzeug oder Harke verwenden, mit der Sie zurechtkommen. Die einzige Regel, an die Sie sich halten müssen, besagt, dass Sie das Werkzeug verwenden, mit dem Sie Ihr Ziel erreichen. Alles andere ist Ihnen freigestellt.

Wenn der obere Stift die Scherlinie vollständig überquert hat und sich im Gehäuse befindet, haben Sie den Stift gesetzt. Ist dies der Fall, werden Sie ein Klicken hören oder spüren können. Wenn Sie aufpassen, können Sie es nicht überhören. Sie werden spüren, dass der Stift anders reagiert. Zuerst mussten Sie gegen das Binden des oberen Stifts und die Feder, die den Stift nach unten drückt, angehen. Einen kurzen Moment lang werden Sie nur die Federkraft spüren. Sodann ist ein großer Widerstand zu spüren, wenn der unteren Stift gegen die Kante an der Öffnung im Gehäuse stößt. Sie müssen einfach erlernen, wie sich diese Schritte anfühlen. Sie werden auch das Klicken in der Hand spüren, die das Spannwerkzeug hält. Der Schlüssel gibt nach und der Kernzylinder dreht sich kurz ganz leicht. Obwohl Sie diesen Vorgang spüren können, werden Sie ihn wahrscheinlich nicht sehen.

Stiftzylinderschlösser Nachschließen

Ihre Werkzeuge sind eine Verlängerung Ihres Körpers. Vertrauen Sie nicht auf Ihre Augen, sondern gehen Sie mit Gefühl vor, um das Schloss kennenzulernen.

Wenn Sie den Stift gesetzt haben, senken Sie Ihr Werkzeug ab und achten darauf, dass der untere Stift auch ungehindert nach unten wegfallen kann. Wenn er dies nicht tut, dann haben Sie den Stift zu weit nach oben geschoben. Sie können jetzt die Spannung auf das Spannwerkzeug reduzieren, damit der Stift fällt, oder noch einmal ganz von vorne anfangen. Wenn die Feder den Stift nach unten schiebt, haben Sie ihn nicht gesetzt. Vielleicht handelt es sich hier um den Stift, der nicht am stärksten bindet, oder Sie haben ihn nicht weit genug hochgeschoben oder nicht genug Kraft auf das Spannwerkzeug ausgeübt.

Fahren Sie jetzt mit dem nächsten Stift fort. Ertasten Sie die restlichen Stifte, die noch nicht gesetzt wurden, und versuchen Sie zu ermitteln, welcher jetzt am stärksten bindet. Setzen Sie Ihre Arbeit mit diesem Stift fort und wiederholen Sie die o. a. Schritte. Wenn Sie einen Stift setzen und andere Stifte herunterfallen oder wenn Sie keine weiteren Stifte setzen können, haben Sie evtl. einen Stift in der falschen Reihenfolge gesetzt. Lassen Sie das Spannwerkzeug los und fangen Sie wieder von vorne an.

Wenn der letzte Stift gesetzt ist, befinden sich keine Hindernisse mehr entlang der Scherlinie und der Kernzylinder lässt sich drehen. Das Schloss kann geöffnet werden! Die Mechanismen, die jedem Schloss zugrunde liegen, können sich noch drastischer voneinander unterscheiden als die Schlösser selbst. Vorhängeschlösser verfügen in der Regel über einen federbelasteten Sperrriegel, der den Bügel freigibt. Dies bedeutet, dass Sie etwas mehr Drehkraft anwenden müssen. Es bedeutet auch, dass das Schloss aufspringt – ein bedeutender Augenblick.

Da nicht alle Schlösser gleich sind und sich auch die Öffnungen in unterschiedlicher Reihenfolge an der Achse befinden, setzen sich auch die Stifte immer in einer anderen Reihenfolge. Das liegt an den Toleranzen, mit denen das Schloss gefertigt wurde. Je billiger das Schloss, desto weiter sind die Öffnungen von der Achse entfernt und die Stifte einfacher zu setzen.

Wichtig ist, dass Sie das Schloss immer wieder in die gesperrte oder entsperrte Position bringen. Wenn Sie das Schloss in einer Zwischenposition lassen, kann der Schlüssel ggf. nicht in den Schlüsselkanal eingeführt werden. Der Grund hierfür liegt darin, dass die Stifte nicht in das Gehäuse gelangen und dem eingeführten Schlüssel ausweichen können. Es handelt sich hierbei um denselben Sachverhalt, der verhindert, dass Sie den Schlüssel abziehen können, wenn die Stifte sich in einer Zwischenposition befinden. Der Kernzylinder kann einfach in die gesperrte oder entsperrte Position gedreht werden. Solange er sich in einer Zwischenposition befindet, kann er ungehindert gedreht werden. Achten Sie darauf, dass die oberen Stifte nicht im Schlüsselkanal stecken bleiben, wenn Sie den Kernzylinder vollständig umkehren.

Alternative Methode

Es gibt eine alternative Nachschließmethode, wenn Sie sich weniger Gedanken machen und den Vorgang beschleunigen möchten. Fangen Sie hinten im Schloss an, indem Sie versuchen, den letzten Stift zu bearbeiten. Wenn dieser Stift sich nicht setzt, machen Sie einfach mit dem nächsten Stift weiter. Versuchen Sie, alle Stifte von hinten nach vorne zu setzen. Wahrscheinlich lassen sich nur ein oder zwei Stifte setzen. Gehen Sie einfach wieder nach hinten und fangen Sie an, all die Stifte zu setzen, bei denen Sie noch keinen Erfolg hatten. Mit jedem Versuch werden sich weitere Stifte setzen lassen. Zum Schluss sind alle Stifte gesetzt und das Schloss wird sich öffnen. Der Vorteil dieser Methode besteht darin, dass Sie nicht so sehr auf die einzelnen Stifte achten müssen. Sie sollten aber die Drehkraft, die Sie bei jedem Versuch an den Stiften anwenden, leicht erhöhen. Diese Methode eignet sich, wenn Sie ein Schloss schneller nachschließen möchten, ist aber u. U. bei Hochsicherheitsschlössern mit Sonderstiften, die sich nicht wie erwartet setzen, ungeeignet.

Anmerkungen zum Schluss

Beachten Sie, dass die Reaktion der Stifte anders ist, wenn das Schloss auf dem Kopf steht, d. h. wenn sich die Stifte auf dem Boden des Schlüsselkanals (und nicht oben) befinden. Der wesentliche Unterschied ist, dass die Stifte, die gesetzt sind, unten bleiben und nicht wieder in den Schlüsselkanal zurückfallen. Manchen Leuten geht die Arbeit mit dieser Methode leichter von der Hand. Nur die Stifte, die sich noch nicht gesetzt haben, reichen in den Schlüsselkanal. Wenn Sie ein Vorhängeschloss bearbeiten, müssen Sie auch das Schloss selbst festhalten. Sie können das Vorhängeschloss so halten, wie Sie wollen, und werden wahrscheinlich bald eine Methode gefunden haben, die Ihnen liegt. Sie sollten versuchen, das Schloss und das Spannwerkzeug in derselben Hand zu halten. Bei manchen Schlössern befinden sich die Stifte in den Seiten oder unten im Schlüsselkanal. Die Nachschließmethode ändert sich aber nicht grundlegend. Sie müssen einfach auf die neue Position der Stifte eingehen.

Das Wissen, das Sie sich mit der Lektüre dieses Buches soweit angeeignet haben, reicht bei Weitem zum Nachschließen der meisten Stiftzylinderschlösser. Aber es gibt noch weitere hilfreiche Aspekte, mit denen Sie vertraut sein sollten: Generalschlüssel, Unterschiede in der Kernzylindergröße, Abschrägungen, Abstandshalter, falsch gesetzte Stifte, Sonderstifte, Winkelstellungen, Flipper und Stifte in Pilzkopfform sind nur einige Themen, die im Kapitel über komplexe Stiftzylinderschlösser behandelt werden. Sie sollten es jedoch nicht überstürzen. Lassen Sie sich zunächst Zeit und verarbeiten Sie das bisher vorgestellte Material. Man kann nicht alles auf einmal lernen. Machen Sie sich daher zunächst mit dem Nachschließen zahlreicher unterschiedlicher Schlösser vertraut.

Es ist wichtig, dass Sie die Vorgehensweise genau verstehen, damit Sie sie immer wiederholen können. Wenn Sie dann später an Schlössern mit einem höheren Sicherheitsfaktor arbeiten, müssen Sie wahrscheinlich Ihre Methoden anpassen. Zunächst sollten Sie sich also nicht zu viel auf einmal vornehmen. Fangen Sie mit einem billigen Schloss an. Sie haben in der Regel größere Toleranzen und können viel einfacher nachgeschlossen werden. Danach können Sie sich immer noch an schwierigere und kompliziertere Schlösser wagen. Mit der Übung an zahlreichen unterschiedlichen Schlössern werden Sie viele Erfahrungen sammeln können. So werden Sie auch die Möglichkeit haben, sich neueren und fremden Schlössern schneller anzupassen.

Übungen

Es ist wichtig, dass Sie verstehen, wie das jeweilige Schloss reagiert. Beim ersten Öffnungsversuch reagieren die Stifte noch nicht so, wie Sie es wünschen, und das Schloss öffnet sich u. U. auch, wenn Sie nicht genau nachvollziehen können, wann sich die jeweiligen Stifte gesetzt haben.

Oder Sie sind sich nicht unbedingt sicher, wann Sie die unteren Stifte in das Gehäuse schieben. In den folgenden Abschnitten erhalten Sie einige Übungen, mit denen Sie das richtige Gefühl für die Bewegungen der Stifte entwickeln können.

Kaufen oder suchen Sie sich zunächst ein Übungsschloss. Wenden Sie sich dazu an den Baumarkt oder einen Schlüsseldienst oder Schlosser/Metallbauer. Wenn Sie mit Stiftzylindern üben möchten, sollten Sie sich ein Stiftzylinderschloss anschaffen. Bei den ersten Gehversuchen mit dem Schloss sollten Sie darauf achten, dass Sie ein Schloss haben, das relativ einfach nachzuschließen ist. In der Regel können Sie sich am Preis orientieren. Billigere Schlösser sind viel einfacher nachzuschließen. Riegelschlösser eignen sich für diese Übung besonders gut. Suchen Sie sich ruhig auch ein komplizierteres Schloss für Übungen später (oder wenn Sie Vergleiche anstellen möchten).

Öffnen Sie jetzt das Schloss und entfernen Sie den Kernzylinder. Gehen Sie vorsichtig vor, da die Federn und Stifte schnell herausfallen können. Eine *Montageklammer* ist hier sehr hilfreich. Die Montageklammer sorgt dafür, dass Gehäusestifte im Gehäuse bleiben. Oder basteln Sie einen sogenannten Plug Follower. Er ist genauso groß wie der Kernzylinder und hält die federbelasteten oberen Stifte sicher im Gehäuse fest. Eine provisorische Dübelstange aus Holz oder ein dicker Stift werden hier häufig eingesetzt. Als Trick eignet sich auch ein aufgerolltes Stück Plastik von einer Saftflasche. Beim Einführen in den Schlüsselkanal können Sie das Provisorium im Hohlraum des herausgenommenen Kerns loslassen, so dass es sich ausdehnen und die Stifte in Position halten kann. Da Plastik in der Regel durchsichtig ist, haben Sie so auch die Möglichkeit, während des Lernens zu sehen, wie die Stifte und Öffnungen aussehen.

Ein Schlüssel funktioniert nur im Schloss, wenn sich die unteren Stifte in der richtigen Reihenfolge befinden. Wenn Sie den Schlüssel in Zukunft wieder verwenden möchten, sollten Sie sich die Reihenfolge der Kernstifte notieren. Aber wozu benötigen Sie den Schlüssel überhaupt? Bauen Sie das Schloss jetzt wieder zusammen, aber nur mit einem Stift. Entfernen Sie die Gehäusestifte und Federn aus den anderen Stiftsäulen. Sie sollten das Schloss jetzt problemlos nachschließen können. Schieben Sie den einzelnen Stift mit einem hakenförmigen Werkzeug nach oben und üben Sie Drehkraft

Stiftzylinderschlösser Übungen

auf das Spannwerkzeug aus. Wenn der springende Punkt erreicht ist, dreht sich der Kern. Sie sollten spüren, wie der Kernstift bindet und der Kern ihn in Position hält. Sie sollten auch kurz davor merken, dass der Kernzylinder sich gleich zu drehen beginnt.

Bauen Sie das Schloss auseinander. Setzen Sie es jetzt wieder zusammen, diesmal jedoch nur mit zwei Stiften. Wenden Sie etwas Drehkraft an und schieben Sie den vorderen Stift nach oben, dann den Stift ganz hinten. Der eine Stift bindet und der andere federt. Wenn beide Stifte binden, wissen Sie, dass Sie zu viel Kraft anwenden. Dies ist gut zu wissen.

Sie wissen jetzt, woran Sie erkennen können, welcher Stift bindet. Schieben Sie nun diesen Stift nach oben und fühlen Sie, wie er sich setzt. Machen Sie sich mit diesem Gefühl vertraut. Setzen Sie den Stift, lassen Sie ihn wieder los und setzen Sie ihn erneut. Wiederholen Sie diese Schritte mehrmals. Beim Nachschließen von Schlössern geht es darum, eben diesen Vorgang zu erkennen. Achten Sie nach dem Setzen des Stifts darauf, wie der untere Stift abfällt. Er befindet sich lose in der Stiftsäule. Er bindet nicht und auch die Feder schiebt ihn nicht nach unten. Setzen Sie den Stift nun und schieben Sie ihn weiterhin nach oben. Sie werden wesentlichen Widerstand spüren und dann erfasst das Gehäuse den unteren Stift. Ist dies der Fall, bindet der untere Stift und der Widerstand entspricht dem bei der Bindung des oberen Stifts. Daher ist es so wichtig, dass Sie sich mit dem Gefühl vertraut machen, wenn sich ein Stift setzt. Wenn Sie das nicht erkennen, kann es sein, dass Sie den Stift weiter nach oben schieben und der untere Stift bindet und sich im Gehäuse verfängt. Wenn Sie Ihr Werkzeug abziehen und der untere Stift im Gehäuse bleibt, ist das der Fall. Der Stift fällt nicht und wird auch nicht von der Feder nach unten geschoben. Experimentieren Sie etwas und machen Sie sich mit der Funktionsweise des Schlosses vertraut.

Setzen Sie den ersten Stift, der bindet, und achten Sie darauf, dass der untere Stift abfällt. Schieben Sie Ihr Werkzeug auf den zweiten Stift und achten Sie darauf, wie er bindet. Vergleichen Sie das mit der federnden Bewegung von vorher. Sie sollten den zweiten Stift nach oben schieben können. Sobald der springende Punkt erreicht ist, dreht sich auch der Kernzylinder. Der letzte Stift macht am meisten Spaß.

Wiederholen Sie diesen Vorgang, indem Sie dem Schloss schrittweise immer mehr Stifte hinzufügen, bis Sie gelernt haben, das Schloss mit allen Stiften nachzuschließen. Versuchen Sie sich auch an den komplizierteren Schlössern, die Sie sich besorgt haben. Und sorgen Sie dafür, dass Sie diese Übungen immer wieder unterbrechen. Wenn etwas gut geklappt hat, legen Sie eine Pause ein und denken Sie darüber nach, was warum funktioniert hat. Konzentrieren Sie sich darauf und versuchen Sie es erneut. Sie machen sich so mit immer mehr Schlössern vertraut.

Mit einem sogenannten *Plug Follower* können Sie sich die Arbeit erleichtern. Es handelt sich hier um ein praktisches Werkzeug der Schließtechnik, das häuptsächlich in den USA bekannt ist. Anstatt das Schloss in einer Plastiktüte oder einem Karton auseinanderzunehmen, um so die herumfliegenden Federn aufzufangen, entriegeln Sie einfach das Schloss und führen den Plug Follower vorne am Zylinder ein und schieben ihn durch. Der Plug Follower hat genau denselben Durchmesser wie der Kernzylinder und hält die Stifte und Federn im Gehäuse zurück. Der Kern verfügt nur über die unteren Stifte, die Sie nun anpassen können, um das Schloss *neu einzustellen*. Zum Schluss schieben Sie den Plug Follower mit dem Kernzylinder wieder heraus. Die Gehäusestifte und Federn verlassen nie den Schlosskasten und können so auch nicht verloren gehen. Sie müssen für diese Übungen allerdings die Gehäusestifte und Federn entfernen. Achten Sie jedoch darauf, dass diese Kleinteile nicht verloren gehen.

Plug Follower (USA)

Wenn Sie mit Stiftzylinderschlössern üben, bietet es sich meistens an, einige Stifte aus den Stiftsäulen zu entfernen, damit das Schloss einfacher nachzuschließen ist – zumindest für den Anfang. Oder Sie probieren einige der Übungen in diesem Buch aus. Es kann natürlich auch sein, dass Sie wissen möchten, wie die Stifte aussehen. Manchmal werden Stifte und Federn von oben in das Schloss eingefügt und dann mit einem Metallband versiegelt. Oder es bietet sich an, den Kernzylinder herauszunehmen, um sehen zu können, wie das Schloss von innen aussieht. Die einfachste Methode, das Schloss von innen kennenzulernen – ohne Komponenten zu beschädigen oder zu verlieren – umfasst die folgenden einfachen Schritte. Hierzu benötigen Sie allerdings den in den USA gebräuchlichen Plug Follower. Wenn Sie den Kernzylinder einfach aus dem Gehäuse schieben, würden

Stiftzylinderschlösser Plug Follower (USA)

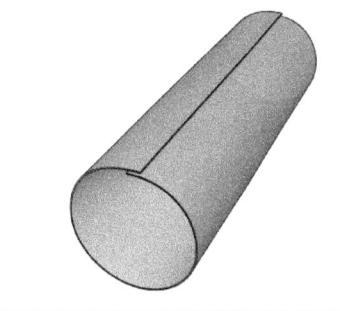

Sogenannter Plug Follower aus Kunststoff

alle oberen Stifte in den Hohlraum fallen, den der Zylinder hinterlässt. Die Federn gehen ebenso schnell verloren oder bleiben ggf. im Gehäuse hängen. Ersetzen Sie den Kernzylinder daher durch einen anderen Gegenstand, der die oberen Stifte und Federn im Gehäuse stabilisiert. In Europa wird eine Montageklammer verwendet, um die losen Teile festzuhalten. Wenn Sie den Hohlraum ausfüllen möchten, bietet sich dazu ein Glaskolben an, der dieselbe Größe hat wie der ausgebaute Kern. So können Sie das Schloss von innen begutachten und die Stifte und Federn bleiben an Ort und Stelle. Einen solchen Kolben zu finden, mit dem ein Schloss nur dieser Größe betrachtet werden kann, wäre allerdings Zeitverschwendung. Eine Dübelstange würde sich auch eignen, wäre aber nicht durchsichtig und müsste trotzdem auf den Durchmesser des Hohlraums gefertigt werden. Basteln Sie sich dazu mit einer Schere und etwas Geschick einfach einen vielseitigen Plug Follower mit einer Saftflasche. Schneiden Sie dazu ein rechteckiges Stück aus der Seite der transparenten Flasche heraus.

Rollen Sie es dann in einen Zylinder, der der Form des Kernzylinders entspricht. Unter Umständen behält der gedrehte Zylinder nicht seine Form.

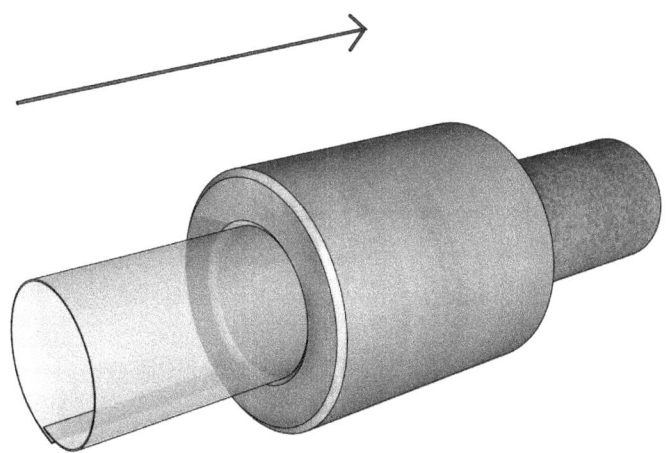

Entfernen des Kerns

Das ist gut. Sobald sich dieser Zylinder im Gehäuse befindet, öffnet er sich nämlich genau auf die Größe des Hohlraums. Bevor Sie den Zylinder in den Hohlraum schieben, sollten Sie die Form vielleicht mit etwas Klebeband stabilisieren. Ziehen Sie das Band ab, sobald sich der Zylinder im Gehäuse befindet.

Bevor Sie den Kern aus dem Schlosskasten schieben können, müssen Sie einige Vorbereitungen treffen. Entsperren Sie das Schloss oder führen Sie den Schlüssel in den Kernzylinder ein, damit sich alle Stifte an der Scherlinie ausrichten. Der Kern sollte durch keinen Stift blockiert werden, obwohl es in der Regel eine mechanische Vorrichtung gibt, die verhindert, dass Sie den Kern einfach mit dem Schlüssel herausziehen können. Schauen Sie sich die Rückseite des Schlosses an. Sie sollten ein kleines Metallplättchen sehen, das diese Funktion übernimmt. Schrauben Sie dieses Metallplättchen ab oder entfernen Sie es mit einer Zange. Achten Sie dabei darauf, dass Sie den Kernzylinder nicht aus Versehen verschieben. Richten Sie den aufgerollten Plastikzylinder hinter dem Kernzylinder aus und schieben Sie ihn in das Gehäuse. Der Kernzylinder des Schlosses sollte nun aus dem Schlosskasten austreten.

Wenn Sie den Plastikzylinder ganz in den Hohlraum geschoben haben, kann er sich entfalten, und Sie werden sehen, dass die oberen Stifte auf dem Plastikzylinder zu ruhen kommen. Achten Sie darauf, dass die unteren Stifte nicht aus dem Kernzylinder rutschen, wenn Sie ihn aus dem Schloss nehmen. Sobald Sie Ihre Neugierde gestillt oder etwaige Modifikationen vorgenommen haben, schieben Sie den Kernzylinder wieder einfach in den Hohlraum zurück. Der Plastikzylinder rutscht wieder heraus. Sobald Sie das Metallplättchen hinten am Schloss wieder angebracht haben, sollte das Schloss wie gewohnt funktionieren.

Überbrückungsmethode

Manchmal muss das Schloss gar nicht nachgeschlossen werden, um es zu öffnen. Manchmal reicht einfach aus, dass es „umgangen" wird. Diese Methode wird *Überbrückung* genannt. Sie benötigen dazu weniger Fertigkeiten als beim regulären Nachschließen, obwohl das Schloss selbst dafür geeignet sein muss. Diese Methode lässt sich nur bei weniger komplizierten Schlössern einsetzen, bei denen der Sperrriegel hinten im

Stiftzylinderschlösser Überbrückungsmethode

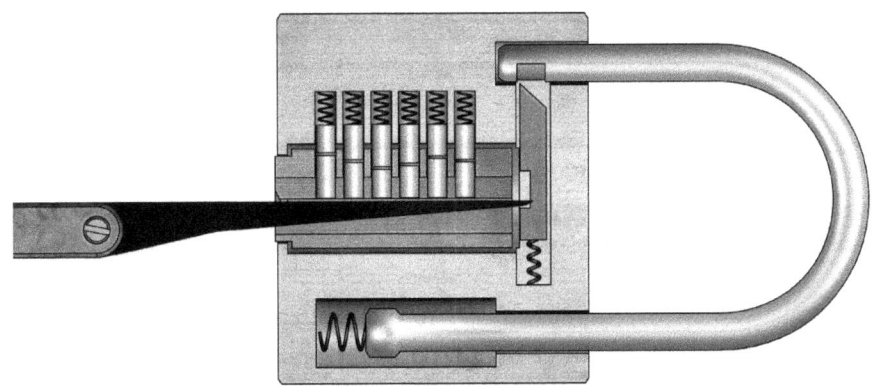

Überbrückung eines Vorhängeschlosses

Schlüsselkanal freiliegt. Diese Technik wird in der Regel an Schreibtischen, Möbeln und bei einigen Vorhängeschlössern verwendet. Das Prinzip ist recht einfach. Führen Sie Ihr Werkzeug ganz in das Schloss ein und ignorieren Sie die Stifte oder Plättchen vollkommen. Versuchen Sie, den Sperrriegel des Schlosses manuell mit Ihrem Werkzeug zu bewegen. Hinten am Kernzylinder befindet sich u. U. ein *Schlussstück*, mit dem sich der Sperrriegel dreht oder eine andere Komponente bewegen lässt, um das Schloss zu öffnen. Unabhängig von der Funktion dieses Schlussstücks sollten Sie versuchen, dasselbe mit dem Riegel zu tun. Vielleicht können Sie es aus dem Bügel oder der Kerbe bewegen und das Schloss öffnen. Es handelt sich hier um ein einfaches Konzept, wenn Sie das Glück haben, über ein Schloss zu verfügen, bei dem dieser Schritt klappt.

Unter Umständen werden auch andere Komponenten des Schlosses verstellt, bewegt, ausgelöst oder manipuliert, damit das Schloss geöffnet werden kann. Häufig kann das Schloss vollkommen umgangen werden. Zeigen Sie sich kreativ und denken Sie darüber nach, was Sie erreichen möchten, bevor Sie sich direkt an das Nachschließen machen. Zum Beispiel lassen sich viele Autos öffnen, indem man ein Werkzeug durch einen Spalt im Fenster in den Fahrerraum schiebt und einen Riegel im Schlossaufbau nach oben zieht. Oft wird dazu ein Metallstreifen mit Hakenende (in den USA als „Slim Jim" bekannt) verwendet. Der Schlüsseldienst muss hier besonders vorsichtig vorgehen, denn in den Autos von heute verstecken sich vielfach ausgeklügelte und empfindliche Elektronikkomponenten und Kabel in

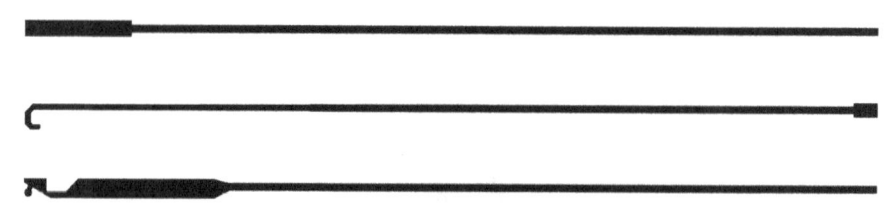

Werkzeuge zum Shimmen von Kfz-Türen

den Türen. Achten Sie darauf, dass Sie nichts kaputtmachen. Neuere Kfz-Modelle verfügen zudem über Schutzpaneelen, die den direkten Zugriff auf die Türverriegelung verhindern. Unter Umständen ist für jede Marke und jedes Modell eine anders geformte Stange notwendig. Daher sollten Sie erst je nach Marke und Modell im Handbuch nachlesen, um sicherzustellen, dass die jeweilige Methode sicher ist.

Shimmen

Das *Shimmen* ähnelt der Überbrückungsmethode, obwohl Sie beim Überbrücken von außen arbeiten und nicht im Schloss selbst. Sie führen einen Gegenstand in den Schließmechanismus ein und bewegen den Sperrriegel – oder welche Vorrichtung auch immer den *Bügel* im Schloss festhält – beiseite. Da sich die Mechanismen stark unterscheiden, gibt es keine Standardmethode, um ein Schloss zu shimmen. Wir zeigen Ihnen hier jedoch einige Beispiele.

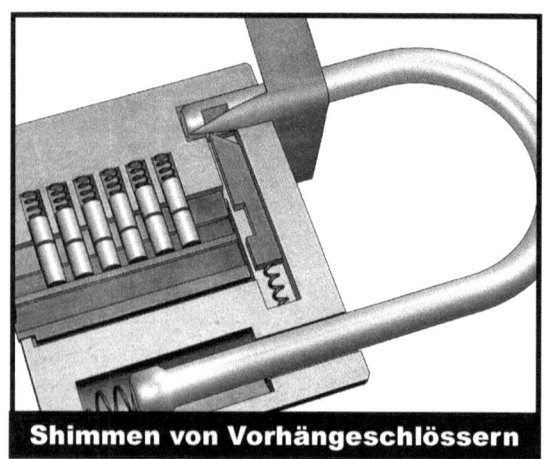

Shimmen von Vorhängeschlössern

Das Shimmen zeigt bei zahlreichen unterschiedlichen Vorhängeschlössern Wirkung. Bei Vorhängeschlössern wird in der Regel ein federbelasteter Sperrriegel in eine Kerbe im Bügel geschoben, um diesen Bügel im Schloss zu arretieren. Der Sperrriegel ist oben häufig angewinkelt, damit der Bügel einrasten kann, ohne dass dazu das Schloss zunächst

Stiftzylinderschlösser Überbrückungsmethode

aufgesperrt werden muss. Dies bedeutet, dass der Sperrriegel federbelastet sein muss. Wenn Sie einen dünnen, aber soliden Gegenstand parallel zum Bügel in das Schloss schieben können, ist es manchmal möglich, dass sich der Sperrriegel aus dem Weg drücken lässt und der Bügel aufspringt. Die Bügelöffnung des Schlosses muss aber groß genug sein, um das Einstellwerkzeug aufnehmen zu können. Diese Methode eignet sich auch für Buntbart-Vorhängeschlösser. Die Schlossart ist eigentlich fast irrelevant. Da zahlreiche Vorhängeschlösser auf beiden Seiten des Bügels einrasten, müssen Sie ggf. beide Seiten gleichzeitig bearbeiten.

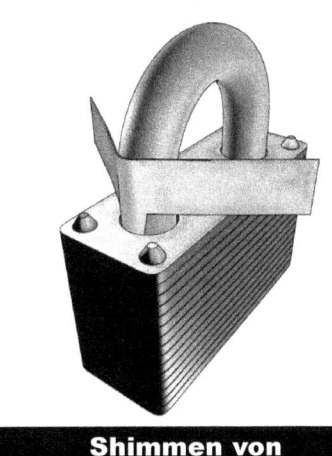

Shimmen von Vorhängeschlössern

Es gibt speziell hergestellte Shims für Vorhängeschlösser. Sie bestehen aus robustem Material und können in das Schloss eingeführt und dann gedreht werden, um den Bügel freizugeben. Sie sind häufig zugespitzt und erleichtern Ihnen so die Arbeit.

Türschlösser können ebenfalls geshimmt werden. Der *Schnapper* ist der Teil des Schließmechanismus, der seitlich aus der Tür in den Rahmen hineinragt und die Tür geschlossen hält. Eine Seite des Schnappers ist angewinkelt, damit die Tür auch ohne Betätigung der Klinke ins Schloss fallen kann. Bei manchen Türen ist das auch bei verriegelter Klinke möglich. Der Grund hierfür ist die Feder. Sie brauchen daher nur ein Werkzeug, das Sie in die Spalte zwischen dem Türpfosten und der Tür einführen. Vielleicht haben Sie schon davon

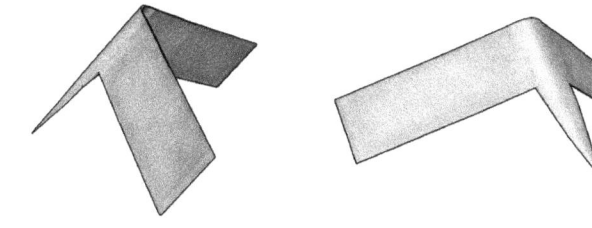

Vorhängeschloss-Shims

gehört, dass manchmal Bank- oder Kreditkarten für diesen Zweck verwendet werden. Achten Sie aber darauf, dass diese Karten nicht zerbrechen, wenn Sie sie für diese Zwecke verwenden. Die meisten Schnapper verfügen über Federn, die besonders stark sind. Für diese benötigen Sie ein anders geformtes oder besseres Werkzeug. Stellen Sie Kontakt mit dem Schnapper her und schieben Sie ihn wieder in die Tür. Die Tür öffnet sich. Wenn sich kein Kontakt mit der angewinkelten Seite des Schnappers ergibt, sollten Sie ihn trotzdem auf der anderen Seite mit dem Werkzeug in die Tür zurückschieben können, obwohl dies schwieriger ist. Bei manchen Türpfosten ist der Zugang zum Schnapper einfacher als bei anderen. Viele ausgeklügelte Türklinken in kommerziellen Anwendungen lassen sich so nicht öffnen. Sie verfügen über zusätzliche Vorsprünge. Diese *einbruchsicheren Schnapper* werden bei geschlossener Tür in den Pfosten geschoben. Der Mechanismus verhindert dann, dass der Hauptschnapper wieder in die Tür geschoben werden kann, ohne dass das Schloss geöffnet wird.

Das Shimmen ist eine Methode, die sich immer dann eignet, wenn Sie über einen federbelasteten angewinkelten Schnapper oder Riegel verfügen. Daher kommen Vorhängeschlösser in der Regel eher in Frage. Sie können nicht geshimmt werden, da es keine Feder gibt und da der Schnapper nicht einfach in die Tür geschoben werden muss.

Schlag- und Vibrationsmethode

Bei fachgerechtem Vorgehen handelt es sich bei der *Schlag-* und *Vibrationsmethode* um eine der schnellsten Nachschließmethoden. Diese Methoden sind auch deswegen von Vorteil, weil sie nicht sehr viel Know-how erfordern. Sie können bei den meisten Stiftzylinderschlössern verwendet werden, eignen sich aber weniger für Plättchenzylinder und werden aus diesem Grunde für solche Schlösser nicht empfohlen. Wenn schnelles Handeln gefordert ist, z. B. im Polizeialltag oder im Notfall, findet diese Methode häufig Verwendung. In solchen Situationen gibt es andere Probleme, um die Beamten sich kümmern müssen, daher haben sie weder die Zeit, noch die Lust, die Kunst des Nachschließens und der Schlossöffnung zu erlernen. Mehr automatische Werkzeuge sind ebenfalls hilfreich, weil man mit ihnen nicht lange üben muss. Anstatt dessen wählen Sie einfach das richtige Werkzeug und können es in der Regel nach einigem Experimentieren direkt einsetzen. Erfahrung zählt immer noch, damit Sie

Stiftzylinderschlösser Schlag- und Vibrationsmethode

das richtige Gespür entwickeln. Für diese Methoden ist zudem ein Schloss erforderlich, dass anhand der Überbrückungsmethode nachgeschlossen werden kann.

Eigentlich gibt es hier zwei Methoden, die Ihnen zur Verfügung stehen. Das erste Konzept ist recht einfach. Ein Werkzeug mit einer Harke, die über die Stifte schnellt. Die Stifte vibrieren aufgrund der Bewegung des Werkzeugs auf und ab. Man hofft hier, dass die Scherlinie irgendwann einmal nicht mehr blockiert ist und dass sich der Kernzylinder nun dreht. Während die Stifte schwingen, wird das richtige Drehmoment angewandt, um sie beim Setzen greifen zu können. Diese Nachschließmethode ist eine Form des manuellen Hochgeschwindigkeitsharkens. Ein mechanisches System ermöglicht hier schnellere und besser vorhersagbare Bewegungen. Daher eignet es sich in manchen Situationen eher, obwohl es weniger einfach unterschiedlichen Schlössern angepasst werden kann.

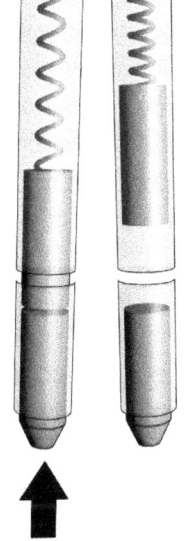

Bei der zweiten Methode kommt eine stoßweise Bewegung zum Einsatz. Ein flaches Werkzeug schnellt auf die Stifte zu und berührt sie alle gleichzeitig. Die zugrundeliegenden physikalischen Kräfte ähneln dem Billardspiel oder dem Kugelstoßpendel. Die Wucht der ersten Kugel wird vollkommen aufgenommen und an die nächste Kugel weitergegeben, die sich wiederum mit derselben Geschwindigkeit bewegt und die erste Kugel stehen lässt. Das Schlagwerkzeug verfolgt dasselbe Ziel. Es wirkt auf die unteren Stifte ein, um sie in die oberen Stifte zu schieben, die dadurch in das Gehäuse rutschen. Die unteren Stifte hingegen bleiben unten, weil sie ihre gesamte Energie an die oberen Stifte abgegeben haben.

Aber diese theoretischen Grundlagen müssen Sie nicht unbedingt kennen, um das Vibrations- oder Schlagwerkzeug effektiv einsetzen zu können. Schieben Sie es einfach in den Schlüsselkanal, betätigen Sie den Auslöser und drehen Sie das Spannwerkzeug zum rechten Zeitpunkt um. Achten Sie unbedingt darauf, dass Sie Kontakt mit jedem Stift herstellen. Bei Verwendung eines Schlagwerkzeugs ist sicherzustellen, dass Sie jeden Stift genau in der Mitte und alle Stifte gleichzeitig treffen. Dies bedeutet, dass die

Klinge genau parallel zum Schlüsselkanal gehalten werden muss. Manche Werkzeuge verfügen über angewinkelte Klingen, damit das Werkzeug auf engem Raum in einem Winkel gehalten werden kann. Für die Handhabung eines solchen Instruments ist jedoch etwas mehr Übung erforderlich, damit die Klinge immer parallel ist und alle Stifte gleichzeitig trifft. Nicht jedes Schloss erfordert dieselbe Kraft, damit die Stifte richtig hochspringen. Die jeweiligen Schlösser müssen sich jedoch in funktionsfähigem Zustand befinden. Ist das Schloss verschmutzt, können sich die Stifte ggf. nicht in den Kammern bewegen.

Sie benötigen die richtige *Sperrpistole*. Hierbei handelt es sich um ein Werkzeug, das Sie in einer Hand halten. Es verfügt in der Regel über einen Auslöser oder Hebel, den Sie mit den Fingern betätigen, um eine Vibrationsreaktion auszulösen. Bei manchen Sperrpistolen wird die Schnappreaktion durch eine kurze Betätigung des Hebels oder Auslösers ausgelöst. Auch wenn Sie mit solchen Werkzeugen arbeiten, brauchen Sie ein Spannwerkzeug. Schieben Sie die Sperrpistole vollständig in den Schlüsselkanal, führen Sie das Spannwerkzeug ein und drehen Sie es, während Sie den Auslöser betätigen. Bewegen Sie die Sperrpistole beim Nachschließen nicht vertikal oder lateral. Wenn das Werkzeug die Stifte trifft und nach oben katapultiert, bringen Sie den Kernzylinder mithilfe des Spannwerkzeugs dazu, dass es die oberen Stifte aufnimmt, wenn sie in das Gehäuse eintreten. Die meisten besseren Sperrpistolen lassen eine

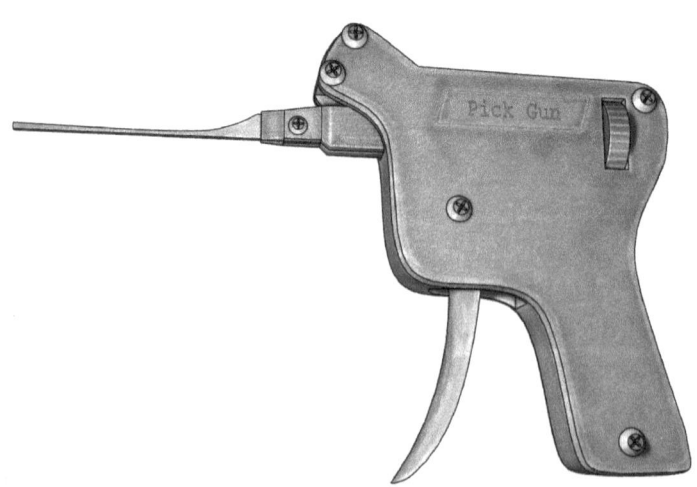

Sperrpistole

Stiftzylinderschlösser Schlag- und Vibrationsmethode

Einstellung der Kraft zu, die mit der Pistole angewandt wird, damit Sie unterschiedliche Schlösser bearbeiten können.

Sogenannte Pickpistolen oder *Snap Guns* können einfach unter Verwendung eines starren Drahts in Eigenarbeit angefertigt werden. Wenn Sie Ihre Kreativität spielen lassen möchten oder Ihnen die Möglichkeiten ausgehen, sind improvisierte Exemplare im Nu hergestellt. Hierzu eignen sich Kleiderbügel aus Draht, Wäscheklammern oder andere Gegenstände mit Drahtfedern, die Vibrationen erzeugen können. Ihrer Fantasie sind keine Grenzen gesetzt. Sie können ihre neue Sperrpistole selbst herstellen oder einsatzbereit im Handel erwerben. Bei manchen Werkzeugen werden die Stifte in Schwingung versetzt, während bei anderen Modellen die Stifte gleichzeitig nach oben schnellen.

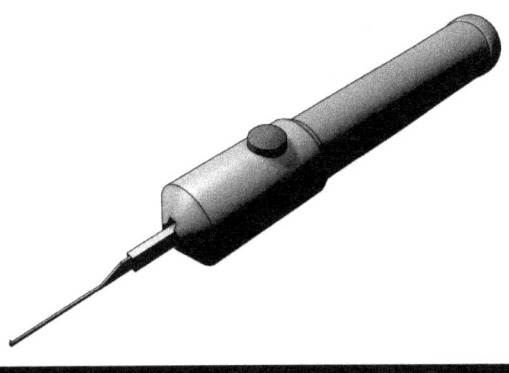
Elektro-Sperrpistole

Moderne elektrische Vibrationswerkzeuge mit Batteriebetrieb sind ebenfalls erhältlich. Es wird jedoch oft davon ausgegangen, dass elektrische Werkzeuge nicht ganz so wirkungsvoll und auch komplizierter im Umgang sind. Allerdings kann sich das nach Ihrer persönlichen Vorgehensweise und Ihrem Know-how richten.

Ein Generalschlüssel kann mit Ausnahme kleiner Kanten oder Grate auch über ganz extreme Einschnitte verfügen. Diese Art Schlüssel wird häufig als *Schlagschlüssel* bezeichnet. Der Schlüssel wird so in das Schloss eingeführt, dass eine Kante jeweils die Stifte berührt. Sodann wird er rasch und mit viel Kraft im Schlüsselkanal weiter vorgeschoben. Sobald sich der Schlüssel vollständig im Schlüsselkanal befindet, muss er gedreht werden. Dieser Schritt muss so schnell vollzogen werden, dass die oberen Stifte nicht wieder nach unten fallen können. Der Schlüssel wird oft

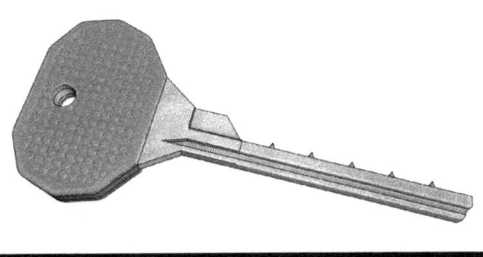
Schlagschlüssel

mit einem Gummihammer, Schraubendreher oder einem anderen Werkzeug in Position geschlagen. Dabei erhofft man sich, dass alle Stifte nach oben an die Scherlinie springen. Wie gesagt, es ist wichtig, dass jede Kante gleichzeitig auf jeden Stift einwirkt.

Wenn sich das Schloss mit der Vibrationsmethode oder dem Schlagwerkzeug nicht bearbeiten lässt, müssen Sie eine der anderen in diesem Buch beschriebenen Methoden wählen. Manchmal ist die Schlagmethode jedoch die bevorzugte Methode, besonders für Schlösser mit gezackten Stiften, die im nächsten Kapitel näher beschrieben werden.

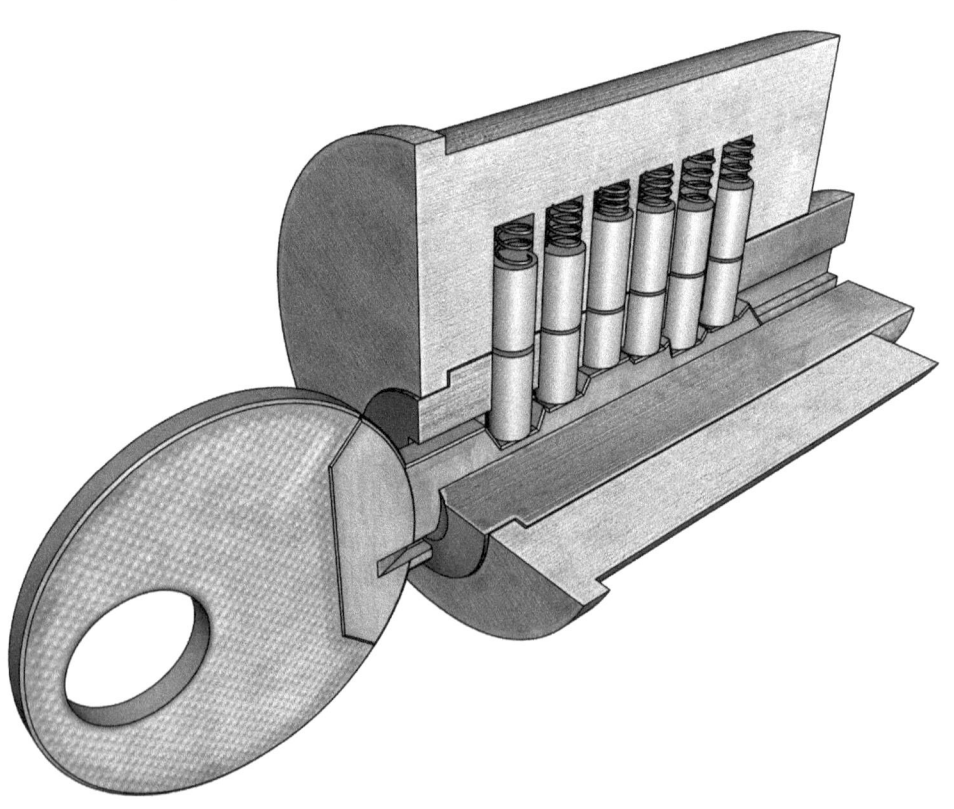

3

Komplexe Stiftzylinderschlösser

Komplexe Stiftzylinderschlösser

Die Schließtechnik entwickelt sich stets weiter. Hersteller suchen nach neuen Konzepten, um die Sicherheit ihrer Schlösser zu erhöhen. Und gleichzeitig sollen Gewinne eingewirtschaftet werden. Dies bedeutet, dass die Schlösser so kostengünstig wie nur möglich produziert werden müssen. Die meisten Verbraucher kümmern sich nicht zu sehr um die Sicherheit und gehen davon aus, dass ein Schloss so gut wie das nächste ist. Der Preis ist aber ausschlaggebend. Die meisten Schlösser im Handel sind daher für wenig Geld zu haben und einfach nachzuschließen.

Das ist jedoch nicht unbedingt immer der Fall. Wenn es um Hochsicherheitsanwendungen geht, stehen Ihnen zahlreiche unterschiedliche Schlösser zur Auswahl. Während es ggf. einfacher ist, billigere Schlösser nachzuschließen, kann es sich als sehr schwierig erweisen, eines der hochwertigeren Hochsicherheitsschlösser zu entsperren. Es ist eine viel größere und zeitaufwändigere Herausforderung, ein Hochsicherheitsschloss nachzuschließen. Das Nachschließen von komplexen Schlössern ist eine Kunst, die Zeit und Begabung erfordert. Sie müssen sich selbst und Ihre Handgriffe und auch das Schloss gut kennen. Ihre Finger müssen ein Gefühl für kleinste Vibrationen haben und die Vorgänge im Innern des Schlosses spüren können.

Teurere Schlösser haben viel kleinere Toleranzen. Dies bedeutet, dass Sie genauer arbeiten müssen und der Spielraum für Fehler kleiner ist. Der Kernzylinder hat weniger Spiel und es wird schwieriger sein, die Stifte zu binden oder die Reihenfolge festzustellen, in der sich die Stifte binden. Zudem müssen Sie die Stifte auf eine genaue Höhe bringen, damit sie sich setzen. Aber das ist nicht alles. Der Hersteller versucht ggf., Sie zu täuschen. Das Schloss kann über Stifte verfügen, die nur den Anschein geben, dass sie gesetzt wurden, obwohl sie in Wirklichkeit nur binden und den Kernzylinder weiterhin fest in Position halten. Oder der Hersteller verwendet anstatt eines normalen beweglichen Stifts einen *unbeweglichen Stift*. Ein solcher Stift lässt sich nicht verschieben und bleibt in Position. Er ist nicht federbelastet

Komplexe Stiftzylinderschlösser

und bewegt sich nicht in das Gehäuse. Stifte dieser Art verhindern die Verwendung falscher Schlüssel und Nachschließwerkzeuge.

In diesem Kapitel werden Sie unterschiedliche Modifikationen herkömmlicher Stiftzylinderschlösser für Hochsicherheitsanwendungen sowie Methoden kennenlernen, mit denen Sie sie schneller nachschließen können.

Gerundete Stifte und abgeschrägte Öffnungen

Wenn Sie in den Schlüsselkanal eines Stiftzylinderschlosses schauen, ist wahrscheinlich zu erkennen, dass das untere Ende der unteren Stifte leicht gerundet ist. So können die Stifte an den Kanten des Schlüssels entlang rutschen, wenn dieser eingeführt und wieder abgezogen wird. Wären die Stifte unten nicht gerundet, würde die Kante am Schlüssel hängenbleiben und das Einführen und Abziehen des Schlüssels erschweren.

Die Stiftenden an der Scherlinie sind anders gearbeitet. Sie sind in der Regel flach oder leicht abgeschrägt, damit der Kernzylinder gedreht werden kann. Je enger die Toleranzen, desto exakter muss der Schlüssel den Stift auf die richtige Höhe schieben. Manchmal ist das nicht der Fall. Unter Umständen sind die Enden der Stifte an der Scherlinie gerundet. Die Öffnungen im Kernzylinder und Gehäuse können zudem abgeschrägt sein. Durch das Runden und Abschrägen können kostengünstigere Materialien verwendet und die Toleranzen des Schlüssels beim Entsperren reduziert werden. Wenn beide Methoden verwendet werden, können sich die Stifte auf der falschen Höhe befinden und trotzdem in Position rutschen, wenn der Kernzylinder gedreht wird. Anhand dieser Methoden können aber nicht nur die erforderlichen Toleranzen reduziert werden, sie können auch die Einsatzzeit des Schlosses verlängern, was wiederum die Herstellungs- und Wartungskosten dieser Schlösser senkt.

Bei billigeren Schlössern sind die Stifte auf beiden Seiten gerundet und beide Öffnungen abgeschrägt. Ein so gestaltetes Schloss erleichtert das Harken, da der Stiftbewegung viel Spielraum und Flexibilität bleibt. Diese Winkel und Schrägen können aber beim Nachschließen Probleme bereiten. Die Stifte können an der Schräge hängenbleiben oder der gerundete Stift kann sich an der Kante der Öffnung fangen. Stoppt ein Stift irgendwo, entsteht ggf. der

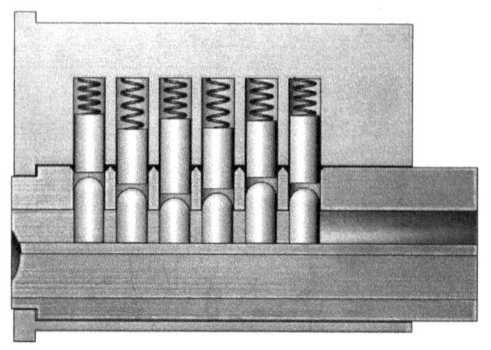

Gerundete untere Stifte

Eindruck, dass sich der Stift gesetzt hat. Da sich der Stift aber nicht auf der richtigen Höhe befindet, ist es möglich, dass er die Drehbewegung des Kernzylinders verhindert. Wenn Sie ein billiges Schloss haben, dass einfach nachzuschließen scheint, und wenn sich der Kernzylinder ein wenig dreht, nicht aber genug, um das Schloss aufspringen zu lassen, haben Sie es ggf. mit gerundeten Stiften und abgeschrägten Öffnungen zu tun. Drehen Sie das Spannwerkzeug nicht so stark und versuchen Sie vorsichtig, die Stifte in Position zu rütteln. Wenn es sich bei Ihrem Schloss um ein billiges Modell handelt, sollten Sie das Hochgeschwindigkeitsharken verwenden. Viele minderwertige Vorrichtungen können durchweg in weniger als einer Sekunde nachgeschlossen werden, wenn Sie das richtige Gespür haben.

Manchmal greifen Hersteller aufgrund der Sicherheit und nicht wegen der Kosteneinsparungen auf gerundete Stifte und abgeschrägte Öffnungen zurück. Wenn die unteren Stifte zum Beispiel gerundet sind, erschwert dies das Nachschließen. Gerundete Stifte bleiben oft an der Scherlinie hängen. Nur wenn Sie den Stift zum richtigen Zeitpunkt mit Ihrem Nachschließwerkzeug nicht weiter nach oben schieben, kann der kleinere obere Teil des Stiftes in

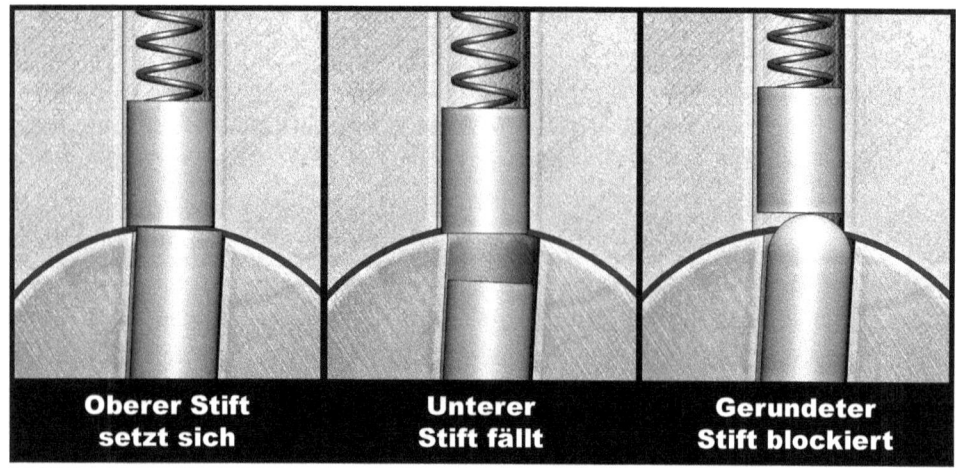

Oberer Stift setzt sich | **Unterer Stift fällt** | **Gerundeter Stift blockiert**

Komplexe Stiftzylinderschlösser

das Gehäuse fahren. Der Kernzylinder dreht sich leicht, wenn der Stift die Scherlinie überquert, bis der gerundete Kopf hängenbleibt und bindet. Da sich der untere Stift aber noch teilweise im Gehäuse befindet, kann sich der Kernzylinder nicht vollständig drehen. Wenn Sie ausreichend Drehkraft anwenden, wird der Stift in dieser Position eingeklemmt und kann nicht wieder nach unten wegfallen. Wenn der untere Stift gerundet ist, erkennen Sie diese Situation daran, dass er auch nach dem Setzen nicht nach unten wegfällt. Die Stifte müssen aber nicht wirklich gerundet sein. Solange die Seiten des Stiftes in der Nähe der Scherlinie leicht angewinkelt sind, können sie problematisch sein und beim Nachschließen eingeklemmt werden.

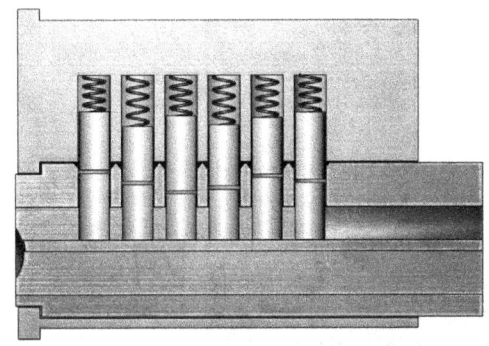
Abgeschrägte Öffnungen

Abgeschrägte Öffnungen können ein ähnliches, aber schwierigeres Problem darstellen. In Verbindung mit gerundeten Stiften erschweren sie das Nachschließen eines Schlosses, da Sie den sich bindenden oberen Stift – in der Hoffnung, dass er über der Scherlinie gesetzt werden kann – nach oben schieben. Sie hören zu und fühlen das Klicken, das dabei erfolgt. Wenn die Öffnungen abgeschrägt sind, zeigt das Schloss ein interessantes Verhalten. Wenn der obere Stift die Scherlinie fast überquert hat, geben die Schrägen an den Öffnungen diesem Stift mehr Bewegungsfreiheit. Der Kernzylinder erweckt den Anschein, als würde er sich bald drehen. Aber plötzlich bindet ein anderer Stift. Sie müssen nun anstatt des ersten Stifts diesen neuen Stift nach oben schieben. Aus diesem Grund sind Sie bei abgeschrägten Öffnungen gezwungen, dieselbe Stiftsäule mehr als einmal zu bearbeiten, bevor die Scherlinie frei ist.

Je nach Konfiguration der gerundeten Stifte und Schrägen an den Öffnungen kann es auch vorkommen, dass die oberen Stifte auf der anderen Seite der Scherlinie eingeklemmt werden. Ist dies der Fall, kann der jeweilige untere Stift noch relativ nach unten wegfallen, als hätten Sie ihn ordnungsgemäß gesetzt. Lassen Sie das Spannwerkzeug etwas los und versuchen Sie, die Stifte weiter nach oben zu schieben, um sie richtig zu setzen. Wenden Sie aber nicht zu viel Kraft an und schieben Sie die Stifte nicht zu weit, da der untere Stift dadurch eingeklemmt werden könnte. Drehen Sie in diesem Fall nicht mehr so stark am Spannwerkzeug und wackeln Sie mit dem Nachschließinstrument oder einer Harke am Stift, damit er herunterfällt. Die Kraft der Feder im Gehäuse sollte Ihnen dabei helfen. Manchmal kann es sein, dass Sie einige Stiftsäulen mehrmals bearbeiten müssen, bevor sich das Schloss öffnet. Oder Sie müssen das Spannwerkzeug ganz loslassen und wieder von vorne anfangen.

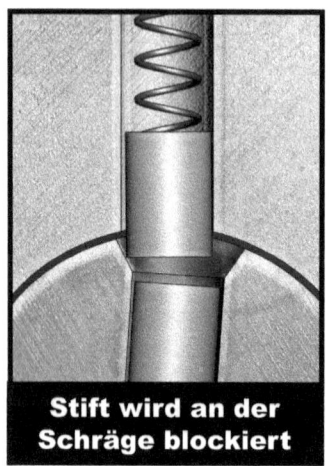

Stift wird an der Schräge blockiert

Je nachdem, wie die Rundungen und Schrägen im Schlüsselaufbau verwendet werden, können sie ein Nachschließen erschweren, die Herstellung vereinfachen und die Einsatzzeit des Schlosses verlängern. Unter Umständen müssen Sie gewisse Stifte mehrmals bearbeiten, bevor diese sich ordnungsgemäß setzen. Manchmal wird es notwendig sein, dass Sie einen Stift zu einem späteren Zeitpunkt erneut bearbeiten, wenn schon andere Stifte gesetzt wurden, bevor Sie den Kernzylinder weiterdrehen können. Aber letztendlich wird sich Ihr Durchhaltevermögen bezahlt machen.

Arbeiten mit dem Generalschlüssel

In zahlreichen Installationen und Gebäuden werden nicht immer die gleichen Schlösser verwendet. Ein Hotel benötigt zum Beispiel für jedes Zimmer ein anderes Schloss, d. h. unter Umständen sind es Hunderte oder gar Tausende. Es wäre ziemlich umständlich, wenn der Besitzer oder das Personal für jedes Schloss einen separaten Schlüssel bräuchte. Für solche Situationen gibt es daher *Generalschlüssel*, mit denen sich alle anderen Schlösser öffnen lassen. Eine Alternative wäre ein Schlüssel, der in allen Wartungsbereichen funktioniert, und ein weiterer für alle Schlösser sowie einige Büros für das Sicherheitspersonal und vielleicht noch ein weiterer Schlüssel nur für öffentliche Räumlichkeiten und die Hausmeisterbereiche. Wie Sie sehen, gibt es zahlreiche Konfigurationen. Bei den meisten sind jedoch Schlüssel erforderlich, die auf mehrere unterschiedliche Schlösser passen. Dieses Konzept wird bei Mehrfamilienhäusern, in Wohnheimen,

Komplexe Stiftzylinderschlösser

Hotels, Krankenhäusern und Einrichtungen mit zahlreichen Räumlichkeiten eingesetzt.

Das Nachschließen dieser Schlösser ist unter Umständen einfacher als bei normalen Stiftzylinderschlössern. Schlosser/Metallbauer, die diese Schlösser einbauen, wissen das und können je nach Budget zusätzlich Sicherheitsfunktionen einbauen. Wir sollten uns aber zunächst auf das einfache Schlossdesign für einen Generalschlüssel konzentrieren.

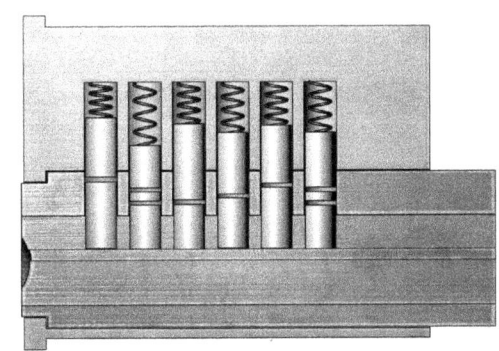
Schloss für Generalschlüssel

Diese Schlösser verfügen in der Regel in den Stiftsäulen über zusätzliche Stifte zwischen dem oberen und dem unteren Stift. Diese werden als *Trennstifte* oder *Trennplättchen* bezeichnet. Die Stiftsäulen können jeweils auf eine von zwei unterschiedlichen Höhen geschoben werden, damit an der Scherlinie eine Spalte zwischen den Stiften entsteht, so dass sich das Schloss öffnen kann. Dies bedeutet, dass zwei unterschiedliche Schlüssel dasselbe Schloss öffnen können. Ein anderes Schloss verfügt über einen anders zugeschnittenen Trennstift und unteren Stift, so dass derselbe Generalschlüssel auch hier eingesetzt werden kann, obwohl ein anderer Wechselschlüssel erforderlich ist.

Wenn Sie ein für einen Generalschlüssel ausgelegtes Schloss warten, ist zu beachten, dass sich einige der Trennstifte im Kern befinden, während die anderen noch im Gehäuse sitzen, auch wenn Sie den Kern ausgebaut haben. Wenn Sie bei Neueinstellung eines Schlosses nicht an diese Trennstifte im Gehäuse denken, funktioniert das Schloss ggf. nicht richtig und sorgt nicht für die gewünschte Sicherheit.

Sie müssen nach Entsperren des Schlosses zudem auf diese kleinen Trennstifte achten. Wenn Sie den Kern vollständig umkehren, kann es passieren, dass die Trennstifte nach unten in den Schlüsselkanal fallen und dort blockieren. Wenn Sie den Kern so weit drehen, müssen Sie darauf achten, dass keine Trennstifte in den Schlüsselkanal fallen. Dies ist allerdings nur dann ein Problem, wenn Ihr Schlüsselkanal unten offen ist und die Öffnung wiederum so groß ist, dass ein Stift ganz oder teilweise hindurch fallen kann. Sie können mit Ihrem Werkzeug oder einem anderen Gegenstand im Schlüsselkanal verhindern, dass die Stifte herunterfallen. Wenn fallende Stifte zu einem Problem werden, lassen sie sich aber auch mit einem abgebrochenen Extraktor oder starken Magneten entfernen. Dies bedeutet aber, dass Sie sie ersetzen müssen, damit alle Schlüssel wieder in diesem Schloss funktionieren. Gehen Sie also besonders vorsichtig vor.

In der Regel hebt der Generalschlüssel den unteren Stift an die Scherlinie, während der Wechselschlüssel hingegen den Trennstift an die Scherlinie bringt. Daher verfügt der Generalschlüssel über flachere Einschnitte als die Wechselschlüssel. Wäre dies nicht der Fall, könnte man den jeweiligen Einschnitt in einem Wechselschlüssel einfach abfeilen, um einen Generalschlüssel anzufertigen.

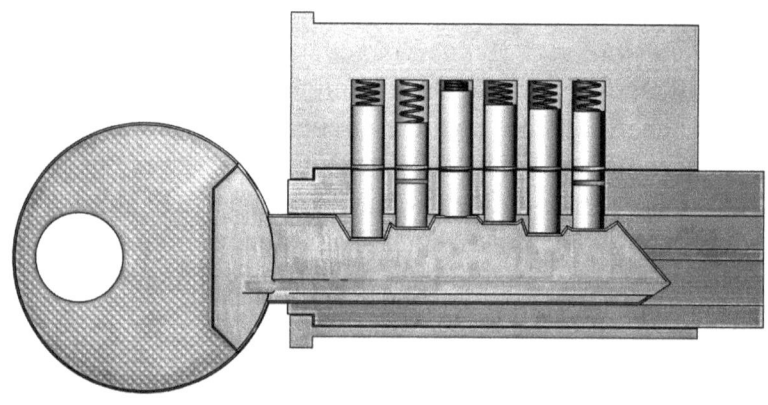

Wechselschlüssel

Bei der Arbeit mit Schlössern, die mit Generalschlüsseln funktionieren sollen, kann es sich herausstellen, dass diese aufgrund der zahlreichen Stifte einfacher nachzuschließen sind. Die Konstruktion lässt eine Verwendung mehrerer Schlüssel zu, d. h. auch das Nachschließen ist einfacher. Es kann erfolgreich mit mehreren Stifthöhen gearbeitet werden, daher ist es wahrscheinlicher, dass Sie beim Nachschließen einen Stift auf die richtige Höhe bringen. Wenn es nur einen Trennstift gibt, haben Sie bereits zwei Möglichkeiten, das Schloss zu entsperren. Bei zwei Trennstiften entstehen schon vier Möglichkeiten. Stellen Sie sich jetzt komplexere

Komplexe Stiftzylinderschlösser

Generalschlüsselkonfigurationen mit mehreren Trennstiften vor. Mit drei Trennstiften erhalten Sie acht mögliche Kombinationen. Bei vier Trennstiften entstehen sechzehn mögliche Kombinationen. Manche Kombinationen sind unbeabsichtigt und es gibt keinen Schlüssel dafür. Sie können das Schloss aber unter Verwendung dieser Kombinationen problemlos nachschließen.

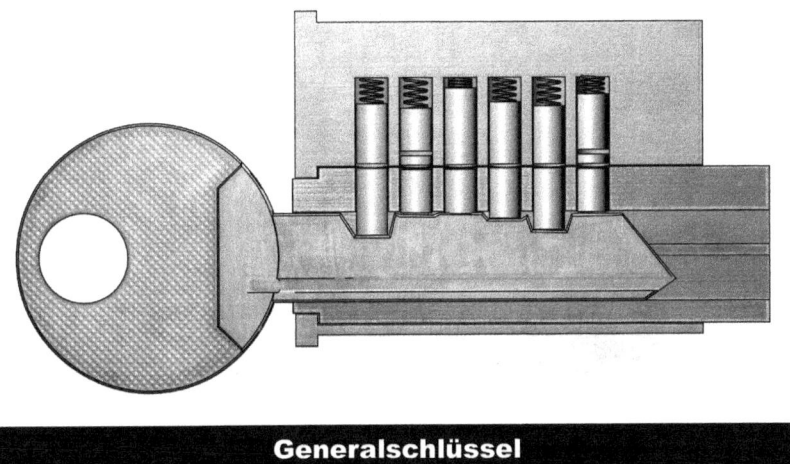

Generalschlüssel

Die Anzahl der Möglichkeiten steigt bei komplexeren Installationen dramatisch an, wodurch sich das Nachschließen erleichtert. Schlüsseldienste wissen das. Aus diesem Grund sind die Trennstifte ggf. besonders geformt, um Sie in die Irre zu leiten. Diese besonderen Hochsicherheitsstifte werden im nächsten Abschnitt näher behandelt.

So ermitteln Sie den passenden Generalschlüssel

Wenn Sie für ein Schloss über den passenden Wechselschlüssel verfügen, gibt es eine interessante Methode, mit der sich die Form des Generalschlüssels herausfinden lässt. Mit der Generalschlüsselform erhalten Sie alle Zugangsprivilegien des echten Generalschlüssels. Für diese Methode benötigen Sie lediglich Zugang zu einem einzelnen Schloss im System, was kein Problem darstellen sollte, wenn Sie bereits über einen Wechselschlüssel verfügen. Der Nachteil dieser Methode besteht darin, dass Sie sehr viel feilen müssen. Bei dieser Methode müssen Sie – wie beim Umgang mit Wechselschlüsseln – diverse unterschiedliche Schlüssel im Schloss ausprobieren. Keine Werkzeuge, Gegenstände oder Handgriffe, die Verdacht erregen könnten, sind vor Ort fällig. Das Feilen kann anderswo stattfinden. Allerdings müssen Sie den Schlüssel immer wieder in das Schloss einführen, d. h. Sie müssen immer wieder zum Schloss zurückkehren.

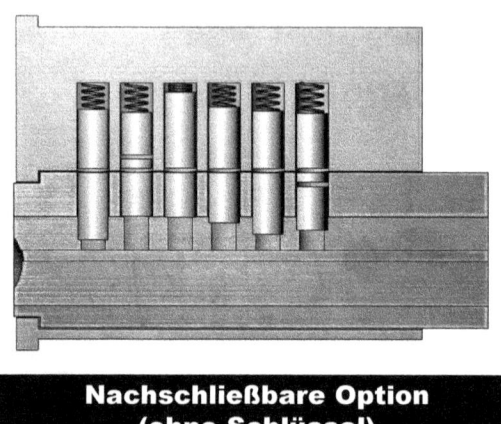

Nachschließbare Option (ohne Schlüssel)

Schauen Sie sich den Wechselschlüssel, den Sie bereits haben, genau an und stellen Sie fest, über wie viele Stiftsäulen das Schloss verfügt. Sie müssen sich mindestens so viele Rohlinge für das Schloss beschaffen, wie sich Stiftsäulen im Schloss befinden. Zudem benötigen Sie eine gute Feile und einen Messschieber, um die Tiefen der unterschiedlichen Stiftkerben am Schlüssel zu messen.

Für unser Beispiel gehen wir davon aus, dass das Schloss über fünf Stiftsäulen verfügt. Sie brauchen daher fünf Rohlinge. Feilen Sie diese Rohlinge alle herunter, damit Sie fast dem Originalschlüssel entsprechen.

Achten Sie darauf, dass jeder Rohling eine Stiftsäulenposition hat, die gar nicht gefeilt ist, während die anderen Positionen genauso wie auf dem Originalschlüssel gefeilt sind. Sie können Messschieber verwenden, um sicherzustellen, dass die Einschnitte auf dem Rohling genau dem Originalschlüssel entsprechen. Wenn Sie eine Position überhaupt nicht abfeilen, kann dies zu Problemen führen. Sind die Unterschiede zwischen benachbarten Stiftkerben zu groß, kann sich der Schlüssel u. U. nicht ganz in das Schloss einführen lassen oder er bleibt nach Einführen in das Schloss stecken. Der Generalschlüssel verfügt offensichtlich nicht über Einschnitte, mit denen

Komplexe Stiftzylinderschlösser

der Schlüssel unbrauchbar wird. Daher können Sie die steilen Seiten der Stiftkerben dort ohne Bedenken abfeilen, bevor Sie auf derartige Probleme stoßen.

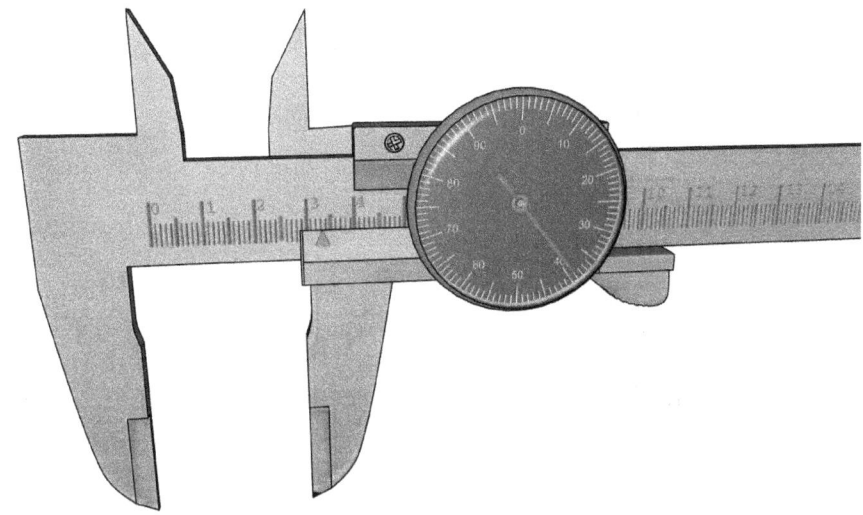

Messschieber

Wenn Sie Ihre Rohlinge hergestellt haben, müssen Sie die Stiftkerben ermitteln, mit denen sich das Schloss öffnet. Suchen Sie sich einen Rohling aus, führen Sie ihn in das Schloss ein und drehen Sie ihn. Wahrscheinlich passiert erst einmal nichts. Die Position auf diesem Rohling, die Sie nicht herunter gefeilt haben, ist Ihre Testposition. Ihr Ziel besteht darin herauszufinden, ob es andere Tiefen dieser Testposition gibt, die mit diesem Schloss funktionieren. Ziehen Sie den Schlüssel ab und feilen Sie die Testkerbe ein wenig herunter. Versuchen Sie es dann erneut. Während Sie feilen und es mit unterschiedlichen Kerbtiefen versuchen, entsteht eine Kerbe des Originalschlüssels und das Schloss sollte sich öffnen lassen. Sie können die Tiefe der Kerbe mit dem Messschieber ermitteln, um sicherzustellen, dass diese Tiefe der Tiefe der entsprechenden Stiftkerbe auf dem Originalschlüssel entspricht. Sie können jetzt mit einem anderen Rohling fortfahren und an ihm unterschiedliche Tiefen einer anderen Testkerbe ausprobieren. Feilen Sie alle Rohlinge auf diese Art und Weise herunter. Wenn sich das Schloss an einer anderen Stelle als dem Originalschlüssel öffnet, haben Sie eine Kerbtiefe ermittelt, an der der Generalschlüssel funktioniert. Messen Sie

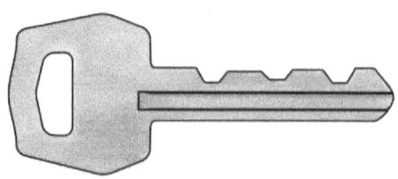

Original-Wechselschlüssel

die Tiefe der Kerbe mit dem Messschieber und notieren Sie sie sich mit der Position auf dem Schlüssel.

Generalschlüssel verfügen in der Regel über flachere Einschnitte als Wechselschlüssel. So wird verhindert, dass Personen mit Wechselschlüsseln diese abfeilen, um Generalschlüssel zu erhalten. Wenn Sie Ihre Testrohlinge auf die Tiefe des Originaleinschnitts abgefeilt haben, können Sie denselben Einschnitt noch tiefer abfeilen (als den Einschnitt auf dem Originalschlüssel). Dieser Schritt bietet sich an, wenn der Generalschlüssel an dieser Position über eine tiefere Stiftkerbe verfügt.

Original-Wechselschlüssel

Wenn Sie alle Rohlinge abgefeilt haben, sollten Sie mindestens einen Schlüssel haben, dessen Stiftkerbe auch im Schloss funktioniert. Es ist allerdings auch möglich, dass es mehrere gibt. Wenn es nur eine Stiftkerbe gibt, deren Tiefe sich von den anderen unterscheidet, verfügen Sie bereits über alle die Informationen, die Sie für die Herstellung des Generalschlüssels benötigen. Wenn Sie mehrere Stifte mit unterschiedlichen Tiefen haben, gibt es ggf. mehrere potenzielle Generalschlüssel. Feilen Sie zunächst den Schlüssel herunter, bei dem sich alle Tiefen unterscheiden. Wenn dieser Schlüssel nicht an anderen Türen funktioniert, bei denen sich derselbe Generalschlüssel einsetzen lässt, müssen Sie u. U. Schlüssel mit anderen Tiefenkombinationen herstellen. Manche Generalschlüsselsysteme sind sehr kompliziert, da unterschiedliche Generalschlüssel auf unterschiedliche Schlösser passen.

Hochsicherheitsstifte

Hochsicherheitsstifte ähneln normalen Stiften – fast. Sie erfüllen denselben grundlegenden Zweck. Sie sind federbelastet und teilen sich an der Scherlinie – wie ihre einfacheren Gegenstücke. Ihre Vorteile sind deutlich zu erkennen, wenn man versucht, das Schloss, in dem sie sich befinden, nachzuschließen. Es entsteht der Eindruck, als hätten sich alle Stifte gesetzt, obwohl sie immer noch die Scherlinie blockieren. Sobald Sie glauben, einen Stift gesetzt zu haben, fahren Sie mit dem nächsten fort, bis Sie Ihrer Meinung nach alle Stifte gesetzt haben. Zum Schluss erkennen Sie erst, dass etwas nicht stimmt, da sich der Kernzylinder nicht ganz umdrehen lässt. Er dreht sich nur ansatzweise, öffnet aber das Schloss nicht. Der Grund hierfür ist, dass sich ein Sicherheitsstift falsch (d. h. zu niedrig) gesetzt hat und immer noch die Scherlinie blockiert.

In der Regel zeichnen sich die oberen Stifte über eine mehr oder weniger flache Ober- und Unterseite aus. Wie aber schon im vorherigen Abschnitt besprochen, können sie oben und unten aber auch gerundet sein. Wie Sie sich bestimmt erinnern, sind die Seiten eines normalen Gehäusestifts glatt. Sie rutschen problemlos in die jeweilige Öffnung. Die Seiten eines Sicherheitsstifts sind jedoch nicht glatt und erschweren somit das Nachschließen des Schlosses. Die Abbildungen in diesem Abschnitt sind übertrieben und dienen lediglich der Veranschaulichung.

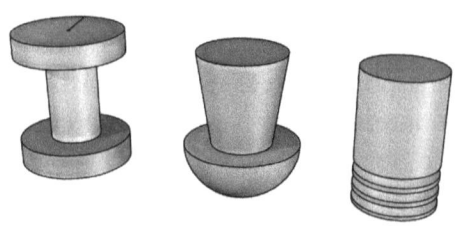

Original-Wechselschlüssel

Pilzkopfförmige Gehäusestifte ähneln in ihrer Form einem Pilz. Sie können wie normale Gehäusestifte installiert und verwendet werden. Durch die Einkerbungen an der Stiftseite können sich diese Stifte jedoch falsch setzen, wenn sie mit einen Nachschließwerkzeug nach oben geschoben werden. Die Kante am Stiftkopf berührt dann das Gehäuse und vermittelt den Eindruck, als hätte sich der Stift gesetzt. Der Gehäusestift bleibt zwischen Gehäuse und Kern stecken. Der Kernstift fällt nach unten, sobald der vom Nachschließwerkzeug ausgeübte Druck nachlässt. In Wirklichkeit wurde die Stiftsäule aber nicht weit genug angehoben und der Pilzkopf bleibt im Kern stecken.

Da die Oberkante des pilzkopfförmigen Stiftes an der Kante der Gehäuseöffnung hängen bleibt, können Sie den Stift wahrscheinlich nicht weiter nach oben schieben. Lösen Sie dieses Problem, indem Sie den auf Ihr Spannwerkzeug ausgeübten Druck senken. So kann der pilzkopfförmige Stift vollständig in die Öffnung eintreten. Unter Umständen muss der Stift eingeklopft werden, um sich ordnungsgemäß zu setzen. Wenn ein breiterer Kopf über die Scherlinie und vollständig in das Gehäuse passen soll, muss der Kern leicht zurückgedreht werden. Gutes Fingerspitzengefühl oder ein federbelastetes Spannwerkzeug tragen dazu bei, dass das auf die restlichen Stifte ausgeübte Drehmoment stimmt. Trotzdem kann es vorkommen, dass sich schon gesetzte Stifte lösen. Machen Sie sich aber nicht zu viele Gedanken. Sie können diese Stifte immer wieder erneut bearbeiten und setzen.

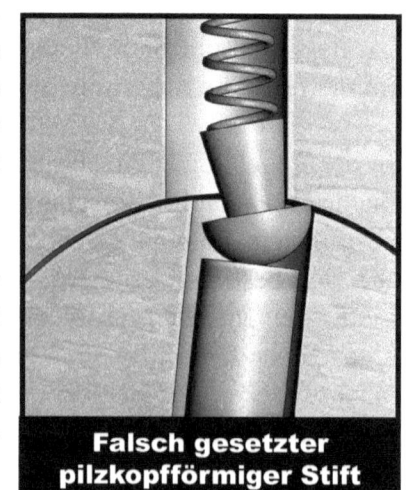

Falsch gesetzter pilzkopfförmiger Stift

Manche pilzkopfförmigen Stifte sind zusätzlich gerundet. Eine solche Form bietet zusätzliche Sicherheit. Auch sie können den Eindruck vermitteln, dass die Stifte gesetzt wurden, und Sie müssen sie ggf. mehrmals bearbeiten, bis sie wirklich gesetzt sind.

Komplexe Stiftzylinderschlösser   Hochsicherheitsstifte

Manche Hersteller weiten den oberen Teil der Stiftöffnung im Gehäuse aus. Eine solche Konstruktion lässt eine stärkere Winkelstellung des Gehäusestifts zu und erhöht die Wahrscheinlichkeit, dass der Stift hängenbleibt. Manche Schlösser umfassen eine Kante oder Schräge an der Öffnung im Gehäuse. So kann der Kopf des modifizierten Gehäusestifts eher hängenbleiben.

Ein weiteres beliebtes Element bei Hochsicherheitsstiften ist der *Spulenstift*. Spulenstifte sollen ein Setzen des Stiftes effektiv vortäuschen. Wie bei pilzkopfförmigen Stiften ist der untere Teil des Stifts breiter als die Mitte. Auch hier erkennen Sie ggf. erst, wenn es zu spät ist, dass Sie es mit einem Hochsicherheitsstift zu tun haben. Die Seite des Stifts ist so konzipiert, dass der Stift an der Scherlinie hängenbleibt. Das Ende der Spule kann beim Eintreten in das Gehäuse an der Öffnung hängenbleiben. Unter Umständen ist es dann sehr schwierig, den Stift durch Kraft auf den Kern hochzuschieben.

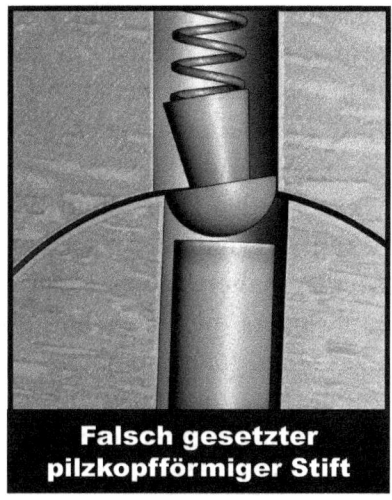
Falsch gesetzter pilzkopfförmiger Stift

Spulenstifte lassen sich wie pilzkopfförmige Stifte bearbeiten. Reduzieren Sie die auf das Spannwerkzeug ausgeübte Kraft, damit der breitere Teil des Stifts über die Scherlinie hinweg geschoben werden kann. Auch hier ist zu beachten, dass sich bei weniger Druck auf das Spannwerkzeug andere Säulen lösen können. Wichtiger ist jedoch, dass Sie den Sicherheitsstift gesetzt haben, da der andere Stift, der heruntergefallen ist, zuerst gebunden hat, sollte er sich auch einfacher erneut setzen lassen. Unter Umständen ist es schwieriger, wenn Sie einen Sicherheitsstift setzen und dieser Handgriff dazu führt, dass sich ein schon gesetzter Stift löst Achten Sie daher darauf, dass Sie den Druck auf das Spannwerkzeug nur so weit wie notwendig reduzieren.

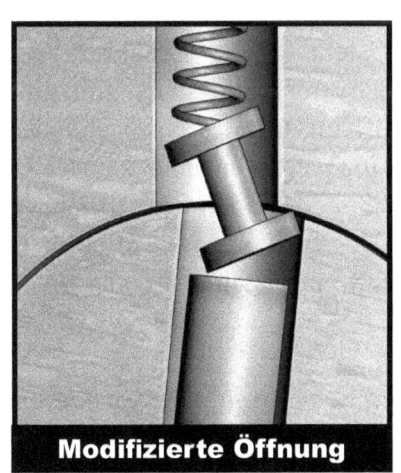
Modifizierte Öffnung

Manchmal hat der obere bzw. untere Stift sogar einen kleineren Radius. Beim Nachschließen entstehen dadurch besondere Herausforderungen. Wenn der untere Stift größer als der obere Stift ist, kann er mit dem Gehäuse binden, auch wenn der obere Stift zu klein ist, um am Kern hängen zu bleiben und sich erst dann zu setzen, wenn Sie den Kernzylinder weiter drehen. Wenn der untere Stift kleiner ist, kann sein Verhalten nach Setzen der Stiftsäule ggf. anders ausfallen. Der untere Stift ist ggf. klein genug, um über die Scherlinie zu passen, obwohl sich der obere Stift gesetzt hat. In einer solchen Situation können Sie den unteren Stift über die Scherlinie in das Gehäuse schieben. Sie werden dann den Widerstand der Feder spüren können. Der Stift schlägt dabei nicht an die Gehäusewand. Egal, welche Situation Sie antreffen, ruht der obere Stift an der Scherlinie am Kern, wenn Sie Ihr Nachschließwerkzeug absenken.

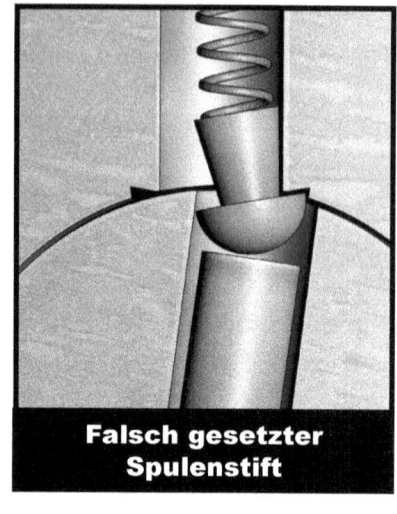

Falsch gesetzter Spulenstift

Ein wichtiger Unterschied zwischen dem Öffnen eines Schlosses mit dem Schlüssel und dem Nachschließen besteht in der Drehkraft, die beim Nachschließen auf den Kern ausgeübt werden muss. Es gibt eine Stiftkonfiguration, die auf dieser Tatsache aufbaut, um das Nachschließen ganz besonders zu erschweren. *Gezackte Stifte* verfügen über zahlreiche seitliche Kerben. Zähne oder Kanten in den Seitenwänden der Öffnungen im Kern passen in diese Kerben am Stift. Der Stift kann so effektiv in einer falschen Position einrasten, ohne dass er weiter nach oben oder unten rutscht.

Manche schließen Schlösser mit Sonderstiften lieber *in Rückwärtsrichtung* nach. Dazu benötigen Sie eine hohe Drehkraft und Sie müssen alle oberen Stifte über die Scherlinie schieben. Danach befinden sich alle oberen Stifte vollständig im Gehäuse und die unteren Stifte binden an der Scherlinie. Versetzen Sie jeden Stift jetzt mit der Harke oder dem Nachschließwerkzeug in Schwingung, während Sie gleichzeitig die Drehkraft reduzieren. Die einzelnen Stifte sollten nun (hoffentlich) an die Scherlinie absinken. Da die Sonderstifte die ganze Zeit über sicher im Gehäuse zurückbleiben, stören

Komplexe Stiftzylinderschlösser Spannwerkzeuge

sie bei dieser Methode nicht. Ein Nachschließwerkzeug in Diamantform eignet sich hier am besten. Solange alle Sonderstifte im Gehäuse bleiben, sollten die normalen Stifte später problemlos bearbeitet werden, wenn sie

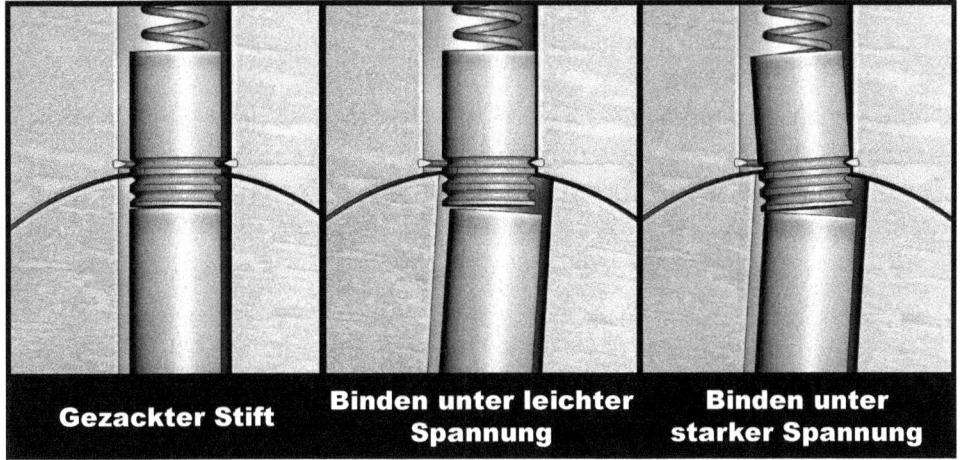

Gezackter Stift — Binden unter leichter Spannung — Binden unter starker Spannung

zu stark absinken.

In der Regel werden nur einige der Gehäusestifte durch Hochsicherheitssonderstifte ersetzt. In der ersten Säule befinden sich fast nie Sicherheitsstifte. Die einzige Ausnahme ist hier das Modell mit gezackten Stiften, da diese in allen Stiftsäulen eingesetzt werden können. Wenn Sie die Stifte hochschieben und der Kernzylinder sich dadurch leicht nach hinten dreht, haben Sie es wahrscheinlich mit einem Hochsicherheitssonderstift zu tun. Üben Sie etwas Drehkraft auf das Spannwerkzeug aus und drücken Sie mit dem Nachschließinstrument stärker auf die Stifte. Da bei den meisten dieser Schlossmodelle davon ausgegangen wird, dass Sie Drehkraft auf den Kern ausüben, während Sie das Schloss bearbeiten, kann es sein, dass Sie besser mit der Vibrations- oder Schlagmethode zurechtkommen. Sicherheitszuhaltungen wurden vor langer Zeit ausschließlich in teuren Hochsicherheitszylinderschlössern eingesetzt. Mit der Zeit sind sie allerdings immer häufiger zu finden. Sie werden mittlerweile nicht umhinkommen, sich bei Ihren Versuchen mit einem Stiftzylinderschloss auseinandersetzen zu müssen.

Spannwerkzeuge

Es gibt zahlreiche unterschiedliche Spannwerkzeuge. Das grundlegende Spannwerkzeug haben wir bereits besprochen, aber es gibt noch andere Werkzeuge, die das Nachschließen bzw. die Schlossöffnung erleichtern, sich für bestimmte Schlossmodelle besser eignen oder Ihnen besser in der Hand liegen. Ein einfaches Beispiel dieser Spezialwerkzeuge ist der *runde Spanner*. Dieses Werkzeug verfügt häufig über zwei **L**-förmige Metalldrähte. Die Spitzen dieser Drähte werden oben und unten in den Schlüsselkanal eingeführt.

Unter Verwendung dieser Spannwerkzeuge können Sie den Kernzylinder gleichermaßen einfach nach links oder rechts drehen. Im Gegensatz zum herkömmlichen Spannwerkzeug stört der runde Spanner auch nicht unbedingt die Arbeit mit einem Nachschließwerkzeug oder einer Harke. Das Drehmoment dieses Werkzeugs wird gleichmäßiger angewandt als bei einem regulären Spannwerkzeug, da sich die beiden Stellen, an denen Druck ausgeübt wird, an entgegengesetzten Enden der Schlüsselöffnung befinden. Bei dem einfachsten dieser runden Spannwerkzeuge stehen die beiden L-förmigen Drähte in einem festen Abstand zu einander. Bei hochwertigeren Modellen kann das Werkzeug, d. h. der Abstand zwischen den beiden Drähten, genau der Form des Schlüsselkanals angepasst werden. Sie verfügen zudem auch über eine federbelastete Taste, die den Abstand

Runder Spanner

Komplexe Stiftzylinderschlösser Spannwerkzeuge

zwischen diesen beiden Drähten verringert. Das Werkzeug wird dann in den Schlüsselkanal eingeführt und die Taste wieder losgelassen. Die Feder schiebt die beiden Drähte auseinander, bis sie die gegenüberliegenden Seiten des Schlüsselkanals berühren.

Federbelastete runde Spanner sind ebenfalls erhältlich. Mit diesen Werkzeugen können Sie die Drehkraft, die Sie auf den Kernzylinder ausüben, genau steuern. Viele von ihnen verfügen über eine Anzeige, auf der Sie genau ablesen können, wie stark die Feder angespannt wird. Die Feder im Werkzeug selbst nimmt einen Teil der Spannung auf, so dass die tatsächlich ausgeübte Drehkraft weniger ist. So haben Sie als Benutzer mehr Kontrolle über den Vorgang. Die Spannung muss besonders dann justiert werden, wenn Sie kompliziertere Stiftzylinderschlösser mit Spezialstiften nachschließen möchten. Bei diesen Schlössern ist es ziemlich wahrscheinlich, dass sich ein Stift falsch setzt und dass Sie dies erst dann erkennen, wenn Sie versuchen, den Stift hochzuschieben, und sich der Kernzylinder dabei in die entgegengesetzte Richtung dreht. In solchen Fällen sollte die Spannung langsam reduziert werden, während Sie den falsch gesetzten Stift nach oben schieben. Wird die Drehkraft zu schnell gesenkt, kann es sein, dass einige schon gesetzte Stifte wieder in den Kernzylinder zurückfallen. Unter Umständen ist hier aber nicht direkt zu erkennen, wenn sich eine Stiftsäule gesetzt hat, da die Feder die leichte und plötzliche Drehbewegung des Kernzylinders dämpft, wenn der obere Stift die Scherlinie überquert. Dieser

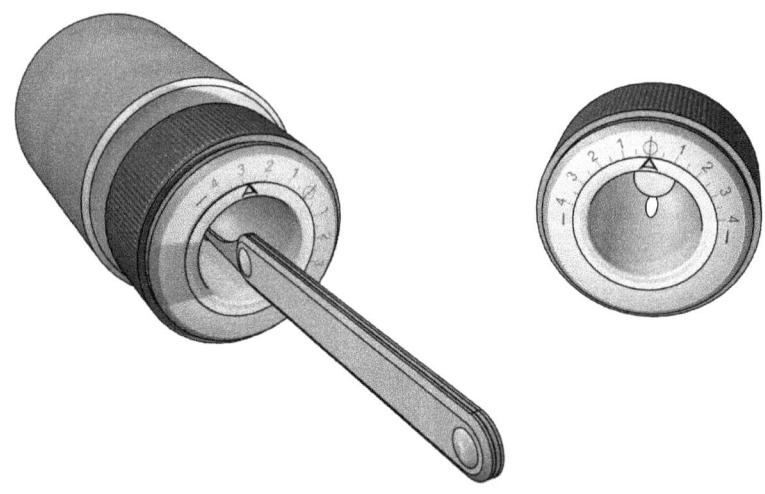

Federbelasteter runder Spanner

Punkt ist jedoch anhand der Anzeige auf dem Werkzeug zu erkennen. Ob Sie diese Art Spannwerkzeug bevorzugen, liegt an Ihnen und wie gut Ihr Fingerspitzengefühl ist bzw. ob Sie sich bei der Arbeit eher auf Ihre Augen

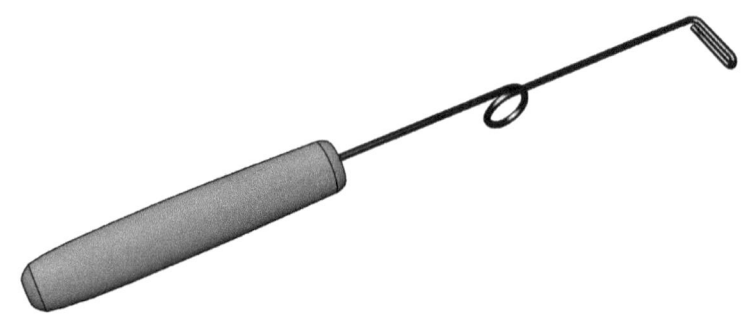

Federbelastetes Spannwerkzeug

verlassen usw.

Es gibt noch weitere federbelastete Spannwerkzeuge, die nicht rund sind, sondern sich durch die klassische Form auszeichnen. Dieses spezielle federbelastete Spannwerkzeug ist aus denselben Gründen wie der runde federbelastete Spanner besonders dann praktisch, wenn Sie kompliziertere

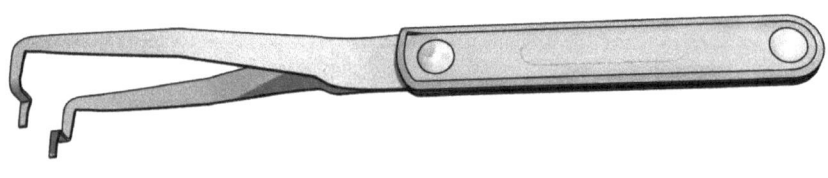

Gabelförmige Spannwerkzeuge

Stiftzylinderschlösser bearbeiten. Im Gegensatz zu dem runden Gegenstück verfügt dieses Werkzeug jedoch nicht über die Anzeige, anhand der Sie ablesen können, wann sich eine Stiftsäule gesetzt hat. Für dieses Werkzeug benötigen Sie mehr Fertigkeiten.

Es gibt noch weitere klassische Spannwerkzeuge, die Sie den unterschiedlichen Öffnungen anpassen können, damit Sie den Schlüsselkanal auf beiden

Komplexe Stiftzylinderschlösser Flipper

Seiten greifen. Diese Spannwerkzeuge eignen sich besonders für beidseitig bedienbare Plättchenschlösser, obwohl sie auch häufig bei standardmäßigen Stiftzylinderschlössern eingesetzt werden. Wie auch runde Spannwerkzeuge sollen diese Werkzeuge ungeachtet der Größe der Schlossöffnung nur gering auf das Nachschließwerkzeug einwirken.

Flipper

Sowie Sie die unterschiedlichen Schlösser kennenlernen, werden Sie herausfinden, dass jedes Schloss seine eigene Persönlichkeit hat. Können Sie sich noch an die Falschausrichtung der Stifte erinnern, aufgrund derer die Bindung in einer bestimmten Reihenfolge stattfindet? Eine solche Anordnung bedeutet, dass die Stifte – bei Bearbeitung des Schlosses im Uhrzeigersinn – in der entgegengesetzten Richtung binden (als bei Bearbeitung entgegen dem Uhrzeigersinn). Manchmal ist das Nachschließen in einer Drehrichtung einfacher als in der anderen. Dies ist allerdings nicht immer problematisch, wenn die einfachere Richtung die Richtung ist, in der Sie das Schloss von Beginn an drehen möchten, oder wenn das Schloss in beide Richtungen gedreht werden kann. Manchmal kann es sich als Problem erweisen, wenn es sich bei der Richtung, in der das Nachschließen einfacher ist, um die falsche Richtung handelt. Zahlreiche Schlösser können Sie nur in eine Richtung entsperren. Unter Umständen gibt es Situationen, in denen Sie

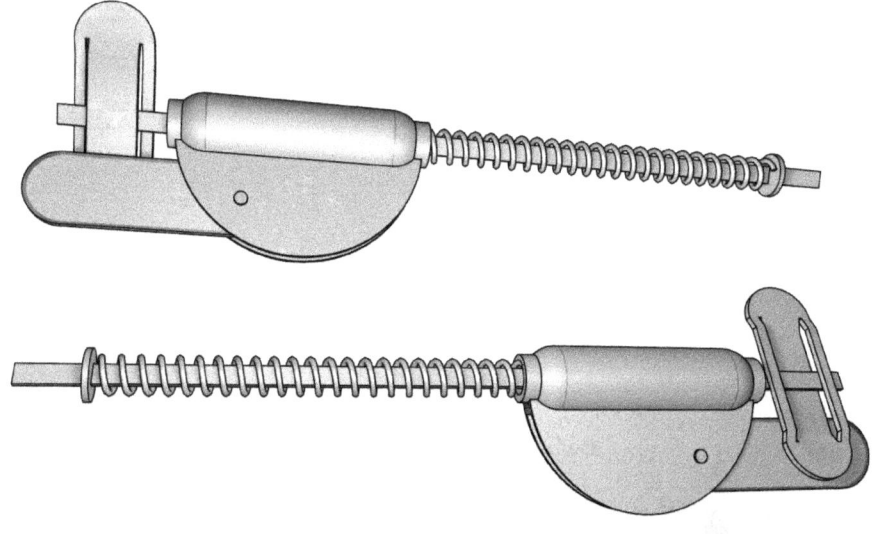

Flipper

sich bemüht haben, ein Schloss zu öffnen, und erkennen zum Schluss erst, dass Sie den Kernzylinder in die falsche Richtung drehen. In solchen Fällen bietet sich ein Werkzeug an, das in der Branche als *Flipper* bezeichnet wird. Es dreht den Kernzylinder rasch über die Sperrposition hinweg in die Öffnungsposition. Eine Abbildung eines herkömmlichen Flippers finden Sie unten. Da der Flipper den Kernzylinder mit hoher Geschwindigkeit über den Sperrpunkt hinweg dreht, bleibt den federbelasteten oberen Stiften keine Zeit, um wieder in die Öffnungen im Zylinder zu fallen. So wird die Sperrfunktion des Kernzylinders deaktiviert und Sie können das Schloss einfacher bearbeiten, obwohl es sich hierbei eigentlich um die „falsche" Drehrichtung handelt.

Komplexe Stiftzylinderschlösser Flipper

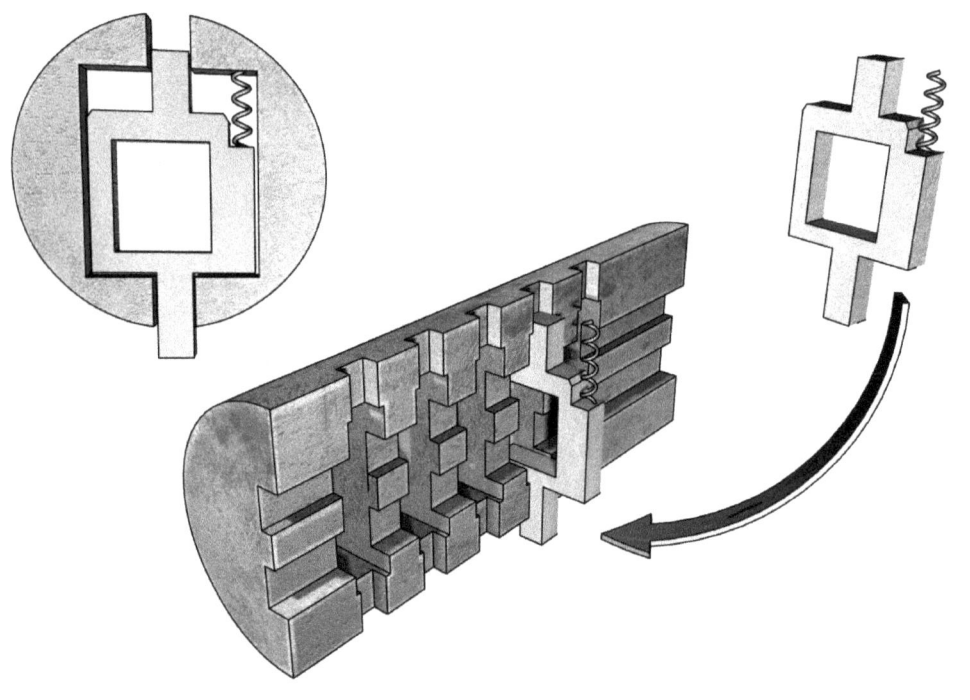

4

Plättchen-
schlösser

Plättchenzylinderschlösser

Das *Plättchenzylinderschloss* ist aufgrund seiner niedrigen Produktionskosten häufig in preiswerten Anwendungen zu finden. Es wurde Ende des 19. Jahrhunderts eingeführt und findet hauptsächlich in Schreibtischen, Aktenschränken, Autotüren, Fenstern, Feuerwehrschränken oder älteren Münzautomaten und dergleichen Verwendung. Es ähnelt dem Stiftzylinderschloss, obwohl hier anstatt der runden Stifte Plättchen zum Einsatz kommen. Gegebenenfalls können Sie dieses Kapitel weitgehend überspringen und sich an die schon gelernten Methoden halten. In der Regel geht man davon aus, dass ein Plättchenzylinderschloss einfacher nachzuschließen ist als sein Stiftschlossgegenstück.

Von außen betrachtet ähneln Plättchenzylinderschlösser den Stiftzylinderschlössern. Die Schlüssel sollten sich daher auch nicht groß unterscheiden. Das unterscheidende Merkmal sind die Plättchen. Wenn Sie in den Schlüsselkanal blicken, werden Sie breite, flache Plättchen und keine runden Stifte erkennen. Die Funktionsweise eines Plättchenzylinderschlosses unterscheidet sich jedoch sehr von der des Stiftzylinders.

Plättchenzylinderschlösser umfassen Plättchen, die sich im Kern auf und ab bewegen. Wenn sich die Plättchen nach oben bewegen, ragen sie oben aus dem Kernzylinder heraus und reichen in eine Kerbe im Gehäuse, wodurch der Kern gesperrt wird. Sobald sie sich nach unten bewegen, ragen sie unten aus dem Kern und sperren ihn so ebenfalls. Die Plättchen sind unterschiedlich

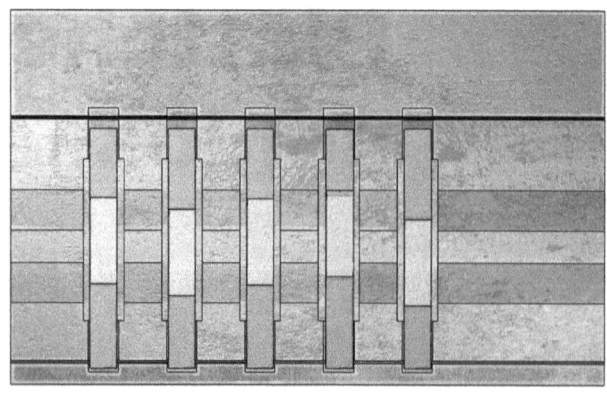

Seitenansicht eines Plättchenschlosses

Plättchenzylinderschlösser Funktionsweise

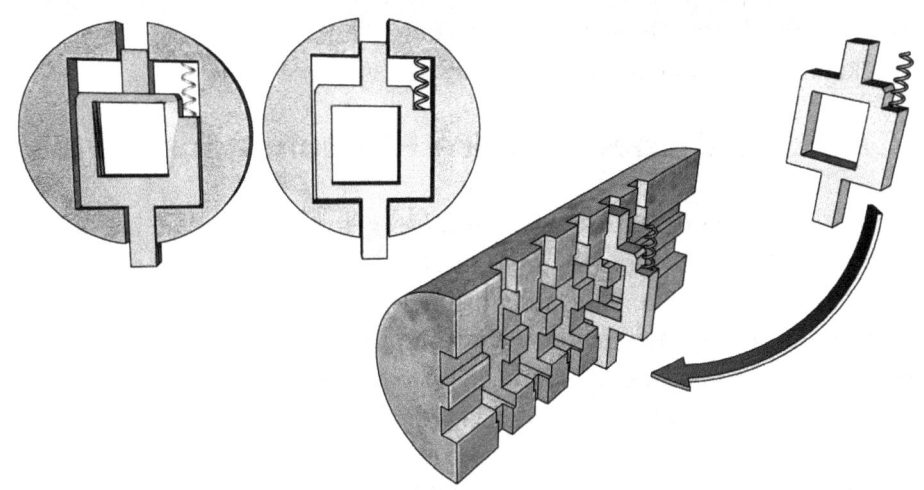

Schnittansicht der Plättchen in einem Kernzylinder

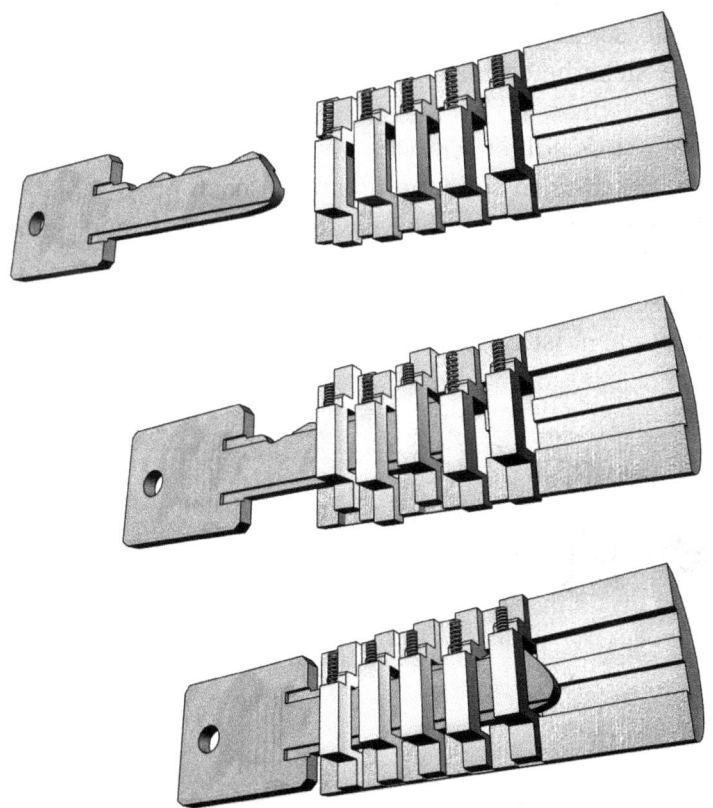

Schnittansicht eines Kernzylinders mit Schlüssel

geformt, d. h. jedes muss auf eine andere Höhe geschoben werden, damit es nicht aus dem Kernzylinder ragt. Wenn kein Plättchen mehr aus dem Zylinder ragt, kann dieser sich drehen und das Schloss öffnet sich.

Beidseitig bedienbare Plättchenschlösser

Das *beidseitig bedienbare Plättchenschloss* entstand, um mehr Sicherheit zu bieten. Viele Schlösser im Kfz-Bereich sind beidseitig bedienbare Plättchenschlösser. Sie sind auch als Türschlösser, in Münzautomaten, in Büromöbeln oder überall dort anzutreffen, wo mehr Sicherheit erwünscht ist, als es ein einfaches Plättchenschloss bietet. Am einfachsten sind sie durch ihre Schlüssel zu unterscheiden, da sich die Einkerbungen auf beiden Seiten befinden. Die Plättchen verfügen über alternierende Federn. Manche Plättchen werden nach oben und andere nach unten geschoben. Die Reihenfolge der Zylinder auf jeder Seite ist bei manchen Schlössern gleich. Dies bedeutet, dass der Schlüssel von beiden Seiten eingeführt werden kann. Andere Schlösser zeichnen sich auf jeder Seite durch ein anderes Muster aus, was die Sicherheit erhöht.

Für dieses Schloss sollten Sie Ihre gabelförmigen Nachschließwerkzeuge verwenden. Sie können so einige Plättchen nach oben schieben und dann einfach wieder nach unten, ohne dass Sie das Werkzeug dafür umdrehen müssen. Die hier abgebildeten gabelförmigen Werkzeuge eignen sich auch für die beidseitig bedienbaren Schlösser einiger Hersteller. Der Spanner, den Sie hier sehen, ist Bestandteil vieler Werkzeugsets und wurde speziell

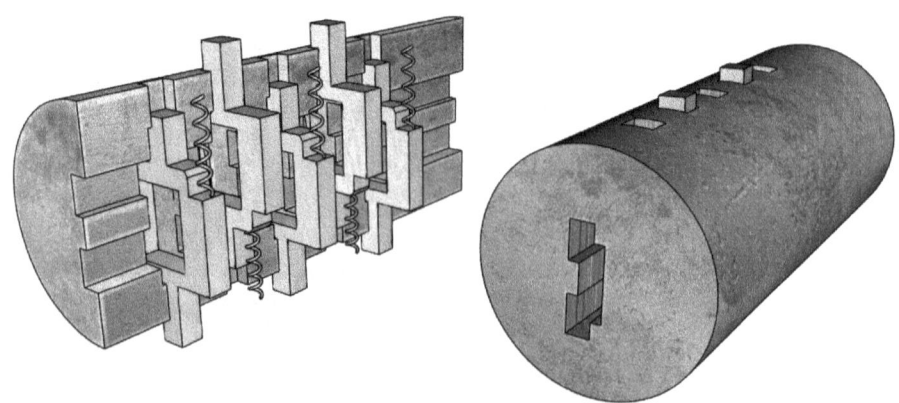

Schnittansicht eines Kernzylinders mit alternierenden Plättchen

Plättchenzylinderschlösser   Beidseitig bedienbar

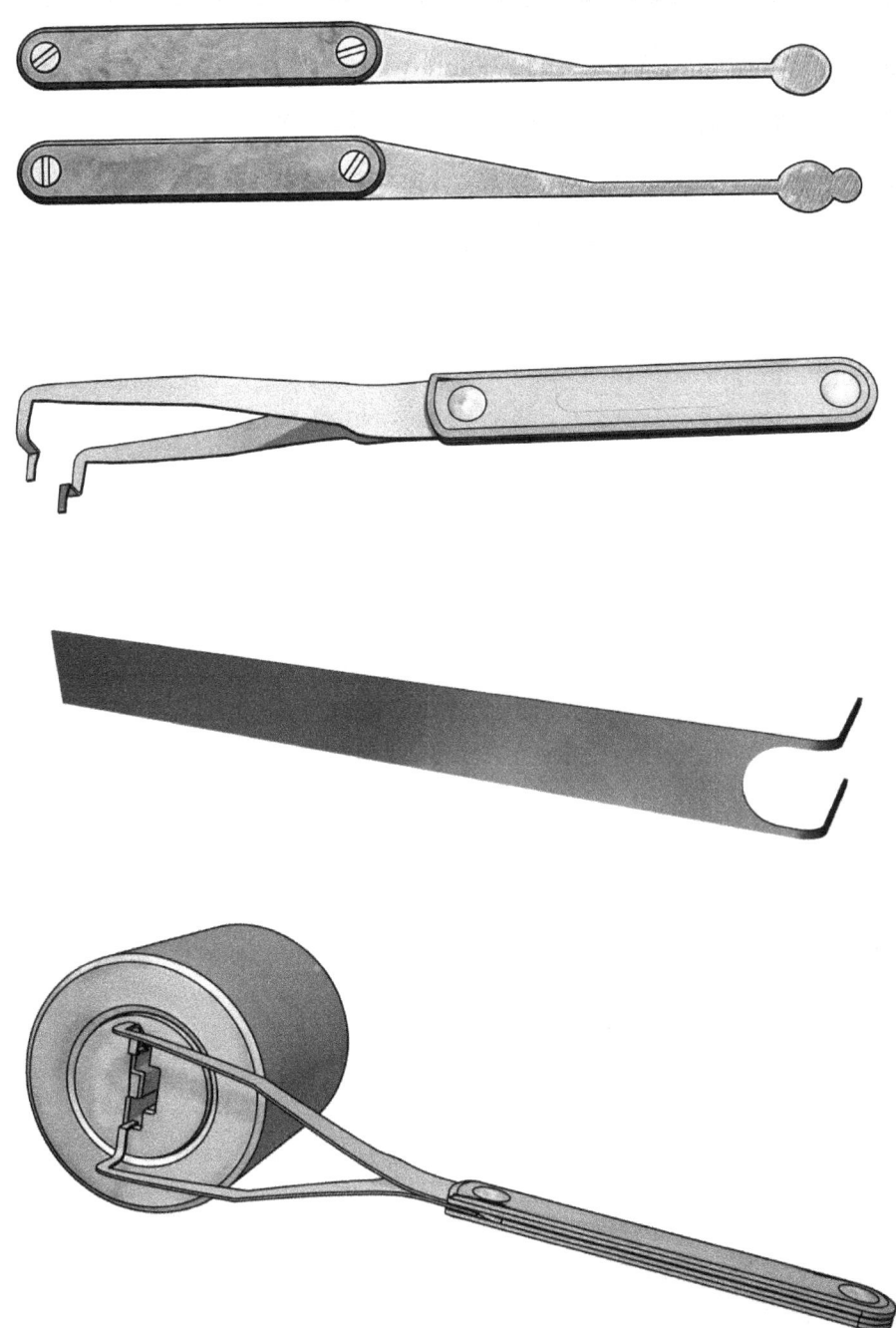

Nachschließ- und Spannwerkzeuge für beidseitig bedienbare Schlösser

für beidseitig bedienbare Schlösser entwickelt. Er wird zusammen mit den in Kapitel 2 vorgestellten gabelförmigen Werkzeugen verwendet und lässt eine Drehung des Kernzylinders zu. Er ermöglicht zudem, dass das Nachschließwerkzeug in die Mitte des Schlüsselkanals eingeführt werden kann. Sie haben so besseren Zugang zu den oberen und unteren Plättchen.

Wenn Sie bereits mit Stift- und Plättchenschlösser umgehen können, werden Sie schnell sehen, dass beidseitig bedienbare Schlösser auf demselben Konzept aufbauen.

Mehr Plättchen bedeuten mehr Sicherheit. In manchen Sicherheitsplättchenschlössern werden pro Schloss mehr als zehn Plättchen verwendet.

Bei manchen Plättchenschlössern wird die Sicherheit durch eine Stange, die einrastet, wenn alle Plättchen ausgerichtet sind, noch mehr erhöht. Das Setzen der einzelnen Plättchen ist somit schwieriger. Wenn Sie diese Art Schloss bearbeiten, müssen Sie Kraft auf diese seitliche Stange ausüben, um sie in die Plättchen zu schieben. So können die Plättchen binden und in Position fixiert werden.

Nachschließen von Plättchenschlössern

Plättchenschlösser werden mit denselben Methoden nachgeschlossen, die Sie auch bei Stiftzylinderschlössern verwenden. Aufgrund ihrer Konstruktionsweise eignen sich manche Werkzeuge besonders für Plättchenschlösser. Ein solches Werkzeug ist der *Passepartout-Schlüssel.* Schlüsseldienste verfügen über ein umfangreiches Sortiment an diesen Schlüsseln, die eigentlich eher groben Metallstücken ähneln als tatsächlichen Schlüsseln. Sie sind in zahlreichen unterschiedlichen Formen erhältlich. Wenn eines nicht funktioniert, dann klappt es vielleicht mit dem nächsten. Im Handel sind Passepartout-Schlüssel für bestimmte Schlösser erhältlich. Wenn die Schlosstoleranzen schlecht sind, kann der Schlüssel auf die Hälfte der offiziellen Einkerbung gebracht werden, so dass entweder die eine oder die andere Einstellung in das Schloss passt. So lassen sich die Schlüsselkombinationen dramatisch reduzieren. Vor 1968 konnten zum Beispiel alle Schlösser an Kraftfahrzeugen von General Motors mit einem Satz aus nur 64 Passepartout-Schlüsseln geöffnet werden. Das zugrundliegende Prinzip ist einfach: Führen Sie den Schlüssel ein und probieren Sie aus, ob

Plättchenzylinderschlösser Nachschließen

Doppelseitige Passepartout-Schlüssel

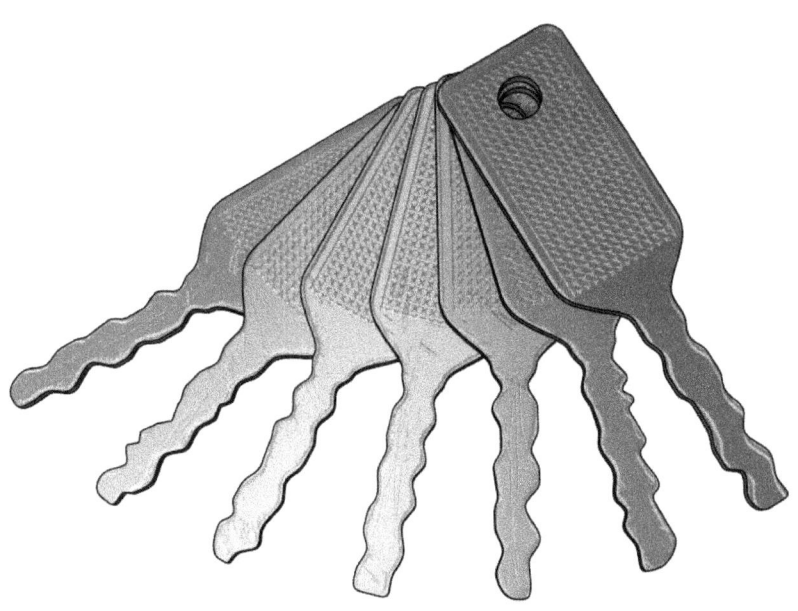

Einfache Passepartout-Schlüssel

sich das Schloss öffnen lässt. Bewegen Sie ihn hin und her, auf und ab und versuchen Sie, ihn vorsichtig zu drehen. Lässt sich das Schloss nicht öffnen, fahren Sie mit dem nächsten Schlüssel fort. Klappt es auch mit dem nächsten nicht, nehmen Sie einen weiteren Schlüssel. Versuchen Sie, das Schloss mit mehreren Passepartout-Schlüsseln zu öffnen. Die Wahrscheinlichkeit des Erfolgs richtet sich nach der Art und Qualität des Schlosses, der Form Ihrer Schlüssel und danach, wie viele Schlüssel Sie zur Hand haben, wie Sie sie bewegen, Ihrer Erfahrung und auch, ob das Glück auf Ihrer Seite ist.

Mit der Zeit werden Sie sehen, dass Plättchenschlösser im Allgemeinen einfacher nachzuschließen sind als Stiftzylinderschlösser. Die Plättchen sind allerdings u. U. viel dünner und stehen enger zusammen als Stifte, was ein Bearbeiten ohne Stören der benachbarten Plättchen erschwert. Mit einem Nachschließwerkzeug, das leicht von Plättchen zu Plättchen geschoben werden kann, lassen sich solche Schlösser jedoch relativ einfach harken.

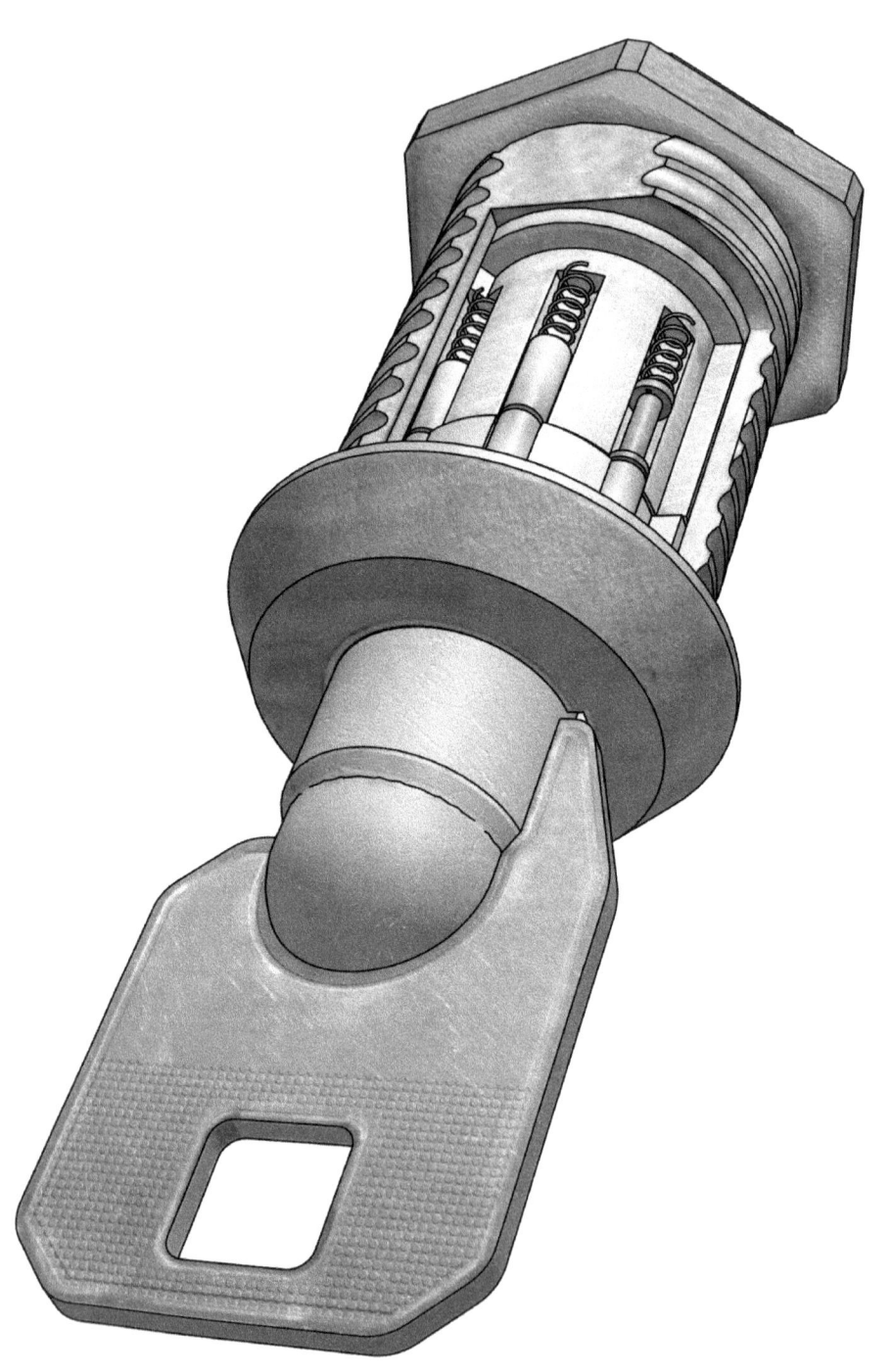

5

**Tubular-
schlösser**

Tubularschlösser

Die Erfindung des *Tubularschlosses* (auch Röhrenschaftschloss genannt) führte zu einer umfassenden Verbesserung herkömmlicher Stiftzylinderschlösser. Anfang der 30er Jahre, kurz nach Beginn der Weltwirtschaftskrise, waren diese Stiftzylinderschlösser Gang und Gäbe und wurden häufig in Münzautomaten verwendet. Mit der Verzweiflung, die die Weltwirtschaftskrise mit sich brachte, breiteten sich auch die unterschiedlichen Nachschließtechniken unter Dieben aus. In dieser Zeit entstand ein kleines Unternehmen in Chicago, das 1934 ein Patent für ein Tubularschloss erhielt. Anfangs wurden diese Schlösser nur für Hochsicherheitsanwendungen vermarktet, für die zuverlässige Schlösser unbedingt notwendig waren. Seit dieser Zeit haben sich diese Schlösser aber auch in Verkaufsautomaten und in diebstahlanfälligen Bereichen in Form von tragbaren Schlössern durchgesetzt, weil sie gegenüber dilettantischen Nachschließversuchen unanfällig sind.

Tubularschlösser bauen auf denselben grundlegenden Prinzipien von Stiftzylinderschlössern auf, obwohl die Stift- und Schlüsselanordnungen bei ihnen anders sind. Da sich Stift- und Tubularschlösser so sehr ähneln, könnte man beim Nachschließen theoretisch auf dieselbe Methode zurückgreifen. In Wirklichkeit gestaltet sich die Öffnung mit denselben Werkzeugen jedoch aufgrund der unterschiedlichen Anordnung von Schlüsselkanal und Stiften als besonders schwer. Aufgrund ihres Designs würden sich Tubularschlösser nämlich alle Achteldrehung wieder schließen. Denn sobald Sie alle Stifte erfolgreich gepickt haben und den Zylinderkern anfangen zu drehen, würde sich dieser zwar etwas bewegen, dann aber (leider) wieder in einer neuen Position arretieren. Sie müssten dann wieder alle Stifte erneut bearbeiten und den gesamten Prozess insgesamt sieben oder acht Mal wiederholen. Bevor Sie diese Methode versuchen, möchte ich Sie daher warnen: Bei vielen Schlössern können Sie den tatsächlichen Schlüssel nicht einführen, wenn die Welle auf eine Zwischenposition gedreht wurde. Dies bedeutet, dass Sie erst die Stifte des Schlosses vollständig gepickt haben müssen (offen oder geschlossen), bevor Sie das Schloss wieder normal verwenden können. Das Tubularschloss galt bis zu dem Tag als Hochsicherheitsschloss, an dem der sogenannte Tubularpick auf dem Markt kam. Mit der Einführung des Tubularpicks gestaltete sich nämlich das Nachschließen eines

Tubularschlösser Funktionsweise

Tubularschlosses plötzlich als viel einfachere Aufgabe. Seit Einführung effektiver Nachschließwerkzeuge gibt es auch das Wettrennen zwischen Schlossherstellern und der Nachfrage nach Werkzeugen zum Nachschließen von Schlössern. Mit etwas Talent, dem richtigen Werkzeug und viel Übung sollten auch Sie viele der zurzeit gebräuchlichen Tubularschlösser öffnen können.

Bitte lesen Sie die Kapitel zu Stiftzylinderschlössern, bevor Sie sich diesem Kapitel widmen. Tubularschlösser bauen auf den Konzepten, die unter herkömmlichen Stiftzylinderschlössern besprochen werden, auf.

Funktionsweise

Bevor wir uns mit den Nachschließtechniken befassen, sollten wir uns mit der Funktionsweise des Schlosses vertraut machen, das Sie zu öffnen versuchen. Schauen wir uns daher zunächst die Bezeichnungen und Positionen der unterschiedlichen Schlosskomponenten an.

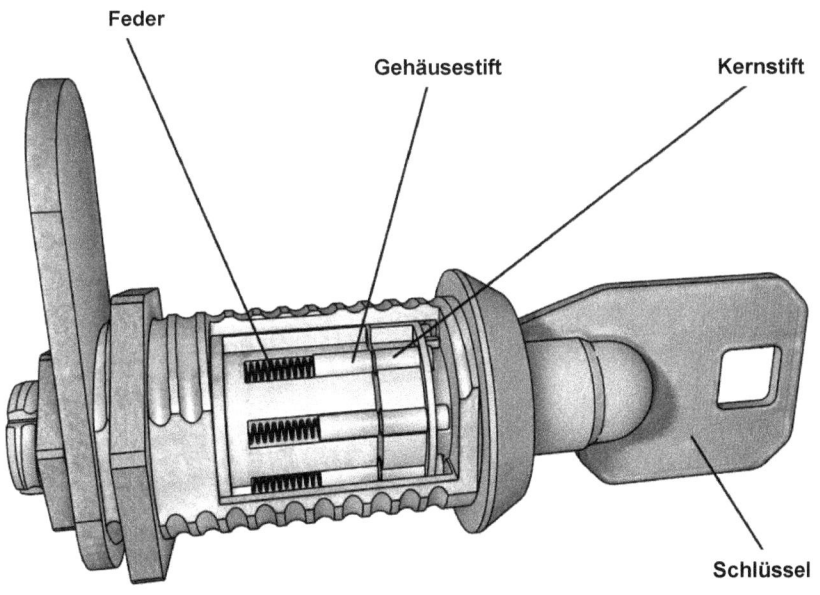

Teile eines Tubularschlosses

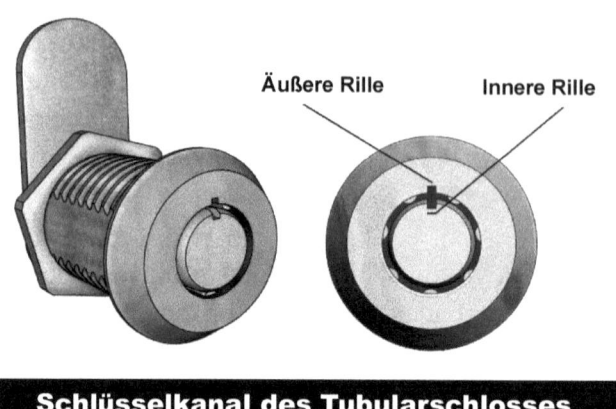

Schlüsselkanal des Tubularschlosses

In dieser seitlichen Schnittansicht sind zwei Stifte und eine Feder zu erkennen, die zusammen eine Stiftsäule bilden. Dies entspricht dem Stiftzylinderschlossdesign, das in Kapitel 2 beschrieben wurde. Tubularschlösser funktionieren ähnlich wie traditionelle Stiftzylinderschlösser. Die Stifte, die den Schlüssel in Tubularschlössern berühren, werden im Allgemeinen als obere Stifte benannt, obwohl sie in standardmäßigen Stiftzylinderschlössern die Feder statt den Schlüssel berühren. Die Stifte, die den Schlüssel berühren, werden als *Kernstifte* bezeichnet. Die Stifte, die die Feder berühren, werden *Gehäusestifte* genannt. Diese Namen sollten mit den folgenden Bezeichnungen und Erläuterungen helfen.

Die Tubularschlössern zugrundeliegende Theorie ist im Wesentlichen dieselbe wie bei Stiftzylinderschlössern. Die Trennung von Gehäuse- und Kernstiften muss an der Scherlinie erfolgen, damit der Kernzylinder gedreht werden kann. Der Hauptunterschied besteht bei Tubularschlössern jedoch darin, dass nicht Stiftsäulen nacheinander in einer Reihe angeordnet werden, sondern in einem Kreis, und dass alle Kernstifte nach außen zeigen. Dies bedeutet, dass anstatt eines langen Schlüssels mit unterschiedlich tiefen Kerben ein runder Schlüssel mit unterschiedlich tiefen Kerben zum Einsatz kommt. Diese Kerben sind gleichmäßig um den Schlüssel herum verteilt. Wenn der Schlüssel eingeführt wird, werden somit alle Stiftsäulen gleichzeitig manipuliert. Wie bei Stiftzylinderschlössern muss die Tiefe der Kerbe der Länge der Kernstifte entsprechen, damit der Bruch zwischen Kernstiften und Gehäusestiften mit der Scherlinie übereinstimmt. Wenn alle Stiftsäulen an der Scherlinie ausgerichtet sind, kann sich der Kernzylinder – wie bei Stiftzylinderschlössern – drehen. Wir empfehlen daher die Lektüre des Kapitels über Stiftzylinderschlösser, in dem Sie eine detailliertere Beschreibung dieses Aspekts finden.

Tubularschlösser Funktionsweise

Jetzt sollten wir den Schlüsselkanal näher betrachten. Wenn Sie gerade in den Schlüsselkanal hineinblicken, sehen Sie eine runde Öffnung, in der Regel mit sieben oder acht Stiften, die darin systematisch angeordnet sind. Die Stirnseite der jeweiligen Stifte ist aber nicht vollständig zu sehen. Der Grund hierfür liegt darin, dass die Stifte vorne im Schloss arretiert sind und nicht von den Federn herausgeschoben werden. Obwohl es zahlreiche unterschiedliche Ausführungen gibt, lassen sich die meisten Tubularschlösser in die folgenden Kategorien einordnen.

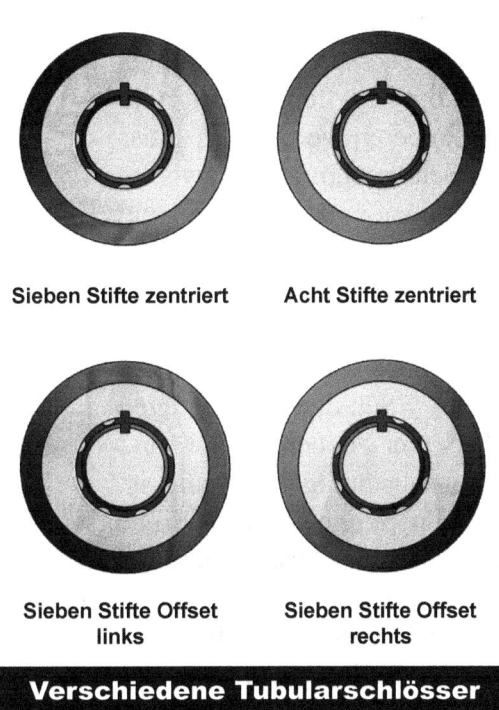

Sieben Stifte zentriert   Acht Stifte zentriert

Sieben Stifte Offset links   Sieben Stifte Offset rechts

Verschiedene Tubularschlösser

Wie Sie später noch erfahren werden, richtet sich die Wahl des zu verwendenden Werkzeugs nach der jeweiligen Anordnung der Stifte.

Weitere bemerkenswerte Merkmale des Schlossdesigns sind die Vorsprünge auf dem Schlüssel selbst und die zusätzlichen Rillen im Schloss. Die inneren Schlüsselvorsprünge passen in die inneren Schlossrillen. Und, wie Sie sich wahrscheinlich denken können, passen die äußeren Schlüsselvorsprünge in die äußeren Schlossrillen. Jeder Vorsprung dient also einem bestimmten Zweck. Der innere Vorsprung bewirkt, dass der Schlüssel den Kernzylinder bei der Drehbewegung mitnimmt. So wird das Schloss geöffnet. Der äußere Vorsprung hingegen gewährleistet, dass der Schlüssel richtig eingesetzt wird. Er sorgt dafür, dass der Schlüssel erst dann abgezogen werden kann, wenn sich das Schloss vollständig aus der geschlossenen in die geöffnete Position gedreht hat. Dieser Sachverhalt ist nicht unbedingt kritisch, wenn man versucht, das Schloss zu öffnen. Es ist aber hilfreich, wenn man darauf achtet, dass das Schloss aus diesen Gründen nie in einer Zwischenposition belassen werden darf. Die erhältlichen Werkzeuge verfügen über etwas

Ähnliches wie diesen inneren Vorsprung, während der äußere Vorsprung bei ihnen vollkommen fehlt. Aufgrund des äußeren Vorsprungs muss der Schlüssel in einer gewissen Position eingeführt und kann auch erst nach vollständiger Drehung (oder wenn eine weitere äußere Rille erreicht ist) wieder abgezogen werden. Viele Schlösser verfügen über eine äußere Rille und eine vollständige Drehung ist für den Schließ- oder Öffnungsvorgang erforderlich. Andere wiederum verfügen über zwei äußere Rillen. Der Schlüssel muss hier nur von einer äußeren Rille zur anderen gedreht werden. Eine weitere Schlossart verfügt lediglich über eine äußere Rille und muss nur teilweise gedreht werden, um den Öffnungsvorgang herbeizuführen. Der Schlüssel kann aus diesen Schlössern nicht abgezogen werden, solange sie geöffnet sind. Wenn der äußere Vorsprung des Schlüssels abgefeilt wird, könnte der Schlüssel jedoch eingeführt, halb gedreht und dann wieder abgezogen werden. Ein halbwegs gedrehter Kernzylinder ist nur halbwegs geöffnet. Die Kernstifte richten sich je nach der Anzahl der Stiftsäulen alle Achtel- oder Siebteldrehung genau über den Gehäusestiften aus. Sobald diese Ausrichtung erfolgt, springen die Gehäusestifte über die Scherlinie und blockieren eine weitere Drehung. Der Kernzylinder wird in Position arretiert.

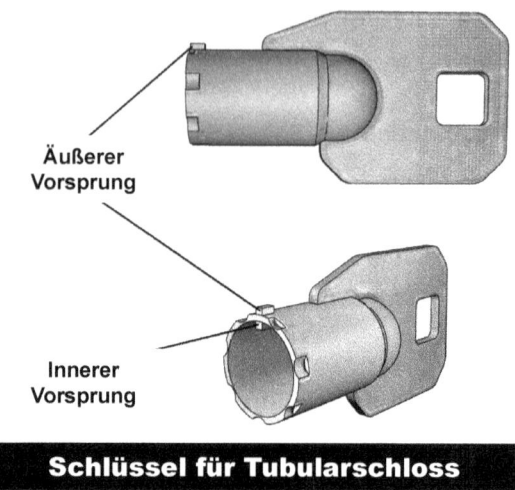

Schlüssel für Tubularschloss

Nachschließen von Tubularschlössern

Die ersten Spezialwerkzeuge, die Schlüsseldienste zum Nachschließen von Stiftzylinderschlössern verwendeten, lagen Funktionsprinzipien zugrunde, die dem sogenannten Harken ähnelten. Schlosshersteller fanden dies jedoch heraus und führten rasch Gegenmaßnahmen ein. Heute erfordert das Nachschließen zahlreicher Tubularschlösser in der Regel Werkzeuge, mit denen die einzelnen Stiftsäulen bearbeitet werden können. Wir werden uns zunächst dem Harken zuwenden und dann weitere Werkzeuge, Methoden und Sicherheitsmaßnahmen vorstellen, die in der Zwischenzeit entwickelt

Tubularschlösser Nachschließen

wurden. Wichtig: Tubularschlösser sollen im Vergleich zu herkömmlichen Stiftzylinderschlössern vom Design her mehr Sicherheit bieten. Daher sollte auch davon ausgegangen werden, dass das Nachschließen eines Tubularschlosses in der Regel schwieriger ist als bei einem regulären Riegelschloss. Mit Zeit und viel Übung kann man aber das richtige Gefühl entwickeln. Lesen Sie daher bitte alle Informationen, damit Sie alle Aspekte verstehen, bevor Sie sich an diese Sache wagen.

Das Nachschließen von Tubularschlössern ist außerdem schwieriger als bei herkömmlichen Schlössern, da spezielle teurere und schwer zu improvisierende Werkzeuge erforderlich sind. Werkzeuge sind in unterschiedlichen Ausführungen erhältlich. Sie reichen von teureren bis zu komplizierten Vorrichtungen, die chirurgischen Geräten ähneln und fast genauso viel kosten. Sie sollten ein Werkzeug verwenden, das der Größe und Stiftanordnung des Schlosses entspricht, das Sie nachschließen möchten. Egal wie fortschrittlich das Design des Tubularschlosses ist, müssen Sie zunächst die Geometrie des Schlosses erkennen, bevor das Werkzeug zum Einsatz kommen kann. Werkzeuge für Tubularschlösser verfügen in der Regel über kleine Hebel oder Zuhaltungen, die hineingeschoben und herausgezogen werden können. Diese Hebel werden *Taster* genannt. Die gebräuchlichsten Tubularpicks verfügen über sieben oder acht gleichmäßig verteilte Taster.

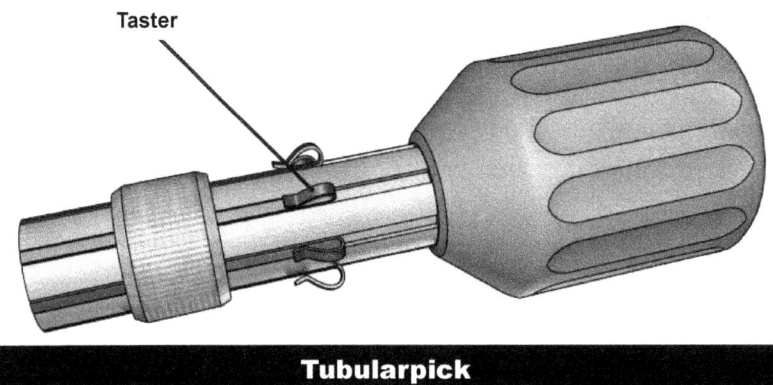

Tubularpick

Das richtige Werkzeug ist schnell ermittelt: Schauen Sie sich einfach das Schloss von vorne an. Ausführungen mit sieben Stiften und Offset links sowie sieben Stiften und Offset rechts und zentriert angeordneten acht Stiften zeichnen sich durch eine ähnliche Geometrie aus. Hier sollte ein Werkzeug

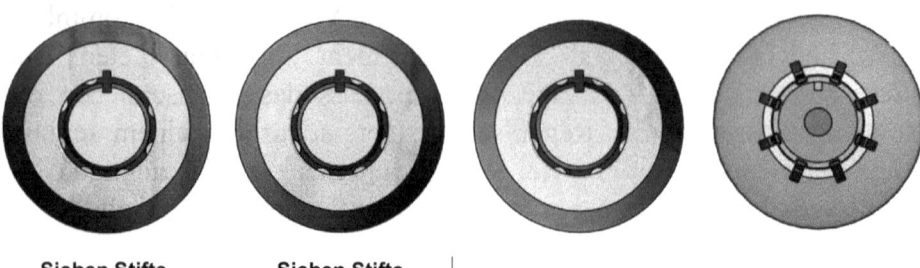

| Sieben Stifte Offset links | Sieben Stifte Offset rechts | Acht Stifte zentriert |

Schlossmodelle für Nachschließwerkzeuge mit 8 Tastern

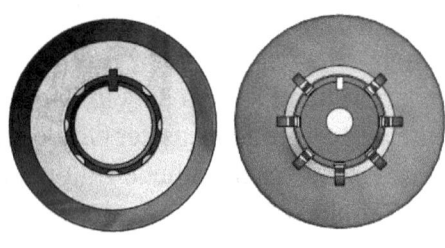

Sieben Stifte zentriert

Nachschließwerkzeuge mit 7 Tastern

mit acht Tastern verwendet werden. Vielleicht fragen Sie sich jetzt, warum Sie ein Werkzeug mit acht Tastern für ein Schloss mit sieben Stiften verwenden sollen. Die Taster müssen sich genau über den Stiften ausrichten. In den Modellen mit den sieben Stiften und Offset rechts oder links sind die sieben Stifte so angeordnet als wären es acht gleichmäßig angeordnete Stifte, mit der Ausnahme, dass der Stift rechts oder links neben der äußeren Rille fehlt. Die Position des Tasters, der dieser Freistelle entspricht, ist für das Nachschließen des Schlosses ohne Relevanz.

Nur die häufiger anzutreffende Ausführung mit den zentriert ausgerichteten sieben Stiften bedarf des Werkzeugs mit sieben Tastern.

Wenn Sie ein Tubularschloss mit einem Tubularpick erfolgreich geöffnet haben, gibt es zahlreiche Werkzeuge, mit denen Sie die Taster an Ort und Stelle fixieren können. Zum Schluss werden die Taster in die Positionen gebracht, die den Tiefen der Kerben im tatsächlichen Schlüssel entsprechen. Das Werkzeug kann dann wie ein regulärer Schlüssel eingesetzt werden. Sie können sogar weitere Werkzeuge verwenden, um die Position der fixierten Taster am Werkzeug zu ermitteln und um einen neuen Rohr- oder Rundschlüssel herzustellen.

Harken

Das Harken hat einen Vorteil, da nicht jeder einzelne Taster manipuliert werden muss. Sie sollten hier wissen, dass bei vielen modernen Schlössern Maßnahmen implementiert sind, die das erfolgreiche Harken in der Regel verhindern. Es soll Sie daher nicht überraschen, wenn sich viele Schlösser anhand dieser Methode nicht öffnen lassen.

Der erste Schritt besteht in der Ausrichtung der Taster an der Spitze des Werkzeugs. Schieben Sie die Taster einfach nach vorne über das Ende des Werkzeugs hinaus. Halten Sie das Werkzeug fest und schieben Sie es gegen eine flache Oberfläche, damit alle Taster wieder eben an der Spitze abschließen.

Wenn die Taster richtig ausgerichtet sind, schieben Sie das Werkzeug vollständig in das Schloss. Achten Sie darauf, dass das Werkzeug dabei absolut eben mit dem Schloss ausgerichtet ist. Verkanten Sie es nicht und halten Sie es während des ganzen Verfahrens gleichmäßig am Schloss ausgerichtet.

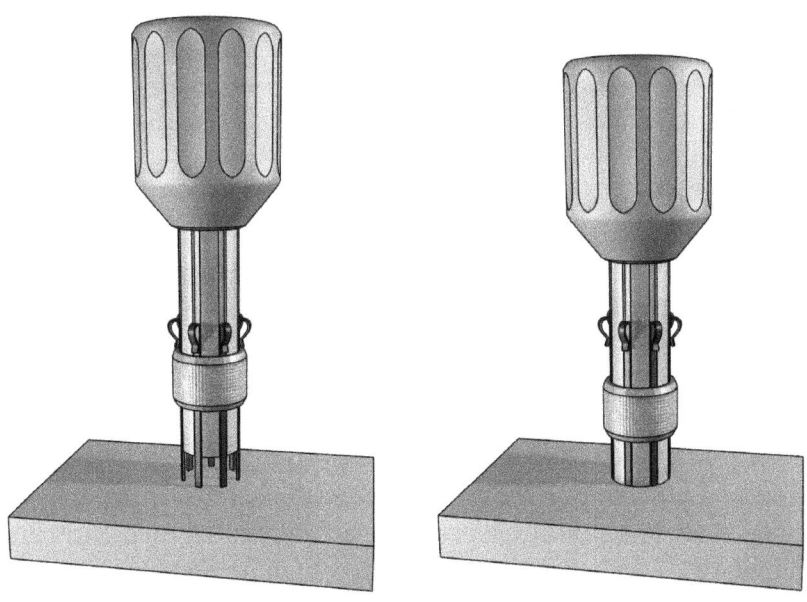

Taster gegen flache Oberfläche schieben

Sollte sich das Werkzeug verkanten, werden Sie das Schloss nicht öffnen können. Stellen Sie sich vor, sie stehen kurz davor, fast alle Taster auf die richtigen Tiefen eingestellt zu haben. Fast alle Kernstifte würden auf der Scherlinie ruhen und fast alle Taster würden auf die richtige Höhe eingestellt sein. Wenn Sie das Werkzeug jetzt verkanten, würden einige Taster von den Kernstiften im Schloss weiter hochgedrückt werden. Wenn Sie das Werkzeug dann wieder geraderichten, würden die richtig eingestellten Taster die Stiftanordnung nicht mehr richtig anzeigen. Wenn Sie schon alle Stifte gesetzt haben und das Werkzeug sich beim Drehen verkantet, werden die Kernstifte durch die Federkraft nach außen gedrückt, wenn Sie das Werkzeug eine Siebtel- oder Achtelumdrehung bewegen. In einem solchen Fall bleibt das Schloss in einer Zwischenposition klemmen. Der passende Schlüssel kann aufgrund der äußeren Kerbe nicht eingeführt werden. Sie müssen wieder von vorne anfangen und versuchen, es zu öffnen, und dabei darauf achten, dass sich das Werkzeug nicht verkantet.

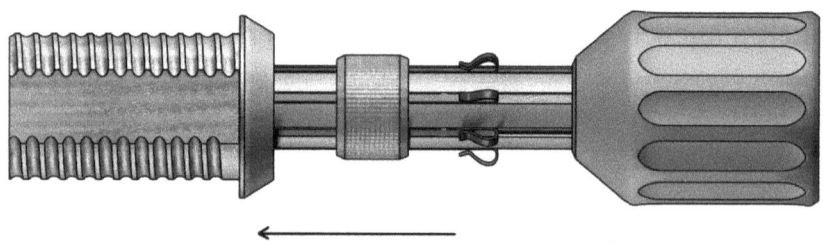

Nachschließwerkzeug gerade in das Schloss einführen

Wenn Sie das Werkzeug in das Schloss eingeführt haben, müssen Sie es mit vorsichtigen und leichten Bewegungen steuern. Die richtige Handhabung des Werkzeugs ist für ein erfolgreiches Nachschließen des Schlosses unerlässlich. Es erfordert ein gewisses Geschick, geben Sie aber die Hoffnung nicht auf. Nehmen Sie das Werkzeug nicht einfach zur Hand und stochern Sie damit im Schloss herum. Halten Sie es vorsichtig am Griff wie einen großen Stift. Nachdem Sie das Werkzeug in das Schloss eingeführt haben, müssen Sie es 1-3 mm leicht vor- und zurückschieben. Achten Sie dabei darauf, dass das Werkzeug mit dem Schloss ausgerichtet bleibt. Wichtig ist, dass Sie es immer unter leichter Drehspannung halten, als würden Sie versuchen, den Schlüssel zu drehen. Wir werden auf diesen Aspekt jedoch noch weiter eingehen, sobald wir die Federkraft erläutert haben. Das Drehmoment wirkt auf den Kernzylinder ein, genau wie das Spannwerkzeug auf ein normales Stiftzylinderschloss. Nach wiederholtem Hin- und Herbewegen des Picks sollte sich das Schloss öffnen. Zahlreiche Schlösser verfügen über Mechanismen, die diesen Schritt jedoch erschweren. Billigere oder ältere Schlösser lassen sich hiermit jedoch relativ schnell öffnen.

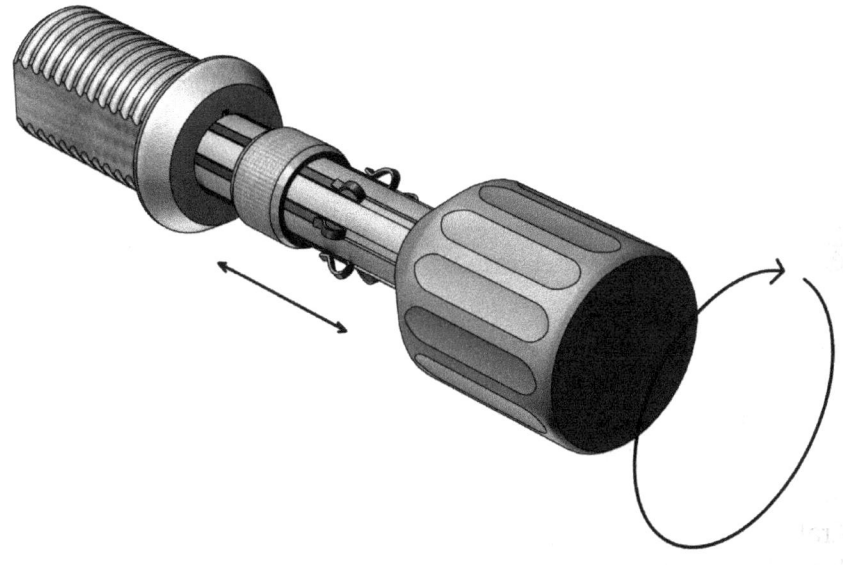

Unter Anwendung von Drehkraft hereinschieben und herausziehen

Unterschiedliche Schlösser verfügen über unterschiedliche Federn. Moderne Schlösser sind sogar mit unterschiedlichen Federausführungen ausgestattet. Wenn sich die Taster problemlos vor- und zurückbewegen lassen und die Federn im Schloss stark sind, kann das Werkzeug nicht ohne weitere Modifikationen verwendet werden. Sie müssen die Taster justieren, damit sie sich nicht so einfach vor- und zurückbewegen lassen. Zahlreiche Werkzeuge können justiert und durch eine Drehbewegung mit einem Sechskantschraubendreher o. ä. festgezogen werden. Manchmal müssen Sie jedoch kreativ werden und ggf. ein oder zwei Gummibänder um die Taster wickeln.

Wenn sich die Taster jedoch nur schwer bewegen lassen, schieben Sie die Kernstifte einfach über die Scherlinie und verhindern ein erfolgreiches Harken. Die Taster müssen stark genug sein, um Druck auf die Federn ausüben zu können, aber schwach genug, damit sich der Stift setzen und den jeweiligen Taster bewegen kann. Die Leichtigkeit, mit der sich die

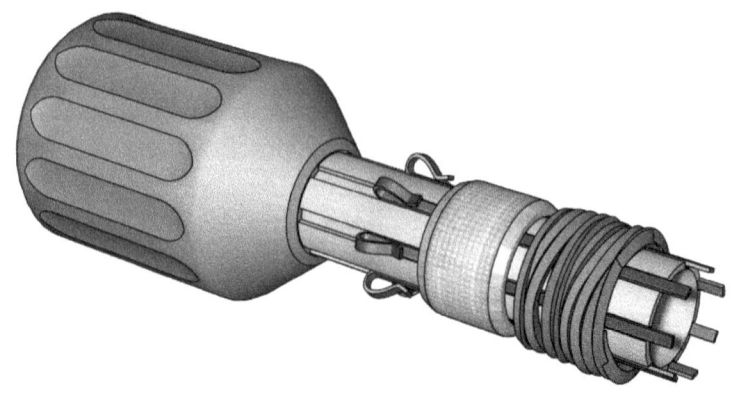

Bei Bedarf die auf die Taster ausgeübte Kraft erhöhen

Taster vor- und zurückbewegen lassen, sollte proportional zu der Federkraft sein. Sie können die Federkraft mit einem der Werkzeuge testen. Drücken Sie die Spitze Ihres Werkzeugs einfach gegen den freigelegten Kernstift im Tubularschloss. Sowie Sie Kraft auf den Kernstift ausüben, können Sie die Kraft der Feder hinten in der Stiftsäule spüren. Je stärker die Feder, desto schwieriger sollten sich die Taster bewegen lassen. Testen Sie die Kraft jeder Feder. Wenn alle Federn etwa dieselbe Kraft aufweisen, kann das Schloss mit dieser Harkmethode geöffnet werden. Ist die Federkraft der Stifte jedoch nicht immer gleich, sind ggf. andere Werkzeuge und Methoden erforderlich.

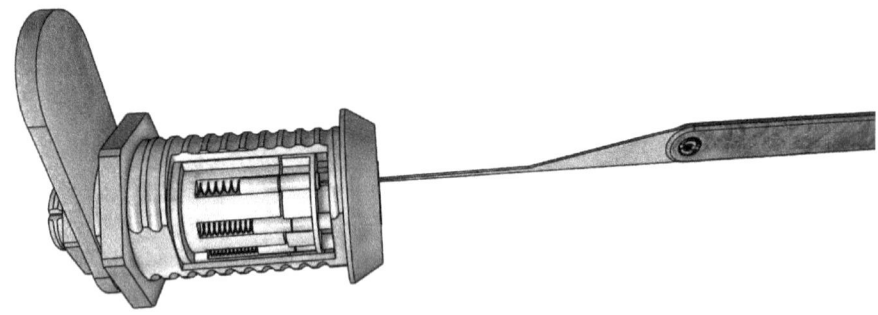

Unterschiedliche Federstärken testen

Schauen wir uns einmal an, warum die Federkraft so wichtig ist. Wenn Sie das Werkzeug wie einen Schlüsselrohling gegen das Schloss drücken, sollten die Taster die Kernstifte vorschieben. Ist dies der Fall, werden alle Gehäusestifte unter die Scherlinie geschoben. Lassen sich die Taste zu einfach vor- und zurückschieben und reicht die Federkraft aus, funktioniert dies nicht. Anstatt dessen wirkt die Federkraft auf die Gehäuse- und Kernstifte ein und schiebt die Taster ganz nach außen, bis das Werkzeug einem Schlüssel mit ganz tiefen Kerben entspricht. Wenn die Taster sich nur schwer bewegen lassen, können sich die Stifte nicht setzen. Weitere Manipulationen des Werkzeugs würden wenig bringen und nur Zeit verschwenden. Die Taster müssen entweder festgezogen oder gelockert werden. Sobald sie richtig eingestellt sind, können Sie einen erneuten Versuch starten. Ist die Federstärke von Stiftsäule zu Stiftsäule unterschiedlich, lesen Sie im nächsten Abschnitt nach, wo die Manipulation einzelner Stifte beschrieben wird.

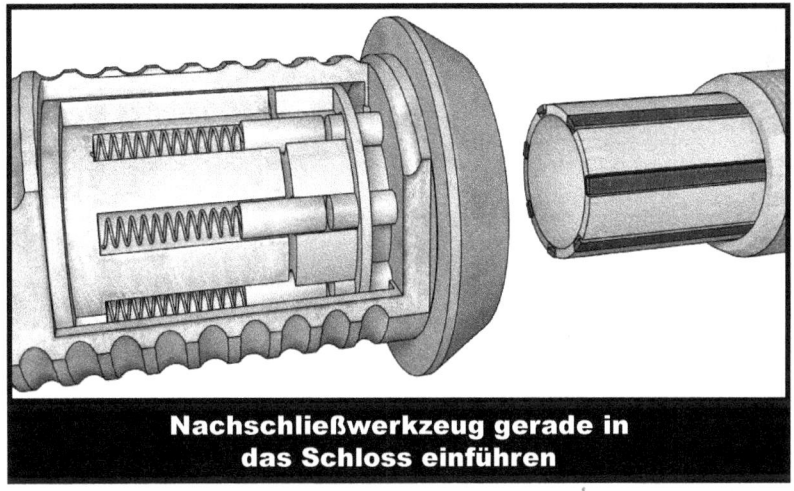

Nachschließwerkzeug gerade in das Schloss einführen

Wenn einmal feststeht, dass die Federkraft stimmt, kann das Schloss endlich „geharkt" werden. Wenn Sie das Werkzeug zum ersten Mal einführen, wenden Sie kein Drehmoment an. Schieben Sie es einfach ganz durch – gerade und ohne Drehbewegung. Sobald Sie das Werkzeug ganz durchgeschoben haben, wenden Sie ein leichtes Drehmoment an und schieben es herein und wieder heraus. Sie müssen es nicht jedes Mal vollständig entfernen. Das würde die Sache nur erschweren. Ziehen Sie es nur entsprechend der Länge des längsten Kernstifts oder der Tiefe der tiefsten Kerbe heraus. Wenden Sie weiterhin die ganze Zeit ein Drehmoment an und achten Sie darauf, dass die Drehung nicht zu kräftig oder schwach ausfällt. Das Drehmoment, das Sie anwenden, bewirkt ein Binden der Stiftsäulen (genau wie beim Stiftzylinderschloss). Wenn dieses Moment stimmt, kann der Stift mit dem Taster wieder in das Schloss gebracht werden und die Feder kann ihn noch vorschieben. Vielleicht fragen Sie sich, warum dieser leichte Druck ausgeübt

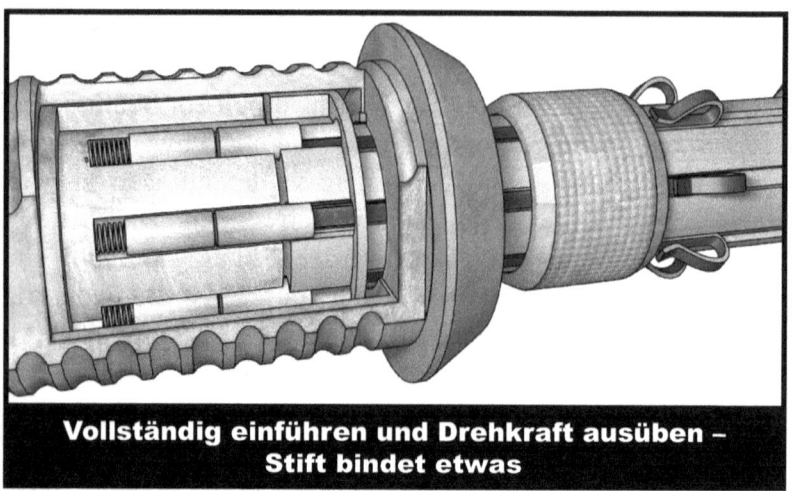

**Vollständig einführen und Drehkraft ausüben –
Stift bindet etwas**

werden muss, wenn sich die Stifte noch bewegen können. Wenn Sie das Werkzeug zurückziehen, überquert der Kernstift die Scherlinie ganz und befindet sich somit vollständig auf einer Seite. Das Drehmoment bewirkt, dass sich der Schlosszylinder leicht dreht. Der Gehäusestift wird jetzt vom Zylinder in Position gehalten. Die Kante der Öffnung, die sich bei Drehen des Zylinders leicht bewegt hat, hält den Stift zurück.

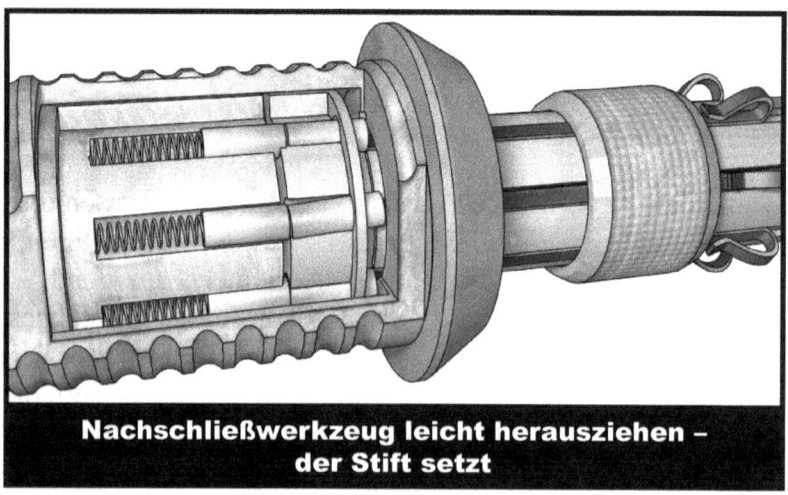

**Nachschließwerkzeug leicht herausziehen –
der Stift setzt**

Die Stiftsäule ist nun gesetzt. Da der Kernstift nicht weiter in das Schloss rutschen kann, übt er Druck auf den Taster aus. Wenn Sie das Werkzeug nach vorne schieben, bewirkt der Kernstift, dass der Taster dieser Säule zurückrutscht, wenn das Werkzeug weiter vorgeschoben wird.

Tubularschlösser Harken

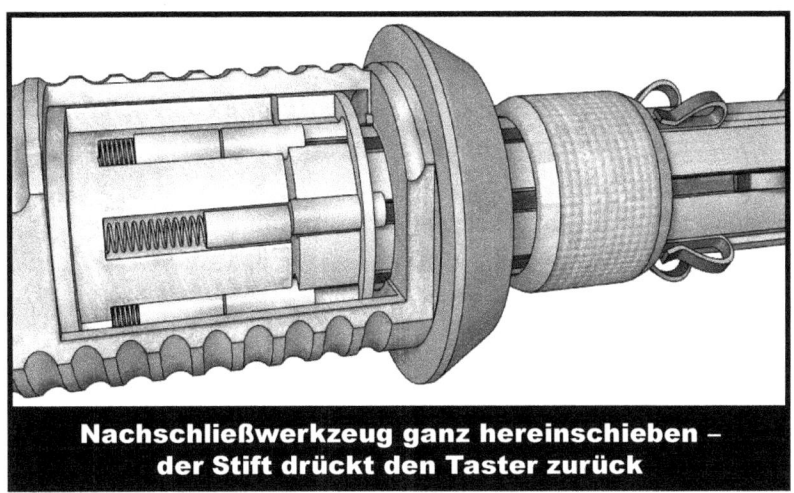

Nachschließwerkzeug ganz hereinschieben – der Stift drückt den Taster zurück

Bevor die Säule gesetzt wurde, übte der Taster Druck auf die Stifte und die Feder aus. Der Widerstand der Taster reichte aus, um die Feder zu bewegen, aber jetzt drückt der Taster gegen den Kernstift, der gesetzt ist und an der Scherlinie zu liegen kam. Der Widerstand des Tasters sollte nicht diese feste Verbindung verhindern und sollte zurückgeschoben werden. Wenn das Werkzeug vollständig in das Schloss geschoben ist, wird der Taster genau um die Länge des Kernstifts zurückgeschoben. Wenn der Taster nur schwer bewegt werden kann, ist es möglich, dass der Kernstift über die Scherlinie rutscht und das Schloss leicht nach hinten gedreht wird. Daher ist es so wichtig, dass der Widerstand der Taster stimmt. Wiederholen Sie diese Schritte einfach, bis alle Stifte gesetzt sind. Das Schloss wird sich dann drehen lassen. Beim Setzen jeder Stiftsäule wird die nächste Stiftsäule gebunden.

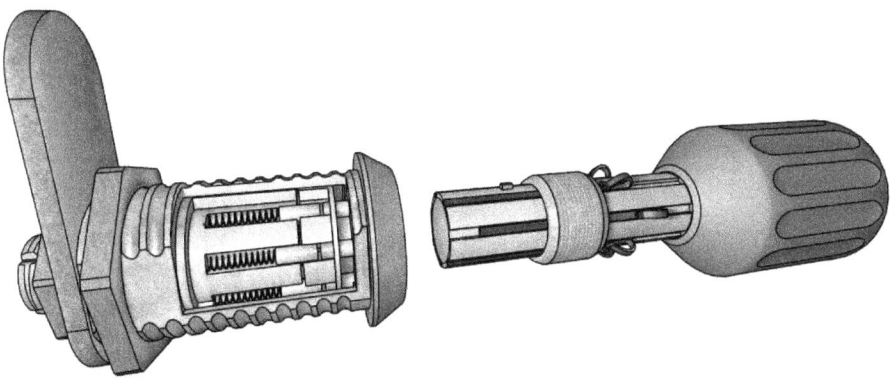

Beispiel mit einem gesetzten Taster. Alle Taster sind zu setzen, bevor das Werkzeug herausgezogen werden kann.

Wie Sie sehen können, dürfen sich die Taster nicht zu einfach bewegen lassen, da sie von den Federn nach oben geschoben werden könnten. Es darf auch nicht zu schwierig sein, sie zu bewegen, da sie dann die Drehspannung überwinden und die gesetzten Kernstifte wieder hinter die Scherlinie schieben könnten. Jeder Taster muss also auf die jeweilige Federkraft eingestellt sein. Ihr Werkzeug verfügt wahrscheinlich über eine Vorrichtung, mit der sich der Widerstand der Taster einstellen lässt. Das hier gezeigte Musterwerkzeug verfügt um die Taster herum über einen Messingring.

Unter diesem Messingring befindet sich ein gedehnter O-Ring aus Gummi, der verhindert, dass die Taster einfach vor- und zurückgeschoben werden können. Diese O-Ringe werden gezielt ausgewählt, um die Taster so weit zu stabilisieren, dass sie mit den meisten Schlössern eingesetzt werden können. Wenn Sie weitere Gummibänder um die Taster wickeln, können Sie sie weiter fixieren. Gummibänder können alle Taster gleichermaßen beeinflussen oder verursachen eine uneinheitliche Reibung, wenn sie verrutschen. Wenn sich dieser Sachverhalt als Problem erweist, sollten Sie ggf. ein besseres Werkzeug wählen.

Viele Schlösser sind mit Federn ausgestattet, die unterschiedlich stark einwirken, um dem Harken entgegenzuwirken. Da Sie nicht jede Taste einzeln beeinflussen können, erweist sich das Harken bei Tubularschlössern mit unterschiedlichen Federkräften als schwierig. Auch wenn Sie ein Werkzeug besitzen, bei dem der Widerstand der Taster einzeln eingestellt werden kann, muss die Drehkraft proportional zu der Federkraft der aktuellen Stiftsäule angepasst werden. Sie müssen, wie schon gesagt, ausreichend Drehkraft anwenden, damit der Kernstift die Öffnungskante zu fassen bekommt und sich richtig setzt, aber nicht so stark, dass die Feder den Stift nicht wieder zurückschiebt, wenn das Werkzeug aus dem Schloss gezogen wird. Die unterschiedliche Einstellung der Drehkraft je nach Federkraft der aktuellen Stiftsäule ist sehr schwierig, da bekannt sein muss, welche Säule bindet und wie stark die jeweilige Feder ist. Aus diesem Grund müssen Sie sich wahrscheinlich der Technik zur Manipulation individueller Stifte bedienen, die im nächsten Abschnitt beschrieben wird.

Manipulation einzelner Schlossstifte

Bei der Manipulation einzelner Stifte handelt es sich um eine neuartigere und wirksamere Methode der Schlossöffnung, die bei den meisten modernen Tubularschlössern eingesetzt werden kann. Für diese Methode sind besondere Werkzeug und Techniken erforderlich. Vergewissern Sie sich daher, dass sich die Werkzeuge, die Sie erwerben, ausdrücklich für eine Manipulation der einzelnen Stifte eignen. Wenn Sie Bedenken in Bezug auf den Erwerb eines weiteren Werkzeugs haben, sollte Ihnen hiermit versichert sein, dass fast alle Werkzeuge für die Manipulation der einzelnen Stifte auch zum Harken eingesetzt werden können, welches oben beschrieben wurde.

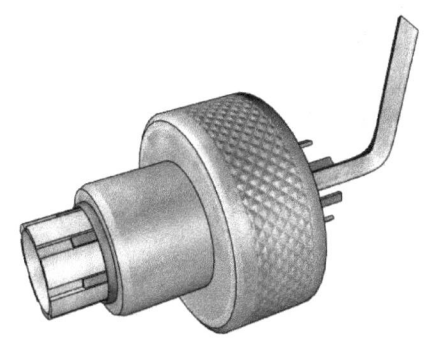

Alle Taster anheben

Die Werkzeuge zur Manipulation der einzelnen Stifte ähneln sich, obwohl sie sich alle – angefangen bei den billigeren und weniger effektiven Werkzeugen, die für das Harken ausreichen – in einer gewissen Hinsicht leicht unterscheiden. Für das oben abgebildete Musterwerkzeug ist ein Sechskantschraubendreher erforderlich, damit es ordnungsgemäß funktioniert. Mit dem Sechskantschraubendreher wird die Tasterspannung eingestellt und werden die Taster, die vor- und zurückgeschoben werden, manipuliert. Die Funktionsprinzipien beim Nachschließen von Tubularschlössern durch Manipulation einzelner Stifte ähnelt sehr der Öffnung von Stiftzylinderschlössern.

Zu Beginn sollten Sie im Gegensatz zur

Nachschließwerkzeug gerade in das Schloss einführen

Öffnung von Tubularschlössern jedoch alle Taster anheben, damit sie bei Einführen des Werkzeugs nicht die Kernstifte berühren.

Führen Sie das Werkzeug dann ein und wenden Sie leichte Drehkraft in die Richtung an, in der der Schlüssel gedreht werden würde, um das Schloss zu öffnen. Die meisten Schlüssel für Tubularschlösser drehen sich zum Entsperren im Uhrzeigersinn. Wenn die richtige Kraft angelegt ist, bindet eine der Stiftsäulen. Alle Gehäusestifte werden über die Scherlinie und Grenze angehoben. Beim Harken erfolgte hingegen eine Bindung der Kernstifte. Bei der Manipulation der einzelnen Stifte binden jedoch die Gehäusestifte. Sie müssen nun herausfinden, welcher Gehäusestift zuerst bindet. Schieben Sie dazu die Taster einzeln in die jeweiligen Stiftsäulen. Beginnen Sie mit dem Taster in nächster Nähe zum inneren Vorsprung und fahren Sie dann im Uhrzeigersinn fort. Schieben Sie jeden Taster nach unten, bis der Gehäusestift unter die Scherlinie gedrückt wird. Wenn es sich hier um die Stiftsäule handelt, die bindet, setzt sich die Stiftsäule, sobald der Gehäusestift die Scherlinie überquert.

Drehkraft anwenden, um Gehäusestift zu binden

Sie werden eine ganz leichte Drehbewegung des Werkzeugs spüren und ein leises Klicken hören und ggf. auch spüren können. Wenn Sie nichts hören oder spüren, bindet diese Säule ggf. nicht. Bei ungehinderter Bewegung (d. h. als würde nur die Federkraft wirken) bindet eine andere Säule oder Sie wenden nicht ausreichend Drehkraft an. Wenn sich aber diese Stiftsäule und andere nur schwer herunterdrücken lassen, wenden Sie ggf. zu viel Kraft an. Sobald Sie den Verdacht haben, dass Sie eine Stiftsäule gesetzt haben, ziehen Sie das Werkzeug aus dem Schloss. Schauen Sie sich den Taster an. Befindet er sich an oder etwas unterhalb der Spitze des Werkzeugs, haben Sie diese Stiftsäule wahrscheinlich nicht gesetzt. Wenn Sie die Stiftsäule ermittelt haben, die sich zuerst gesetzt hat, notieren Sie sie sich.

Das Schloss beginnt nun mit der Lüftung seines Geheimnisses. Sie wissen nämlich jetzt, welche Säule sich zuerst setzt. Setzen Sie Ihr Werkzeug zurück, indem Sie mit Ausnahme des Tasters für die erste Stiftsäule alle Taster wieder anheben.

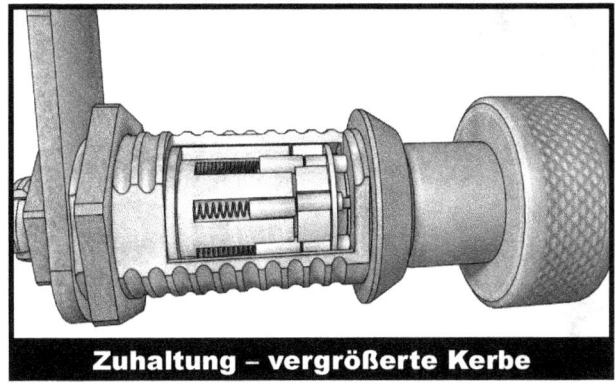

Zuhaltung – vergrößerte Kerbe

Sie müssen jetzt die zweite bindende Stiftsäule ermitteln und notieren. Nachdem Sie die zweite Stiftsäule gesetzt haben, setzen Sie wieder alle Taster zurück. Diesmal mit Ausnahme der Taster für die erste und zweite Stiftsäule. Wiederholen Sie dieses Verfahren, bis Sie die Reihenfolge ermittelt haben, in der sich die Stiftsäulen setzen. Sobald diese feststeht, haben Sie auch die Reihenfolge, in der die Taster heruntergedrückt werden müssen, um das Schloss zu öffnen.

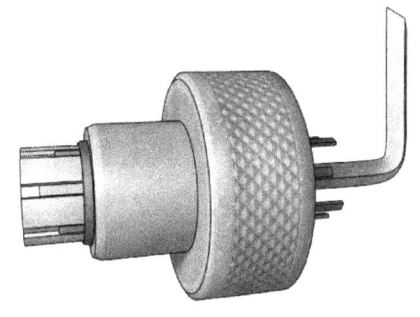

Alle Taster anheben

Jetzt ist es endlich an der Zeit, das Schloss zu öffnen. Führen Sie das Werkzeug vollständig ein. Drücken Sie jeden Taster in der richtigen Reihenfolge herunter und setzen Sie jede Stiftsäule. Beim Setzen der letzten Säule wird der Kernzylinder anfangen sich zu drehen. Versuchen Sie, das Werkzeug nicht ganz eine Siebtel- oder Achtelumdrehung zu drehen. Wenn die Drehbewegung fortgesetzt wird, würden sich die Kernstifte über dem Gehäusestift in der nächsten Säule ausrichten und könnten aus Versehen (von den Gehäusestiften und Federn) herausgeschoben werden. Die Taster des Picks sollten jetzt nach Möglichkeit festgezogen werden.

Schlüsselkanal bearbeitet und teilweise gedreht

Nach dem Nachschließen des Schlosses

Wenn Sie das Schloss durch Harken oder Manipulation der einzelnen Stifte nachgeschlossen haben, entfernen Sie das Werkzeug. Sobald Sie das Werkzeug herausgezogen haben, können Sie die Höheneinstellungen der Taster messen. Die meisten Tubularpicks verfügen zu diesem Zweck über einen *Dekodierer*. Dieser Dekodierer sieht häufig wie ein gerader Schlüssel

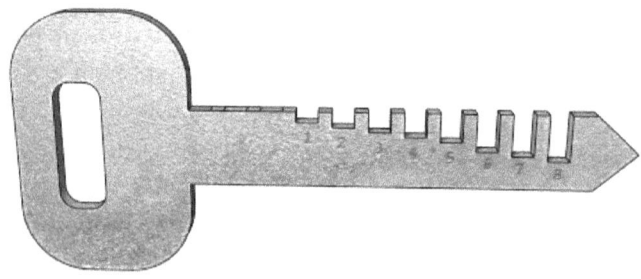

Dekodierer für Tubularschlösser

mit großen, flachen und abgestuften Kerben aus. Jede Kerbe ist mit einer Ziffer gekennzeichnet. Richten Sie die heruntergedrückten Taster am Dekodierer aus und ermitteln Sie die entsprechende Kerbtiefe. Die Nummer unter der passenden Kerbe verweist auf die Tiefe. Die Taster dürfen beim Messen nicht weiter manipuliert werden. Wenn Sie die Tiefe der Taster gemessen haben, können Sie einen Schlüssel für dieses Schloss herstellen lassen. Auch wenn es ganz bestimmt praktisch ist, einen Schlüssel für das Schloss zu haben, ist für die Herstellung eines solchen Schlüssels eine entsprechende Maschine erforderlich. Für das Schloss selbst ist offensichtlich kein eigener Schlüssel notwendig. Dazu müssen Sie einfach die Taster am Werkzeug fixieren und es wie einen Schlüssel einführen. Manche Werkzeuge verfügen oben über eine kleine Schraube, mit der die Taster fixiert werden können.

Tubularschlösser in Hochsicherheitsanwendungen

Der Kampf zwischen Schlossherstellern und Schlüsseldiensten setzt sich fort. Eine Zeitlang galten Tubularschlösser als äußerst sicher. Neue Werkzeuge und Methoden entwickelten sich aber rasch. Schlosshersteller begannen daher mit der Integration von sicheren Stiftdesigns in ihren Tubularschlössern. Aber wie auch moderne Stiftzylinderschlösser mit ausgeklügelten Methoden geöffnet werden können, ist dies auch bei Hochsicherheits-Tubularschlössern der Fall.

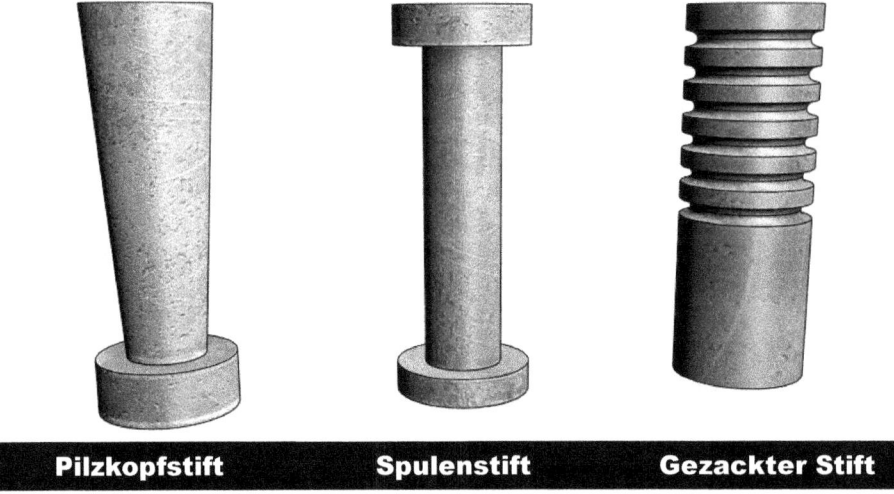

Pilzkopfstift　　　Spulenstift　　　Gezackter Stift

Dieselben Pilzkopf-, Spulen- und gezackten Stifte, die im Kapitel über moderne Stiftzylinderschlösser vorgestellt wurden, werden auch bei modernen Tubularschlössern verwendet. Pilzkopf- und Spulenstifte werden in der Regel als Gehäusestifte eingesetzt. Hierbei ist zu beachten, dass das Harken eher (als die regulären Nachschließmethoden) davon beeinflusst wäre, wenn alle

Gehäusestifte durch Stifte mit diesen Sonderausführungen ersetzt werden würden. Der Grund hierfür liegt darin, dass beim Harken versucht wird, die Gehäusestifte unter der Scherlinie zu halten. Beim Bearbeiten einzelner Stifte werden die Gehäusestifte bei Anlegen des Drehmoments über die Scherlinie hinweg geschoben. Dies bedeutet, dass es viele Möglichkeiten gibt, die Stifte falsch zu setzen. Beim Harken wird kein Drehmoment angelegt, wenn das Werkzeug eingeführt wird. Die Stifte können sich also nicht falsch setzen. Sobald Sie das Drehmoment anlegen und das Werkzeug herausziehen, überqueren die Kernstifte die Scherlinie, nicht die Gehäusestifte. Da sich in der Regel die Gehäusestifte durch diese besonderen Hochsicherheitsmerkmale auszeichnen, sollten Sie weniger Probleme haben. Wenn aber der Kernstift der zurzeit bindenden Stiftsäule besonders lang ist, müssen Sie Ihr Werkzeug mindestens genauso weit herausziehen. Die nächste zu bindende Stiftsäule verfügt ggf. über einen kürzeren Kernstift. In diesem Fall könnte dieser neue Gehäusestift immer noch fälschlicherweise gesetzt werden, während er heruntergedrückt wird. Solange die Sonderstifte die Scherlinie nicht überqueren, können sie auch nicht fälschlicherweise gesetzt werden. Hersteller, die Sonderstifte verwenden, haben offensichtlich Bedenken mit Hinsicht auf die Sicherheit. Aus diesem Grund werden meistens auch neben Stiften dieser Art besondere Federn installiert.

Da Stifte in Pilzkopf- oder Spulenausführung nicht in allen Positionen verwendet werden, besteht Ihre erste Aufgabe in der Identifizierung

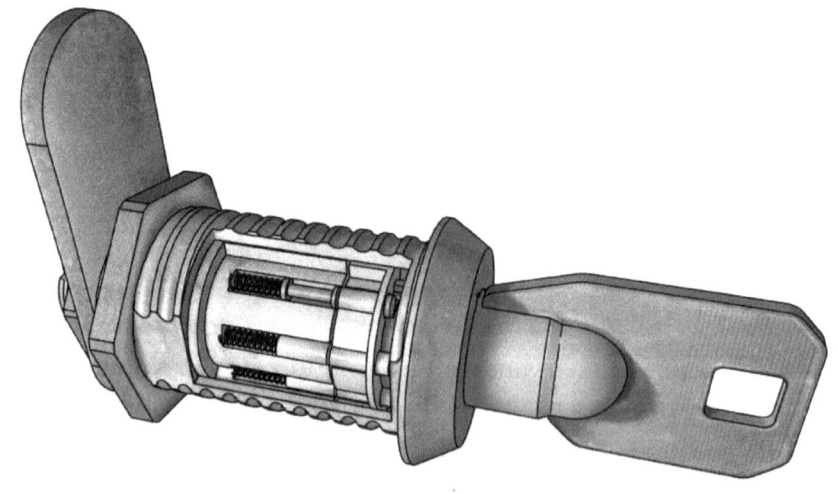

Tubularschloss mit Spulenstift

der Positionen dieser Fallen. Bearbeiten Sie das Schloss einfach, bis Sie einen Taster herunterdrücken und merken, dass sich das Werkzeug in die entgegengesetzte Richtung drehen möchte. Sobald Sie auf diese Situation treffen, besteht die Möglichkeit, dass Sie es mit einem Stift in Pilzkopf- oder Spulenform zu tun haben. Geben Sie etwas Spannung nach und versuchen Sie, diesen Stift weiter vorzuschieben – genau wie Sie es beim Nachschließen von Stiftzylinderschlössern mit Stiften in Spulen- oder Pilzkopfform getan haben. Der Tubularpick hat hier bei diesen Stiftausführungen gegenüber dem klassischen Stiftzylinderschloss einen besonderen Vorteil. Sie brauchen sich keine Gedanken zu machen, dass die anderen Stifte über die Scherlinie zurückrutschen, wenn Sie die Spannung nachgeben und das Werkzeug leicht zurückdrehen. Drehen Sie den Pick nicht nach hinten zu Ihnen, sondern lassen Sie nur etwas Spannung nach, um dies herbeizuführen. Die Taster sollten alle anderen Stifte in Position halten, während Sie den Pilzkopf- oder Spulenstift vollständig über die Scherlinie herausschieben und die Stiftsäule setzen.

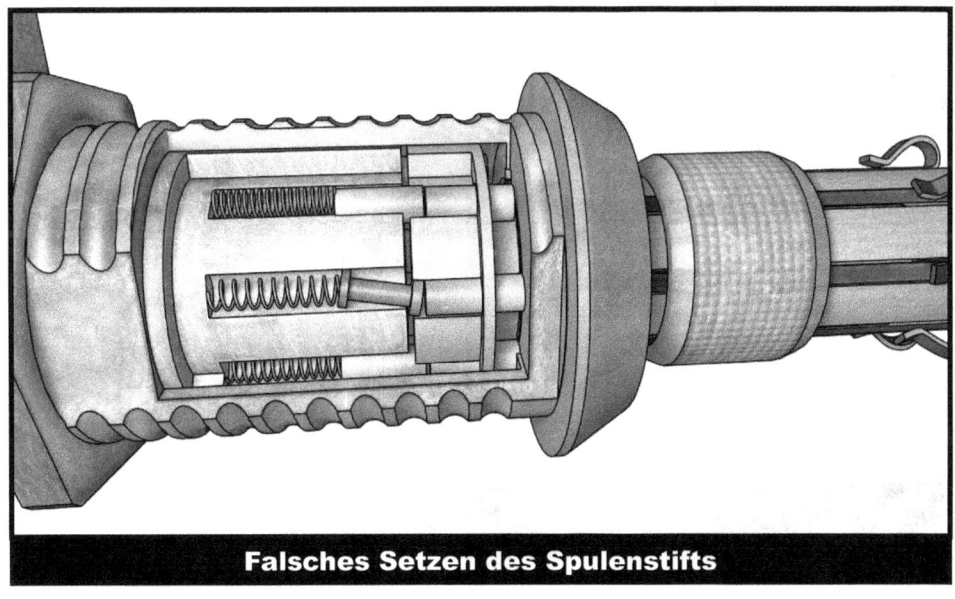

Falsches Setzen des Spulenstifts

Gezackte Stifte sind eine noch härtere Nuss als Stifte in Pilzkopf- oder Spulenform. Gezackte Stifte werden als Kern- oder Gehäusestifte eingesetzt. Bei richtiger Verwendung führen sie sehr überzeugend zu einem falschen Setzen der Säule. Wird der gezackte Stift heruntergedrückt, dreht sich das Werkzeug ggf. fast überhaupt nicht in die Gegenrichtung. Aus diesem

Grund brauchen Sie besonderes Gespür für die kleinsten Bewegungen des Werkzeugs. Reduzieren Sie das angewandte Drehmoment und schieben Sie die Stiftsäule, bei der Sie den Verdacht auf einen gezackten Stift haben, herunter. Sie sollten spüren, wie sich der Pick in die entgegengesetzte Richtung dreht, während Sie auf den Taster drücken. Lassen Sie diese leichte Gegenbewegung zu. Widersetzen Sie sich dieser Bewegung nicht, wenden Sie aber weiterhin Kraft in die ursprünglich Richtung an. Es erfordert einiges an Erfahrung, um hier erfolgreich zu sein. Sie sollten dann ganz plötzlich spüren, wie sich das Werkzeug in die richtige, von Ihnen vorgegebene Richtung dreht. Sie müssen diese Drehung/Gegendrehung ggf. mehrmals wiederholen, um den Stift entlang der Verzahnung zu bewegen. Es ist wichtig zu wissen, aber sehr schwer zu ermitteln, welche Verzahnung den Kern- vom Gehäusestift trennt. Der richtige Setzvorgang lässt in der Regel zu, dass sich das Werkzeug etwas mehr (als eine Verzahnung zulassen würde) nach vorne dreht, obwohl dieser Schritt u. U. sehr schwer zu erkennen ist. Halten Sie an, wenn Sie den Übergang zwischen den Stiften erreichen. Ansonsten wird der Kernstift unter die Scherlinie geschoben. Gezackte Stifte gestalten sich als sehr schwierig und viele Schlüsseldienste können Schlösser mit diesen Stiften nicht zuverlässig nachschließen.

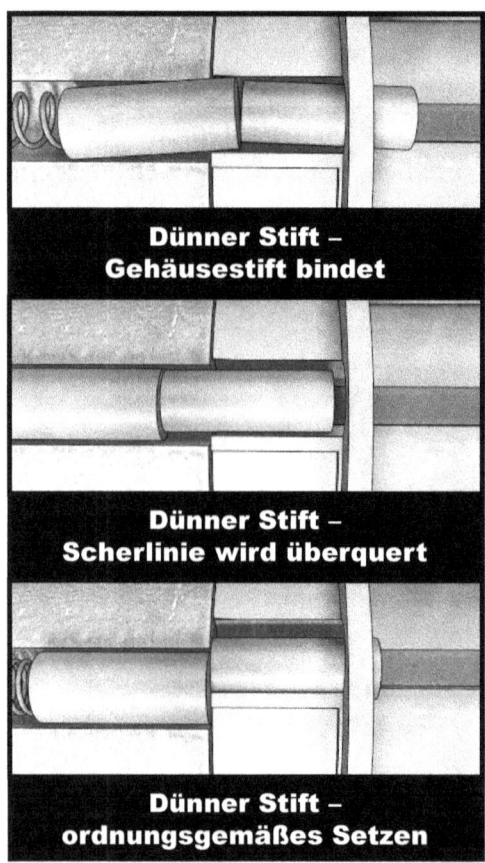

Dünner Stift – Gehäusestift bindet

Dünner Stift – Scherlinie wird überquert

Dünner Stift – ordnungsgemäßes Setzen

Eine weitere wirksame Sicherheitsmaßnahme ist die Verwendung von *dünneren Kernstiften*. Bei Verwendung dünnerer Kernstifte kann der Gehäusestift unter die Scherlinie geschoben und die Stiftsäule gesetzt werden. Der dünne Kernstift rutscht dabei aber einfach unter die Scherlinie und sperrt das Schloss erneut. Wenn Sie es mit einem Schloss mit dünneren Kernstiften zu tun haben, ist die Rückkopplung bei Herunterdrücken des Tasters eindeutig zu spüren. Wenn Sie die bindende Stiftsäule herunterdrücken, ist ein durchgehend hoher Widerstand zu spüren, während der dickere Gehäusestift über die Scherlinie gegen die Feder geschoben wird.

Dann dreht sich der Pick plötzlich leicht. Unter Umständen ist ein Klicken zu hören und der Widerstand lässt nach. Wenn Sie jetzt weiter drücken, schieben Sie den Kernstift schnell unter die Scherlinie.

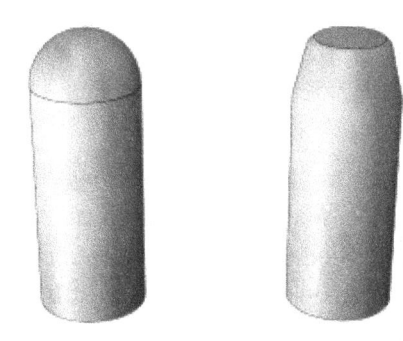

Gerundete und kegelförmige Kernstifte

Ist dies einmal geschehen, können Sie lediglich versuchen, den Taster wieder hochzuziehen. Lässt sich der Taster hochziehen, kann die Feder den Gehäusestift wieder bis zur Scherlinie schieben. Am besten ist es jedoch, keine Kraft mehr anzuwenden, sobald zu spüren ist, dass sich die Stiftsäule gesetzt hat. Dazu ist eine sehr gute Kontrolle über die Taster erforderlich. Am besten versuchen Sie, die Taster immer jeweils ein bisschen vorzuschieben, um einen Anstieg des angewandten Drucks zu vermeiden, ohne auf eine Unterbrechung der Tasterbewegung gefasst zu sein.

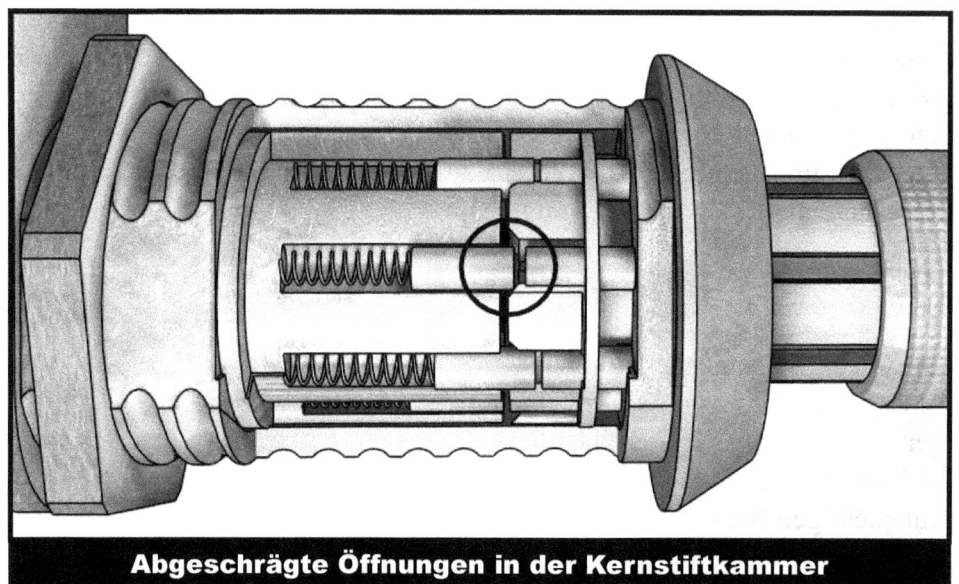

Abgeschrägte Öffnungen in der Kernstiftkammer

Manchmal befinden sich auch gerundete oder kegelförmige Stifte in Hochsicherheitsschlössern. Diese können dieselbe Wirkung wie ein dünner Stift haben und auch nach unten unter die Scherlinie abrutschen. Bearbeiten Sie diese Stifte wie bei einem herkömmlichen Stiftzylinderschloss.

Abgeschrägte Öffnungen werden ebenfalls vermehrt in Tubularschlössern verwendet. Wie bei Stiftzylinderschlössern dienen Abschrägungen als wirksame Sicherheitsmaßnahme. Die Abschrägungen befinden sich ggf. nur bei einigen Öffnungen (um ein Nachschließen zu erschweren) in der Regel direkt über der Scherlinie.

Sie verlängern die Öffnung des Schlosses und bieten somit mehr Sicherheit, da dieselbe Stiftsäule ggf. mehrmals bearbeitet werden muss. Stellen Sie sich vor, dass die Stiftsäule, die Sie herunterdrücken möchten, bindet. Die Spitze des Gehäusestifts würde auf der Abschrägung ruhen. Während Sie Druck auf den Kern- und Gehäusestift ausüben, rutscht der Gehäusestift nach unten in den breiteren Teil der Abschrägung. Das Werkzeug kann sich nun leicht drehen. Die Drehbewegung des Schlosses sorgt jedoch dafür, dass eine weitere Stiftsäule jetzt bindet. Sie dürfen die derzeitige Stiftsäule nicht weiter bearbeiten. Wenn Sie weiter auf den Taster drücken, laufen Sie Gefahr, dass der Kernstift unter die Scherlinie rutscht. Dies gilt besonders dann, wenn der Kernstift gerundet, kegelförmig oder dünn ist. Beim Bearbeiten einer abgeschrägten Stiftsäule ist zunächst der Widerstand des bindenden Gehäusestifts und der Feder zu spüren. Wenn sich das Schloss dann ganz leicht dreht, kann der Taster einfacher heruntergedrückt werden. Wenn Sie das Gefühl haben, dass Sie den Taster zu weit nach unten gedrückt haben, versuchen Sie, ihn etwas zurückzuziehen und die auf das Werkzeug angewandte Drehkraft zu lockern, damit die Feder den Kernstift wieder über die Scherlinie schieben kann.

Improvisierte Werkzeuge

Die Qualität der meisten Tubularschlösser hat sich in den letzten Jahren gebessert. Es gibt jedoch immer eine gewisse Nachfrage für billigere Lösungen, die geringen Sicherheitsanforderungen entsprechen. Manchmal geben seriöse Unternehmen ihre ansonsten guten Geschäftspraktiken in einer eher kurzsichtigen Suche nach Profiten auf. Dies bedeutet, dass manche Tubularschlösser auf dem Markt schon mit einem einfachen BIC-Kugelschreiber entsperrt werden können. Das wahre Geheimnis ist jedoch, dass BIC-Kugelschreiber all die komplizierten Voraussetzungen für einen grundlegenden Tubularpick erfüllen, auch wenn sie billig sind.

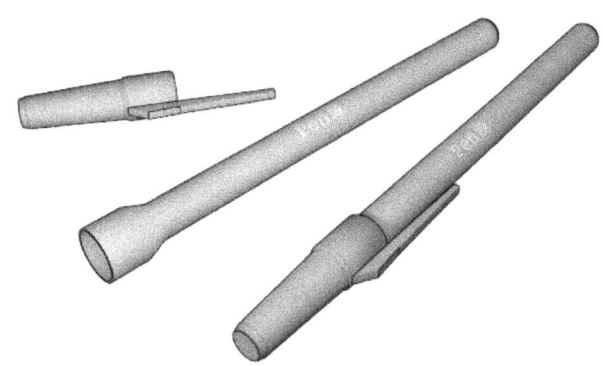

Aufgeweiteter Kugelschreiber (improvisierte Harke)

Für Sie, die Person, die das Schloss entsperren möchte, ist daher der Griff des BIC-Kugelschreibers von Bedeutung. Sie sollten die Kappe und den vorderen Teil des Stifts, mit dem Sie schreiben, zusammen mit dem hinteren Teil des Stifts entfernen. Zurück bleibt der Kunststoffzylinder, mit dem der Kugelschreiber in der Hand liegt. Versuchen Sie nun, den Griff des Kugelschreibers in das Schloss zu schieben, um auszuprobieren, ob er einfach ohne Weiteres hineinpasst. Wenn der Griffdurchmesser kleiner als die Öffnung des Schlosses ist, das Sie versuchen zu entsperren, müssen Sie die Spitze des Griffs aufweiten. Dieses Aufweiten kann durch Einführen eines etwas größeren Kreuzschlitzschraubendrehers, Auskratzen der Innenseite mit einem Messer, Drehen eines Scherenblatts oder anhand einer anderen improvisierten Methode erfolgen. Versuchen Sie dabei immer wieder, den Griff des Kugelschreibers in das Schloss einzuführen.

Material für eine improvisierte Harke

Dieses Aufweiten lässt sich bestimmt nicht in kurzer Zeit erreichen. Und wahrscheinlich wäre es viel einfacher, das Schloss durch Harken nachzuschließen. Aber manchmal hat man eben nur einen Kugelschreiber zur Hand. Wenn Sie die Spitze des Kugelschreibers problemlos ganz in das Schloss hineinschieben können, werden Sie herausfinden, wie gut die Bauweise des Schlosses wirklich ist. Schieben Sie den Stift in das Schloss und schieben Sie ihn hin und her, während Sie etwas Kraft auf die Spitze ausüben. Wenn Sie nun den Griff des Stifts drehen, ist es möglich, dass Sie das Schloss direkt ohne Weiteres entsperren können. Das Prinzip hierbei ist, dass Sie das Schloss mit etwas Kraft und Hin- und Herbewegungen wie mit einen Tubularpick durch Verformen der dünnen Kunststoffseiten am Griff in eine Art Schlüssel harken und somit entsperren können. Wenn der Griff des Kugelschreibers einmal entsprechend geformt ist, können Sie mit Ihrem Ad-hoc-Werkzeug das Schloss relativ einfach öffnen. Außerdem sollten aufeinanderfolgende Versuche, das Schloss zu entsperren, viel weniger Kraftaufwand und Hin- und Herbewegungen erfordern, da die Schlüsselform bereits entstanden und einsatzbereit ist. Wenn die Stifte alle dieselbe Höhe aufweisen, ist diese Methode viel schneller und zuverlässiger. Andererseits werden Sie bei einem hochwertigen Schloss, einem Schloss, das Merkmale aufweist, die dem Hark- oder Nachschließversuchen entgegenwirken sollen, nicht so schnell zum Erfolg kommen. Diese Methode funktioniert auch leider nicht mit den meisten Tubularschlössern.

Wenn sich die Öffnung an Ihrem Schloss stark von dem Durchmesser des Stifts unterscheidet und Sie diese Methode trotzdem ausprobieren möchten, verwenden Sie andere Materialien, um zum selben Ziel zu gelangen. Das Material Ihrer Wahl muss verformbar sein, darf aber nicht ohne Weiteres seine Form verlieren. Mehrschichtkarton oder Kunststoffe eignen sich für diese Zwecke besonders. Zeigen Sie Kreativität: Versuchen Sie es mit unterschiedlichen Röhrchen, Stiften oder was auch immer für Gegenstände Sie gerade finden.

Sie sollten auch die Öffnung des Tubularschlosses ausmessen, damit Sie wissen, wie viel Material Sie benötigen. Danach können Sie die richtige Menge Material zuschneiden. Biegen Sie Ihr Material dann zu einer Rolle auf, damit es in die Schlossöffnung passt. Zum Schluss befolgen Sie dieselben Schritte wie oben für das Entsperren mit dem Kugelschreiber beschrieben.

Wichtig: Die meisten Tubularschlösser sind von hochwertiger Bauweise und können mit diesen recht primitiven Methoden nicht geöffnet werden. Wenn Sie sich in einer Situation befinden, in der Sie keine besseren Werkzeuge zur Hand haben und das Schloss unbedingt entsperren müssen, sind improvisierte Werkzeuge allerdings besser als nichts.

6

Hebel-
schlösser

Hebelschlösser

Das *Hebelschloss mit Zuhaltungen* ist eine Erfindung aus dem Herzen des alten Englands. Es findet auch heute noch weltweit Verwendung, besonders auf den britischen Inseln. In den USA werden sie oft in Tresorräumen von Bankinstituten eingesetzt. Vor der Erfindung dieser Schlösser verließ man sich im Allgemeinen auf Buntbartschlösser, die oft nur wenig Sicherheit boten. Mit Laufe der Zeit wurde aber der Ruf nach etwas mehr Sicherheit lauter. Der englische Adel zeichnete Untertanen, die immer sichere Schlösser erfanden, und solche, die die Schwachstellen und Fehler dieser neuen Schlösser identifizieren konnten, mit Preisen aus.

Historische Hebelschlösser

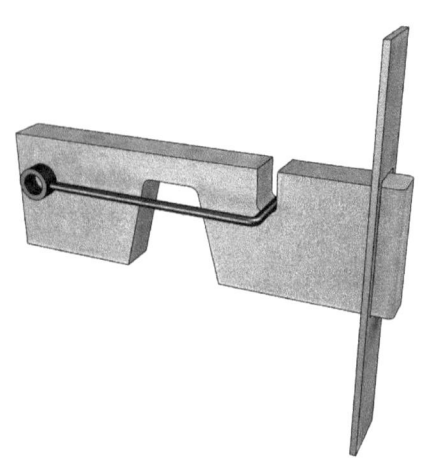

Einfaches Hebelschloss

Das erste Hebelschloss unterlag einem relativ einfachem Funktionsprinzip. Es umfasste nur einen *Hebel* (auch Zuhaltung genannt). Der Schlüssel drehte sich und der Bart hob die Zuhaltung an, damit der Riegel wieder in das Schlossgehäuse rutschen konnte. Dieser Mechanismus sorgte nur dafür, dass der Riegel außerhalb des Gehäuses bleibt, wenn der Schlüssel abgezogen war. Wurde der Schlüssel eingeführt und gedreht, hebte sich die Zuhaltung und schob den Riegel nach innen. Diese Konstruktion konnte mit Einschnitten bzw. Bärten versehen werden, um ein Entsperren zu erschweren.

Hebelschlösser konnten relativ problemlos geöffnet werden, bis Robert Barron ein komplizierteres Hebelschloss entwarf. Für seine Version des Hebelschlosses musste der Schlüssel den Hebel (bzw. die Zuhaltung) auf die richtige Höhe bringen, damit sich der Riegel bewegen konnte. Wenn die Zuhaltung zu hoch oder nicht hoch genug angehoben wurde, bewegte sich der Riegel nicht.

Hebelschlösser Geschichte

Einfaches Hebelschloss mit angehobener Zuhaltung

Einfaches geöffnetes Hebelschloss

Im Zuhaltungsschloss von Barron verfügte die Zuhaltung über einen Stift, der sich in einem Schlitz im Riegel nach oben und nach unten bewegte. Wie Sie sehen können, musste die Zuhaltung auf die richtige Höhe angehoben werden, damit sich der Riegel zur Seite bewegen konnte. Nur in der richtigen Höhe passte der Stift durch den Schlitz, so dass der Riegel zur Seite geschoben werden konnte.

Die Konstruktion mit einer Zuhaltung wurde durch weitere seitliche Zuhaltungen ergänzt, um die Sicherheit dieses Schlosses zu erhöhen. Jede Zuhaltung musste dann auf die richtige Höhe gebracht werden, damit sich der Riegel bewegen konnte. Die Rille unten an jeder Zuhaltung, in der der Schlüsselbart die Zuhaltung berührt, nennt sich *Sattel*. Dieser Sattel passte auf den Schlüssel und sorgte dafür, dass die Zuhaltung auf die richtige Höhe gehoben wird. Jeder Sattel konnte unterschiedlich stark ausgewölbt sein und somit bestimmte Schnittmuster eines Schlüsselbarts aufnehmen. Dieses Schloss war eine so umfassende Verbesserung, dass es lange Zeit als einbruchsicher galt. Leider wies das Zuhaltungsschloss nach Barron jedoch eine wesentliche Schwachstelle auf.

Zuhaltungsschloss von Barron

Wenn die relative Tiefe des jeweiligen Sattels nicht bekannt war, konnte das Schloss nicht nur einmal geknackt werden. Es war sogar möglich, ganz einfach einen Schlüssel herzustellen, mit dem das Schloss regulär entsperrt werden konnte. Es konnten mit der Impressionstechnik ganz einfach Abdrücke angefertigt werden, indem ein in Wachs getauchter Schlüsselrohling gegen die Zuhaltungen gedrückt wurde. Anhand der Abdrücke im Wachs konnte so die Form des Sattels und daher die ungefähre Form des Schlüssels ermittelt werden. Hebelschlösser mussten sich also weiterentwickeln, um weiterhin in Gebrauch zu bleiben.

Funktionsweise

Modernes Hebelschloss

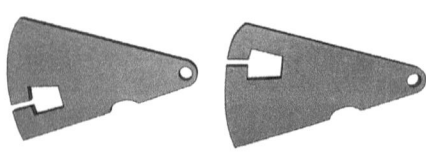

Zuhaltungen mit unterschiedlichen Schlitzen

Schauen wir uns eine moderne Version des Hebelschlosses an. Wie in der Abbildung zu sehen ist, sind die Zuhaltungen und der Riegel etwas anders angeordnet. Die Zuhaltungen verfügen jetzt über Schlitze und der Stift sitzt auf dem Riegel. Dieser *Riegelstift* muss durch den Schlitz rutschen, damit dieses Schloss sich öffnet bzw. schließt. Alle Zuhaltungen verfügen über einen Sattel derselben Tiefe, was die Herstellung von Abdrücken erschwert. Anstatt dessen sind die Schlitze unterschiedlich angebracht. Wenn der Schlüssel die Zuhaltung anhebt, wird diese auf die richtige Höhe gebracht, damit der Riegelstift einfach aus der Zuhaltung heraus- und in die Zuhaltung wieder hereinrutschen kann.

Da alle Sättel aneinander ausgerichtet und gleich groß sind, geben sie keine Hinweise über die Form des Schlüssels. Wenn Sie versuchen, einen Abdruck von einem Hebelschloss der

Hebelschlösser Funktionsweise

Neuzeit anzufertigen, indem Sie einfach einen in Wachs getauchten Schlüsselrohling gegen die Zuhaltung drücken, heben sich diese alle auf dieselbe Höhe. Sie erhalten flache Abdrücke im Wachs, die in keinerlei Hinsicht der benötigten Schlüsselform entsprechen.

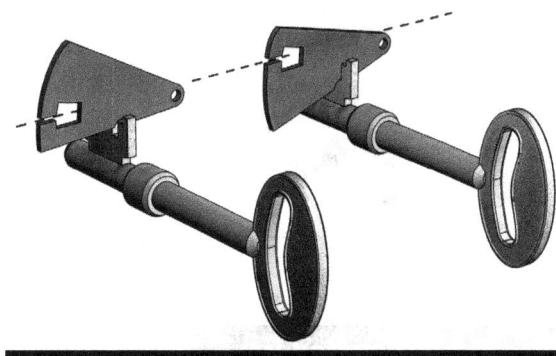

Schlüssel hebt Zuhaltung an und richtet die Schlitze aus

Manchmal verfügt das Schloss nur über drei Zuhaltungen. In Anwendungen, in denen mehr Sicherheit gefragt ist, können sogar mehr als 10 Zuhaltungen zum Einsatz kommen. Manche Schlösser sind sogar so konzipiert, dass der Schlüssel symmetrisch zugeschnitten werden muss. Solche Schlösser können den Schlüssel von beiden Seiten aufnehmen. Die Zuhaltungen sind dann so angeordnet, dass es keine Rolle spielt, von welcher Seite aus der Schlüssel eingeführt wird.

Wir haben jetzt ein grundlegendes Verständnis der Funktionsweise von Hebelschlössern. Schauen wir uns daher die einzelnen Komponenten an. Die eigentliche Zuhaltung ist nicht ganz so simpel wie zuvor beschrieben.

Sie sehen hier eine Zuhaltung in ihrer typischen Form. Die runde Öffnung am Ende der Zuhaltung nennt sich *Achsbohrung*. Ein Stift im Schlossaufbau passt durch diese Öffnung und übernimmt die Funktion einer Achse, um die sich die Zuhaltungen drehen. Alle Zuhaltungen befinden sich auf demselben Stift, damit sie sich um dieselbe Achse drehen. Bei dem langen, dünnen und gebogenen Metallstück, das aus der Zuhaltung herausragt, handelt es sich um eine Feder. Im Normalfall (wie in dieser Abbildung dargestellt) biegt sich die Feder und drückt gegen den Schlosskörper. Unter Einwirkung der Federkraft dreht sich die Zuhaltung um den Stift in der Achsbohrung, bis sie die Unterseite des Schlosskörpers berührt. Hier ruht sie, bis sie ein Schlüssel anhebt, um das Schloss

Symmetrisch geschnittener Schlüssel

Zuhaltungsfeder

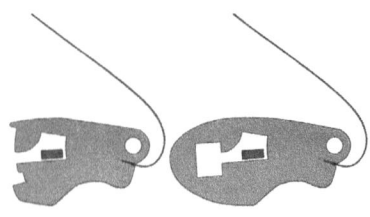

Zuhaltungen mit Riegelstift

zu entsperren. Zu beachten ist hier die Kammer, in dem der Riegelstift ruht, wenn das Schloss entsperrt und der Riegel in den Schlosskörper gezogen ist. Diese Kammer wird als *hinteres Fenster* bezeichnet.

Manche Arten von Hebelschlössern verfügen über zwei Kammern mit Riegelstift. Das hintere Fenster hält dabei den Riegelstift, wenn sich der Riegel im Schloss befindet. Das *vordere Fenster* hält den Riegelstift, wenn der Riegel aus dem Schloss herausragt.

Die Zuhaltungen sitzen ganz eng aneinander. Ein Berühren der einzelnen Zuhaltungen könnte aber problematisch sein. Wenn die Zuhaltungsflächen einander berühren würden, gäbe es zu viel Reibung. In einem solchen Fall wäre es schwierig, eine Zuhaltung anzuheben, ohne die nächste Zuhaltung zu stören.

Abstandshalter verhindern daher, dass eine Zuhaltung die nächste stört. Abstandshalter selbst bewegen sich nicht. Sie verfügen aber jeweils um eine Achsbohrung. Ihnen fehlt jedoch die Feder und sie stehen immer mit dem Riegelstift in Verbindung. Da die Abstandshalter anstatt des Fensters über einen Schlitz verfügen, in dem der Stift entlangwandert, drehen sie sich nicht um die Achsbohrung.

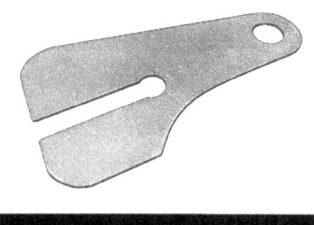

Abstandshalter

Der Riegelstift gleitet während des Sperr- und Entsperrvorgangs einfach entlang des Schlitzes, ohne ihn je zu verlassen. Der Schlüssel berührt den Abstandshalter nicht, da der Sattel im Abstandshalter tiefer als der Sattel auf den Zuhaltungen ist.

Hebelschlösser Funktionsweise 135

Eine weitere wichtige Komponente des Hebelschlosses ist die *Schließhülse*. Bei Einführen des Schlüssels in das Schloss befindet dieser sich nicht in einem Schlüsselkanal, wie es beim Stiftzylinderschloss der Fall wäre. Anstatt dessen wird der Schlüssel in einen Metallzylinder eingeführt, an dessen Rückseite eine Zunge angebracht ist, die wie ein Riegel funktioniert, der durch den Schlüssel bewegt wird.

Schließhülse

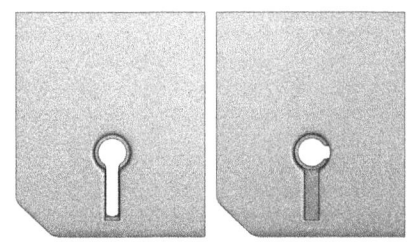
Schlüsselloch und Schließhülse

Die Schließhülse sorgt dafür, dass der Schlüssel während der Drehung im rechten Winkel zu den Zuhaltungen bleibt. Er erschwert gleichzeitig ein Entsperren, da die Zuhaltungen nicht ohne Weiteres zugänglich sind. Stellen Sie sich einmal vor, wie die Schlossöffnung aussehen würde, wenn das Schloss vollständig entsperrt ist. Stellen Sie sich dieses Bild nun vor, wenn die Schließhülse beim Entsperren des Schlosses halb gedreht wird.

Wenn die Schließhülse halb gedreht ist, können die Zuhaltungen nur über den oberen runden Teil der Öffnung erreicht werden. Im Normalfall verfügt die flache Front der Schließhülse über eine Kerbe, an der der Schlüssel eingeführt wird. Bei Drehen der Schließhülse dreht sich allerdings auch die Kerbe und nur der runde Teil der Öffnung bleibt offen.

Bei runden Schlüsseln füllt nur der runde Schlüsselansatz die Öffnung in der Schließhülse. Manche Schlösser werden jedoch speziell für Flachschlüssel konzipiert. Diese

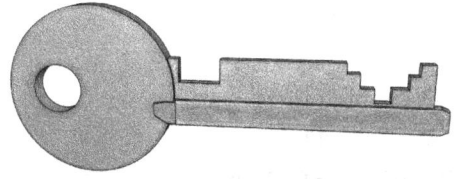
Flacher Hebelschlüssel

Schlüssel können vorne mit einem Spezialschnitt hergestellt werden. Dank dieser Kerbe (auch *Gesenk* genannt) kann sich der Schlüssel drehen, sobald er sich in der Öffnung befindet, ohne dass er mit dem Schlosskörper in Berührung kommt. Der gesamte Bartabschnitt von der Spitze bis zum Gesenk wird von der Schließhülse aufgenommen, während der Abschnitt von der Kerbe bis zum Griffende außerhalb des Schlosses bleibt. Die Materialmenge am Schlüssel, die unterhalb des Gesenks bleibt, legt fest, wie viel Platz für Werkzeuge verbleibt, die das Hebelschloss manipulieren können. Die Federkräfte im Hebelschloss sind relativ hoch. Daher ist wesentliche Drehkraft notwendig, um das Schloss mit dem Schlüssel zu öffnen. Wenn der Schlüssel dieser wiederholten Anwendung dieser Drehkraft nicht standhalten kann, wird er an seiner schwächsten Stelle brechen. Aus diesem Grund kann das Gesenk nicht nur einen kleinen Metallsteg am Schlüssel lassen. Dies heißt aber auch, dass es schwieriger sein wird, das Schloss zu entsperren, da die auf die Zuhaltungen angewandte Kraft größer ist. Hebelschlösser in Gefängnissen können sehr groß sein und besonders starke Federn umfassen, wodurch sie zu einer besonderen Herausforderung werden.

Daher verbessert die Schließhülse die Funktionsweise und Sicherheit des Hebelschlosses. Wenn die Schließhülse sich einfach ungehindert drehen könnte, wäre eine solche Drehbewegung möglich, wenn der Schlüssel sich nicht im Schloss befindet. Eine halb gedrehte Schließhülse würde ein Einführen des Schlüssels in den Schlüsselkanal verhindern, genau wie er verhindert, dass Nachschließwerkzeuge den gesamten Schlüsselkanal verwenden können. Daher gibt es unterschiedliche Methoden, die die Schließhülsenbewegung ohne Schlüssel stoppen.

Eine Lösung umfasst die Verwendung einer Feder, die in eine Rille in der Schließhülse eingeführt und wieder herausgezogen wird. Sie sollten jedoch beachten, dass es sich auch hier um eine weitere Kraft handelt, die bei Drehen des Schlüssels im Endeffekt überwunden werden muss.

Schließhülse und Feder im Gehäuse

Hebelschlösser Funktionsweise **137**

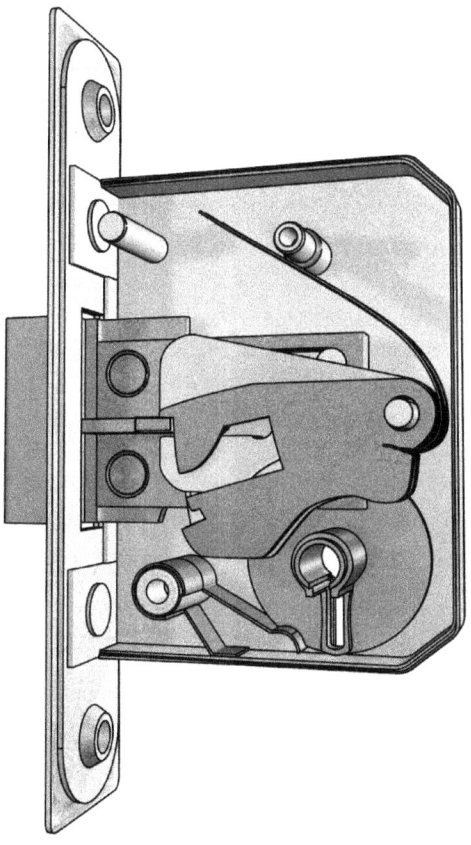

Hebelschloss – geschlossen

138   Illustrierte Einführung in die **Schlossöffnung**

Schauen wir uns jetzt an, wie all diese Komponenten des Schlosses zusammenpassen.

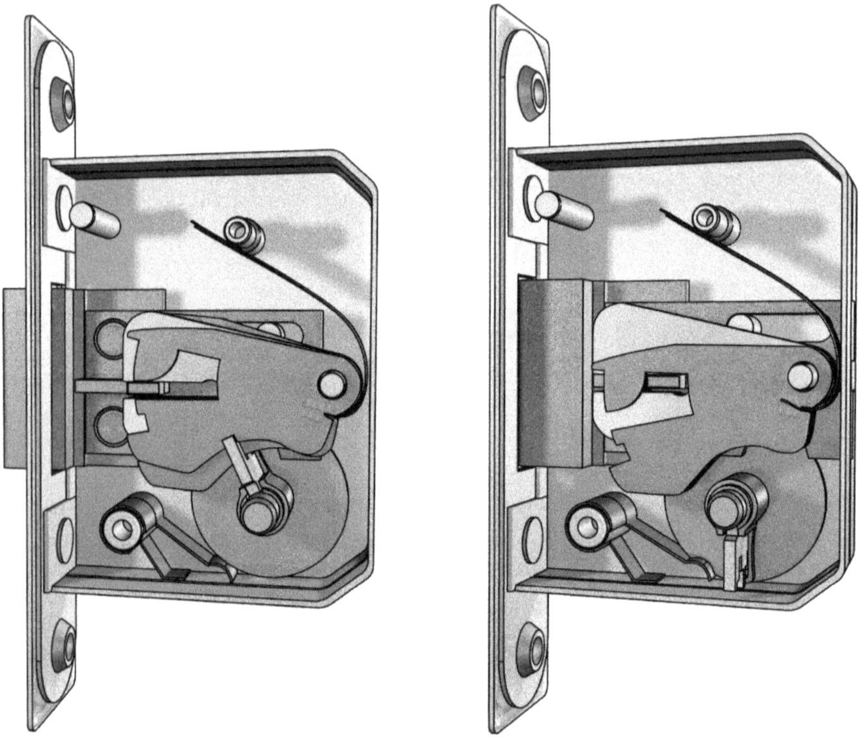

Hebelschloss mit Schlüssel

Nachschließen von Hebelschlössern

Sie sollten jetzt über ein gutes Verständnis der Funktionsweise von Hebelschlössern verfügen und wissen, welche Rolle die einzelnen Komponenten spielen. Sie können sich nun den Nachschließmethoden zuwenden, die für dieses Schloss zur Verfügung stehen. Die erforderlichen Werkzeuge ähneln denen, die Sie zum Entsperren von Stiftzylinderschlössern verwendet haben.

Einfaches Werkzeug zum Nachschließen von Hebelschlössern

In der Abbildung sehen Sie das Beispiel für eines dieser Werkzeuge. In diesem Fall entspricht der Griff einer Rundschlaufe. Der Grund hierfür ist, dass Sie das Werkzeug nicht nur nach unten und oben drücken,

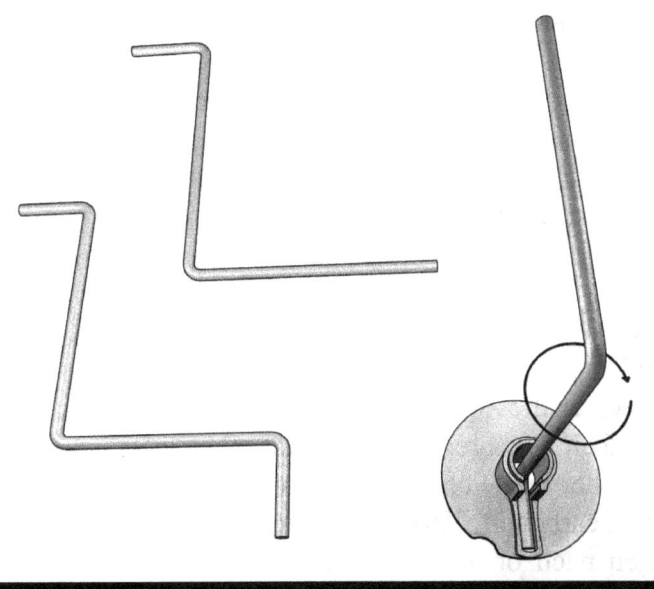

Spannwerkzeuge

sondern auch mit hohem Kraftaufwand drehen werden. Werkzeuge zum Nachschließen von Hebelschlössern sind in zahlreichen unterschiedlichen Formen erhältlich. Die Spitze des Werkzeugs ist unterschiedlich hoch ausgestaltet, damit zahlreiche verschiedene Schlossformen und -größen bearbeitet werden können. Die Werkzeuge selbst sind auch in unterschiedlichen Größen und Stärken zu haben.

Das zweite Werkzeug, das Sie verwenden werden, sollten Sie mittlerweile bereits kennen. Es handelt sich um ein Spannwerkzeug. Das Spannwerkzeug wird immer zusammen mit dem Nachschließwerkzeug eingesetzt. Er hat eine kleine Spitze, die den Zylinder dreht. Manchmal verfügen beide Enden des Spannwerkzeugs über eine Spitze, in der Regel unterschiedlich groß, damit unterschiedliche Schlösser bearbeitet werden können. Das Spannwerkzeug sollte ganz in den Zylinder hineingeschoben werden, damit noch ausreichend Platz für die Arbeit mit dem Nachschließwerkzeug bleibt.

Wenn Ihr Schloss von beiden Seiten bedienbar ist, achten Sie darauf, dass Sie Ihr Spannwerkzeug nicht zu weit in das Schloss schieben, so dass Kraft auf den Türrahmen ausgeübt wird, wenn Sie versuchen, Drehkraft anzulegen. Das Spannwerkzeug wird zuerst, dann das Nachschließwerkzeug in das Schloss eingeführt. Sie können etwas Drehkraft auf das Spannwerkzeug ausüben. Die Schließhülse beginnt sich zu drehen. Die Schließhülse beginnt sich zu drehen. Sobald sich die Schließhülse so weit dreht, dass das Spannwerkzeug nicht auf der anderen Seite des Schlosses herausgeschoben werden kann, sollten Sie das Spannwerkzeug bis zum Anschlag weiter in das Schloss schieben. Drehen Sie dann das Spannwerkzeug, bis die Schließhülse jegliche Bewegung verhindert. Der Grund, warum die Drehbewegung gestoppt wird, liegt darin, dass durch die Drehung der Schließhülse der Riegel vorrutscht und der Riegelstift nun eine der Zuhaltungen berührt.

Wie beim Nachschließen anderer Zylinderschlösser versuchen Sie auch hier die feinen Unterschiede in der Größe der mechanischen Komponenten auszumachen. Wären die Zuhaltungen alle gleich groß, würde der Riegelstift alle zur selben Zeit berühren. Die Realität sieht jedoch anders aus. Der Kontakt erfolgt eher ungleichmäßig. So können Sie jedoch immer jeweils eine Zuhaltung bearbeiten. Verwenden Sie Ihr Nachschließwerkzeug, um die Zuhaltungen nach oben zu drücken, bis Sie die Zuhaltung ermittelt haben, die sich am stärksten dieser Bewegung widersetzt. Sie haben die erste bindende Zuhaltung gefunden. Schieben Sie diese Zuhaltung nach oben, bis der Riegelstift das hintere Fenster der Zuhaltung erreicht. Sie werden ein leises Klicken hören oder eine Bewegung spüren können. Ihr Spannwerkzeug wird sich hier auch leicht drehen. Die Bewegung bzw. das Geräusch ist fast nicht zu bemerken, da bald eine weitere Zuhaltung bindet und verhindert, dass der Stift sich weiter bewegt. Sie müssen diese Schritte für jede Zuhaltung wiederholen. Bedenken Sie, dass sich der Riegelstift bereits im Schlitz der gesetzten Zuhaltung befindet. Sie brauchen sich daher keine Gedanken über ein versehentliches Bewegen und Lösen zu machen, solange Sie ausreichend Kraft auf das Spannwerkzeug ausüben. Zu viel Kraft ist jedoch auch problematisch, da der Stift dadurch mit zahlreichen Zuhaltungen gebunden werden kann.

Bevor Sie versuchen, ein Hebelschloss nachzuschließen, dass schon in einer Tür oder an einem anderen Eingang installiert ist, sollten Sie diese Schritte an einem Türschloss üben, dass sich noch nicht in Position befindet. Viele Hebelschlösser verfügen im Schlosskörper über eine kleine Öffnung. In dieser Öffnung ist zu erkennen, wie sich die Zuhaltungen auf und ab bewegen, wenn der Riegelstift das hintere Fenster erreicht. Dies ist ggf. hilfreich, wenn Sie das Nachschließen von Hebelschlössern erst üben müssen.

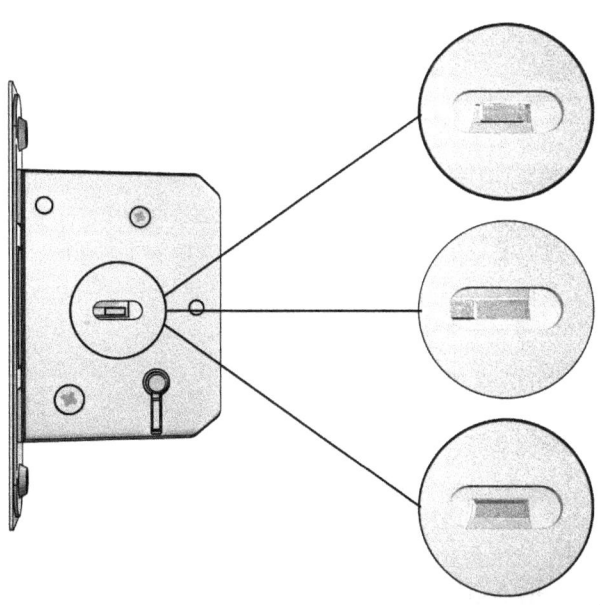

Öffnung im Hebelschloss

Sie werden erkennen, welche Zuhaltungen noch nicht bearbeitet wurden und welche Zuhaltungen schon gesetzt sind. Sie sollten sich allerdings nicht daran gewöhnen, das Innere eines Schlosses sehen zu können, während Sie es zu entsperren versuchen. Kleben Sie diese Öffnung daher später zu, damit Sie lernen, das Schloss aus dem Kopf nachzuschließen.

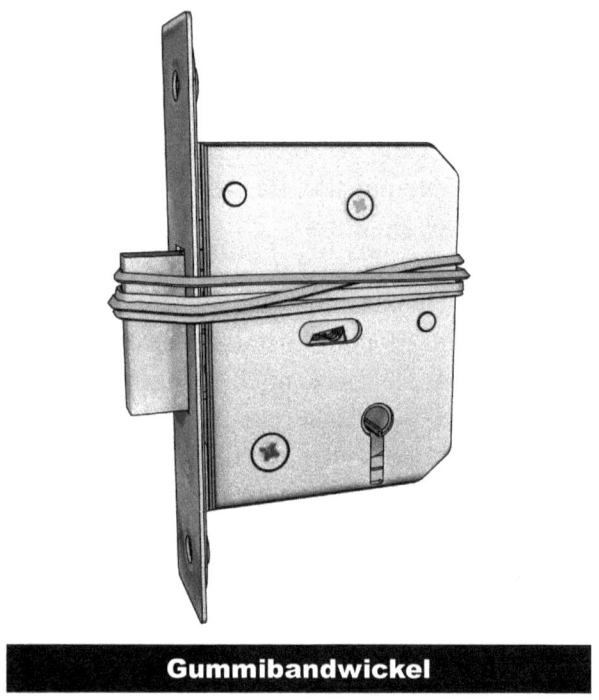

Gummibandwickel

Unter Umständen ist es umständlich, das Schloss in der Hand zu halten, während Sie gleichzeitig versuchen, das Spannwerkzeug und das Nachschließwerkzeug zu handhaben. Versuchen Sie mit einigen starken Gummibändern und nicht mit dem Spannwerkzeug, Druck auf den Stift auszuüben. So gestalten sich die ersten Nachschließversuche ggf. einfacher. So gestalten sich die ersten Nachschließversuche ggf. einfacher. Wickeln Sie die starken Gummibänder einfach um das Schloss, damit diese den Stift in das Schloss schieben. Sie müssen nun nur das Schloss festhalten und das Nachschließwerkzeug manipulieren, ohne sich um das Spannwerkzeug zu sorgen. Diese Methode ist ggf. zu Anfang hilfreich. Nach einigen erfolgreichen Versuchen sollten Sie jedoch die Gummibänder entfernen und mit dem Spannwerkzeug arbeiten. Die Methode mit den Gummibändern funktioniert nur bei einigen Schlössern und nicht allen, eignet sich jedoch als hilfreiches Instrument beim Erlernen dieser Technik.

Hochsicherheitshebelschlösser

Zahlreiche Hebelschlösser auf dem heutigen Markt verfügen über Sicherheitsmerkmale. Zu den am häufigsten verwendeten Merkmalen gehört die Verwendung von sogenannten *falschen Kerben* in der Zuhaltung. Sie sollen den Riegelstift in einer falschen Position fixieren.

Wie Sie sehen können, rutscht der Riegelstift erst in den obere falsche Kerbe, wenn er bei Anheben der Zuhaltung gegen diese gedrückt wird. Solange die Kraft auf den Riegelstift konstant ist, bleibt er in dieser falschen Kerbe liegen. Diese Konstruktion erinnert an den Spulenstift bei Stiftzylinderschlössern. Sie lässt sich auf ähnliche Art und Weise bearbeiten. Geben Sie etwas in der Spannung nach, um den Riegelstift aus der Kerbe rutschen zu lassen. Natür-

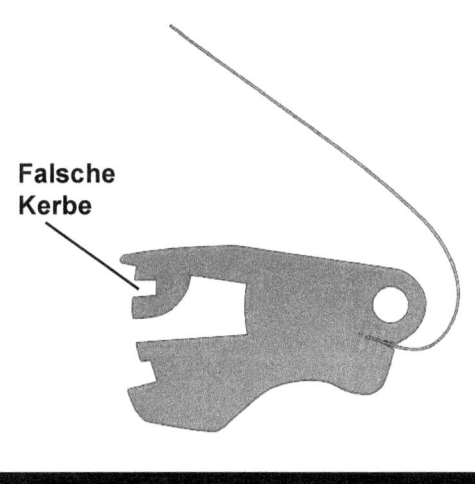

Falsche Kerbe

lich bedeutet dies, dass andere Zuhaltungen sich lösen, sobald Sie die Spannung loslassen. Was die Sache noch erschwert, ist, dass sich die falsche Kerbe beim erstmaligen Setzen absolut echt anfühlt. Erst später, wenn der Riegelstift das Ende der kurzen Kerbe erreicht, wird es deutlich, dass etwas nicht stimmt. Eine einzelne Zuhaltung kann mehrere falsche Kerben haben. Sie müssen etwas mit den Zuhaltungen herumspielen und unterschiedliche Kombinationen ausprobieren um herauszufinden, welche über mehrere Kerben verfügen.

Manche Schlossbauweisen führen diese Idee noch weiter. Hier verfügt die Zuhaltung über eine gezackte Kante und der Riegelstift ist so konzipiert, dass er schnell an der Zuhaltung einrastet. Diese Konstruktion erinnert an den gezackten Stift bei Stiftzylinderschlössern in Hochsicherheitsanwendungen.

Um das Nachschließen noch schwerer zu machen, werden diese Hochsicherheitsschlösser mit sehr geringen Toleranzen gefertigt. Der Riegelstift rastet an der Kante der Zuhaltung ein, auch wenn sie nur um ein Hundertstel Millimeter tiefer oder höher liegt als die Stufe, auf die ihn der Schlüssel heben würde. Jede Zuhaltung im Schloss umfasst ggf. Zacken und falsche Kerben, wodurch sich ein Nachschließen als besonders schwierig erweist. Tresorfächer und Safes in Banken verfügen oft über bis zu 14 dieser Hochsicherheitszuhaltungen. Versuchen Sie einmal Ihr Glück an diesen Hochsicherheitshebelschlössern. Sie werden sehen, dass ein Nachschließen fast unmöglich ist.

Es ist gut möglich, dass Sie mit etwas Glück und Entschlossenheit weniger anspruchsvolle Konstruktionen dieser Schlösser nachschließen können. Eine Zuhaltung kann mit nur einem falschen Fenster ausgestattet sein. Wenn der Riegelstift in einem falschen Fenster sitzt, ist es sehr schwer festzustellen, bei welcher Zuhaltung dies der Fall ist. Bei minderwertigen Schlössern, bei denen diese engen Toleranzen fehlen, ist es u. U. möglich, etwas

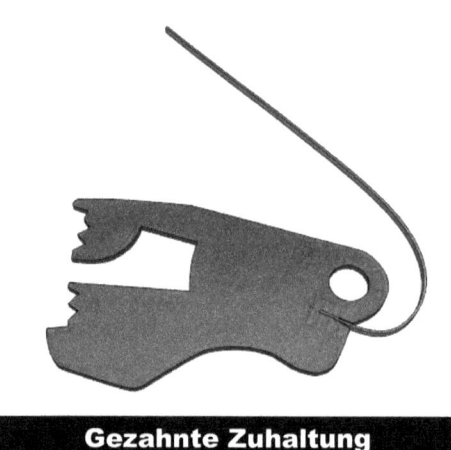

Gezahnte Zuhaltung

Drehkraft auf das Spannwerkzeug anzuwenden und zu fühlen, welche Zuhaltung bindet. Daher können Sie ermitteln, welche Zuhaltung den Riegelstift in der falschen Kerbe aufgenommen hat. Um den Unterschied in der Bindestärke fühlen zu können, ist schon sehr viel Erfahrung notwendig. Die bindende Zuhaltung wird sich überhaupt nicht bewegen können, während die anderen Zuhaltungen, die ordnungsgemäß gesetzt wurden, sich nur leicht bewegen. Wenn Sie einmal die richtige Zuhaltung gefunden haben, können Sie etwas in der Spannung nachgeben und versuchen, diese Zuhaltung erneut zu bearbeiten und in eine andere Position zu bringen, bei der es sich dann hoffentlich um das richtige Fenster handelt. Denken Sie jedoch daran, dass ein Nachgeben der Spannung dazu führen kann, dass die anderen Zuhaltungen auch heruntergeschoben werden. Sie müssen diese Schritte daher ggf. mehrmals wiederholen. Wenn es zu mühselig wird, immer wieder dieselbe Zuhaltung zu bearbeiten, können Sie versuchen sich zu erinnern, auf welchen Höhen die unterschiedlichen Zuhaltungen eingekerbt sind. Somit erleichtert sich ggf. der Neuanfang, während Sie versuchen, die richtige Kerbkombination zu ermitteln.

Wenn bei der Bearbeitung einer Zuhaltung Ihr Spannwerkzeug in die entgegengesetzte Richtung gedreht wird, wissen Sie, dass Sie es mit gezahnten Zuhaltungen zu tun haben. Wenn Sie auf eine Zuhaltung drücken und dabei Drehkraft auf das Spannwerkzeug ausüben und dieses sich nicht in die entgegengesetzte Richtung dreht, wissen Sie, dass sich diese Zuhaltung gesetzt hat. Sie können die Drehkraft reduzieren und die Zuhaltung manipulieren und so zum Setzen bringen. Bei Hochsicherheitsschlössern gibt es jedoch viele richtig gesetzte Zuhaltungen, die jedoch fallen können, wenn Sie die Spannung nachlassen. Es ist also besonders einfach, die Zuhaltung zu stark – über den Beginn der Kerbe hinweg – anzuheben, bis sie sich an der nächsten Verzahnung verfängt. Es sei denn, Sie haben es mit einem minderwertigen Hebelschloss zu tun, sind diese Schlossarten besonders schwer nachzuschließen. Aber die meisten Hebelschlösser mit gezahnten Hebeln sind von besonders hoher Qualität.

Herstellung eines Generalschlüssels für Hebelschlösser

Genau wie Stiftzylinderschlösser können auch Hebelschlösser mit Generalschlüsseln genutzt werden. Dies bedeutet, dass zwei unterschiedliche Schlüssel dasselbe Schloss entsperren können. Einer dieser Schlüssel ist in der Regel ein Schlüssel, der zahlreiche unterschiedliche Schlösser öffnet. Es gibt zwei einfache Methoden, anhand derer ein solcher Schlüssel hergestellt werden kann. Zum einen ist es möglich, dass es zwei Fenster in derselben Zuhaltung gibt. In diesem Fall werden die beiden Schlüssel auf ganz unterschiedlichen Höhen zugeschnitten. Ein Schlüssel könnte die Zuhaltung auf die Höhe einer der beiden echten Kerben bringen. In beiden Fällen kann der Riegelstift nach innen bewegt und das Schloss geöffnet werden.

Wenn sich die Formen der beiden Schlüssel nicht drastisch unterscheiden, ist es möglich, dass die einfache Öffnung einer einzelnen Kerbe in das hintere Fenster reicht. So können beide Schlüssel mit leicht unterschiedlichen Schnittmustern jeweils die Zuhaltung auf eine akzeptable Höhe bringen.

Durch die Herstellung eines Generalschlüssels ergeben sich zahlreiche Vorteile. Bedingt befugte Personen erhalten Schlüssel, die nur auf eine Tür passen, während z. B. ein Manager über einen Generalschlüssel verfügt, der alle Türen öffnet. Diese Hebelkonstruktionen erleichtern jedoch allgemein ein Nachschließen. Das Risiko, dass der Riegelstift in eine echte Kerbe geschoben wird, ist höher, wenn es mehrere Kerben gibt und wenn sie größer sind. In größeren Einrichtungen, wo Generalschlüssel zum Einsatz kommen, für die mehrere Zuhaltungen mit mehreren Kerben notwendig sind, wird Ihre Arbeit umso einfacher. Auch wenn Generalschlüssel erforderlich sind, ist die Sicherheit ein wichtiger Aspekt. Aus diesem Grund werden zahlreiche dieser Hebelschlösser über gewisse Sicherheitsfunktionen verfügen, die wir oben schon besprochen haben. Dadurch erschwert sich das Nachschließen noch mehr als bei regulären Hebelschlössern.

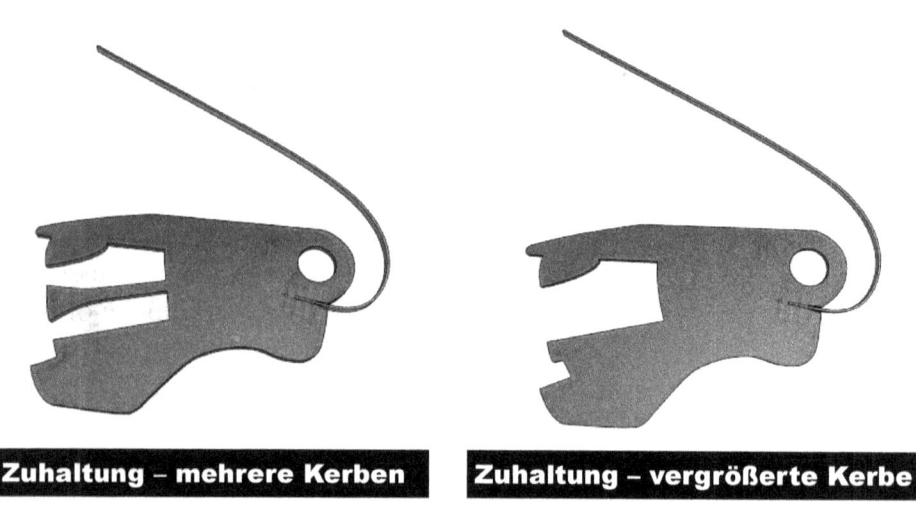

Zuhaltung – mehrere Kerben   **Zuhaltung – vergrößerte Kerbe**

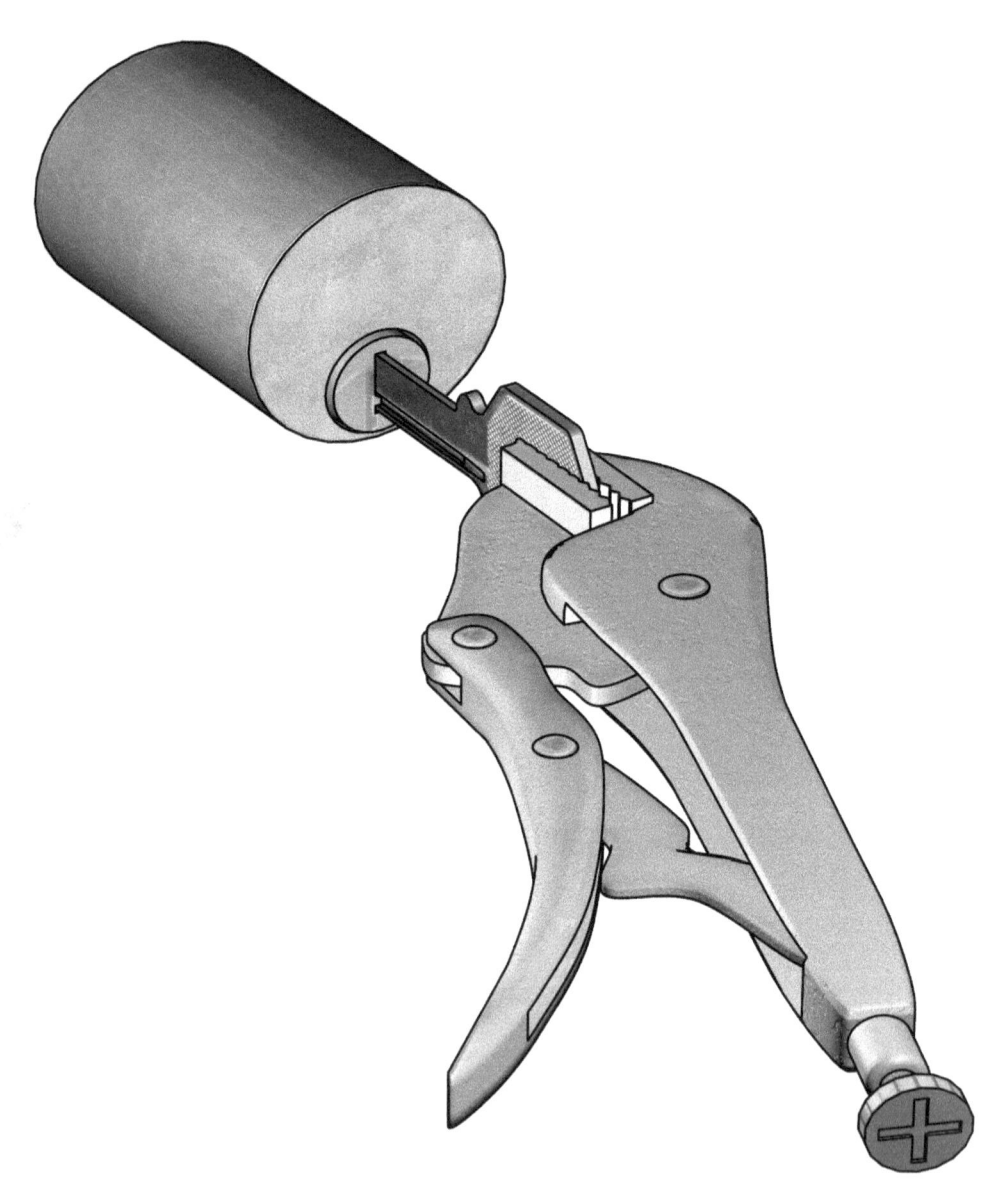

//**7**

Impressionieren von Zylinderschlössern

Impressionieren von Zylinderschlössern

Das Nachschließen eines Stift- oder Plättchenzylinderschlosses umfasst in der Regel besondere oder improvisierte Werkzeuge, mit denen die Stifte manipuliert werden können. Es gibt aber noch eine andere Methode, für die ein tatsächlicher Schlüssel notwendig ist. Bei dieser Methode werden Sie zum Schluss einen funktionsfähigen Schlüssel für dieses Schloss in der Hand halten. Es wird sich nicht unbedingt um den schönsten Schlüssel handeln, aber das ist nicht unbedingt wichtig. Willkommen bei der *Impressionstechnik*. Natürlich ist diese Technik nicht perfekt. Ggf. brauchen Sie viel Zeit und auch etwas Gespür. Da Sie aber hierbei einen tatsächlichen Schlüssel herstellen, ist es auch viel schwieriger als beim herkömmlichen Nachschließen oder Harken, immer wieder von vorne anzufangen.

Im Rahmen der Impressionstechnik entsteht ein tatsächlicher Schlüssel für das Schloss, das Sie zu entsperren versuchen. Die zugrundeliegende Theorie ist recht einfach zu verstehen. In der Praxis handelt es sich hierbei jedoch um eine Kunst. Wenn Sie dem Erlernen dieser Fähigkeit etwas Zeit widmen, werden Sie wahrscheinlich bald Schlösser mit wenig Säulen oder Plättchen entsperren können. Das Impressionieren von Schlüsseln für Schlösser im Haus oder Auto ist viel schwieriger, da es viele Möglichkeiten gibt, Fehler zu machen. Nur mit eingehender praktischer Erfahrung führen die Öffnungsversuche immer öfters zum Erfolg. Das Sammeln dieser Erfahrung kann aber schwierig und teuer sein. Anstatt Nachschließwerkzeuge und Spannwerkzeuge zu verwenden, werden Sie einen tatsächlichen Schlüssel herstellen. Dies bedeutet, dass mit jedem fehlgeschlagenen Versuch ein unbrauchbarer Schlüssel entsteht. Bei jedem Impressionsversuch verformt sich zudem das Schloss geringfügig und erschwert den nächsten Versuch. Unter Umständen werden Sie es leichter finden, das Schloss nachzuschließen, von innen aus- und auseinanderzubauen, um die richtige Schlüsselform zu ermitteln. Obwohl es häufig bessere Methoden zum Entsperren eines Schlosses gibt, spielt die Impressionstechnik – besonders bei Schreibtisch- und Aktenschrankschlössern mit ein oder zwei Stiften, wo die Sicherheit nicht allzu wichtig ist – eine Rolle.

Impressionieren von Zylinderschlössern

Für die Impression müssen Sie zwei oder drei einfache Werkzeuge und einen Rohling zur Hand haben. Der richtige Rohling lässt sich problemlos in das Schloss einführen und wieder abziehen. Er sollte das Schlüsselloch vollständig füllen und Sie sollten ihn nicht zu stark hin- und herbewegen können, wenn er sich einmal im Schloss befindet.

Vergrößerungsglas

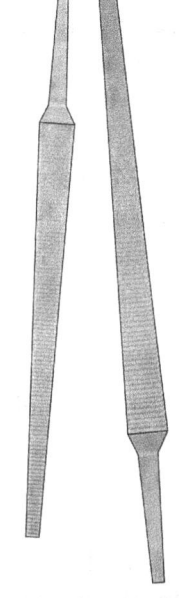

Feilen

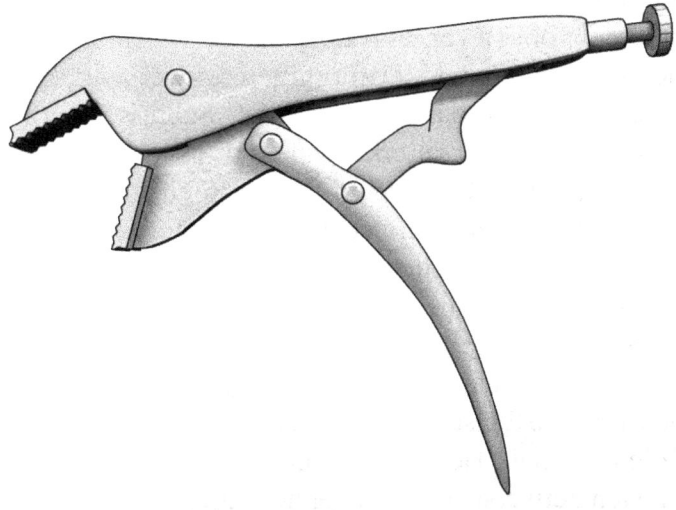

Schraubzwinge

Zu den Werkzeugen, die Sie benötigen, zählt eine Feile, um Rillen im Schlüssel anzubringen und ihn für das Impressionieren vorzubereiten. Im Anschluss an diesen Abschnitt werden Sie mit der Feiltechnik vertraut sein, die für das Impressionieren notwendig ist. So können Sie die Feile aussuchen, die Ihrer Handfertigkeit bei der Arbeit mit Metallen und der Art des zu öffnenden Schlosses am besten entspricht. Eine Schraubzwinge, eine Zange und ein Werkzeug, mit dem Sie den Schlüssel halten und mit dem Sie eine gute Hebelwirkung ausüben können, werden sich ebenfalls als praktisch erweisen. Zu guter Letzt benötigen Sie ein Vergrößerungsglas, um die Markierungen auf dem Schlüssel sehen zu können. Sie können einen Schlüssel auch ohne Vergrößerungsglas impressionieren, wenn Sie gute Augen haben. Ein Vergrößerungsglas erleichtert Ihnen jedoch die Arbeit.

Vorbereitung des Rohlings

Wie Sie vielleicht schon erraten haben, besteht der erste Schritt aus der Beschaffung der richtigen Rohlinge für Ihr Schloss. Wenn es sich um gebräuchliche Modelle handelt, sollten diese vom entsprechenden Händler bezogen werden können. Da sich Fehler in der Regel nicht vermeiden lassen, sollten Sie auf jeden Fall einige zusätzliche Rohlinge zur Verfügung haben. Wenn Sie es mit einem Spezialschloss zu tun haben, für das es keine Rohlinge gibt, müssen Sie improvisieren.

Sobald Sie die Rohlinge zur Hand haben, bereiten Sie sie für das Impressionieren vor. Bevor ein Rohling zum Schlüssel wird, müssen wir ihn jedoch vorbereiten. Dafür gibt es zwei wirksame Methoden. Eine umfasst lediglich das Abfeilen der Schlüsseloberflächen, damit keine Markierungen mehr zu erkennen sind. Denn auf dieser Oberfläche erfolgt der Kontakt mit den unteren Stiften in einem Stiftzylinderschloss. Wenn Sie diese Fläche abfeilen, achten Sie darauf, dass Sie nicht zu weit gehen. Bei zu starkem Abfeilen ist es möglich, dass dieser erste Rohling unbrauchbar wird, wenn eine der Stiftsäulen eine vollständig unbearbeitete Schlüsseltiefe erforderte. Keine Sorge. So etwas passiert am Anfang häufig. Würden Sie jetzt versuchen, diesen Rohling zu verwenden, würden Ihre Impressionsversuche fehlschlagen. Das Herunterfeilen des Schlüssels an der Stelle auf die maximale Tiefe führt zu nichts. Wenn der Schlüssel also auch nach dem ersten Feilversuch noch über geringfügige Markierungen verfügt, überprüfen Sie ihn vorsichtig und versuchen Sie sich daran zu erinnern, wo

Impressionieren von Zylinderschlössern 153

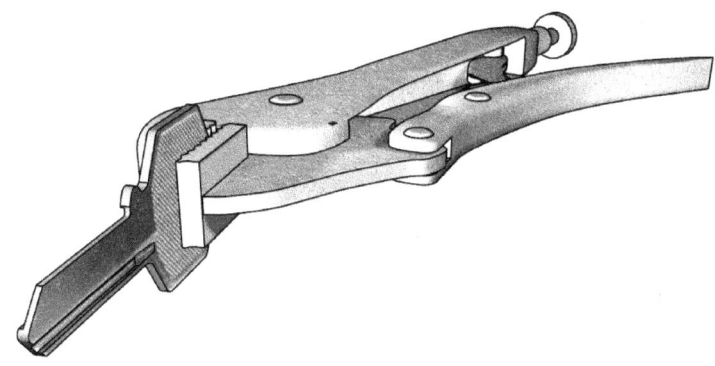

Rohling mit glatter flacher Oberfläche

sich diese Markierungen befinden. Später wissen Sie, welche Markierungen Sie außer Acht lassen können, wenn Sie nach den Spuren suchen, die die unteren Stifte hinterlassen haben. Wir werden in Kürze besprechen, wie diese Markierungen aussehen.

Die Oberfläche des Schlüssels kann alternativ auch in eine relativ scharfe messerartige Kante geschliffen werden. Sie sollte jedoch nicht messerscharf sein. Der Schlüssel sollte seitlich eher nur spitz zulaufen. Mit anderen Worten, anstatt einer flachen Oberseite sollte eine Seite des Rohlings von der Mitte aus so geschliffen werden, dass in einem Winkel von 40° bis 50° eine scharfe Kante entsteht. Feilen Sie dann auch die andere Seite ab, damit auf dem Rohling eine Kante für die Klinge entsteht. Wenn Sie beide Seiten der Klinge abfeilen, sollten Sie besonders darauf achten, dass Sie nirgendwo die Oberseite des Schlüssels abtragen. Wenn die Oberseite des Schlüssels fehlt und zu weit für die Stiftsäule abgetragen ist, werden Sie dasselbe Problem wie bei der vorherigen Vorbereitungsmethode und einen weiteren Rohling ruiniert haben. Wie gesagt, besorgen Sie sich für den Anfang ausreichend Rohlinge, um üben zu können.

Die zweite Methode der Vorbereitung ist besonders beliebt, da die Stifte oder Plättchen leichter zu erkennende Markierungen hinterlassen. Das Herstellen der messerartigen Kante setzt etwas Know-how voraus, da alle Rillen für die Stiftsäulen bei Impressionieren dieses Schlosses auch in einem Winkel angebracht werden müssen. Für den Anfang – d. h. bis Sie mehr Erfahrung haben – sollten Sie sich an eine einfachere Methode halten. Sobald

Sie sich daran gewöhnt haben, den Rohling präzise abzufeilen, lassen sich mit der Methode wesentlich besser erkennbare Markierungen herstellen.

Häufig wird die Oberfläche des Rohlings über einer Kerzenflamme auch mit Kohlenstoff beschichtet. Die Rußschicht kann zur Differenzierung der Markierungen beitragen, aber der Prozess muss für jeden Impressionierungsversuch wiederholt werden. Weitere Einzelheiten dazu finden Sie in Kapitel 1. Allerdings kann beim Impressionieren von Zylinderschlössern die Wachsmethode nicht verwendet werden.

Glatt oder kantig gefeilte Rohlinge

Impressionieren des Schlosses

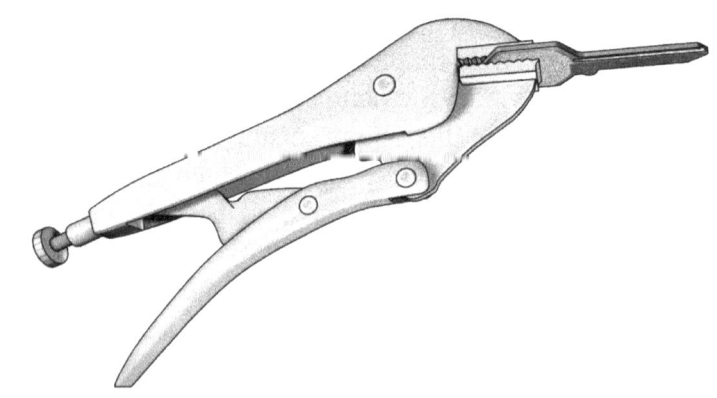

Rohling mit der Schraubzwinge greifen

Bei der Impressionstechnik geht es im Wesentlichen um die Vorbereitung des Schlosses, indem der Rohling markiert wird, sowie um die Vorbereitung der Markierungen und das Abfeilen des Rohlings, damit ein funktionsfähiger Schlüssel entsteht. Wenn Ihr Rohling vorbereitet ist und impressioniert werden

Impressionieren von Zylinderschlössern 155

kann, führen Sie ihn in das Schloss ein und nehmen einige dieser Markierungen vor. Bringen Sie die Schraubzwinge am Schlüsselgriff an. Schraubzwingen können sehr fest sitzen und den Schlüsselgriff zerkratzen. Das sind nicht die Markierungen, an denen wir interessiert sind. Führen Sie den Schlüssel gerade in das Schloss ein. Achten Sie darauf, keinen seitlichen Druck auf den Schlüssel auszuüben, während Sie ihn in den Schlüsselkanal einbringen.

Drehen Sie den Schlüssel so weit Sie können auf eine Seite. Üben Sie keine Drehkraft aus, wenn Sie Widerstand spüren, da diese Kraft ggf. zu den falschen Markierungen auf dem Schlüssel führt. Für die richtigen Markierungen müssen Sie den Schlüssel auf und ab bewegen, sobald er ganz auf eine Seite gedreht wurde.

Wenn der Schlüssel ganz auf eine Seite gedreht und mit dem richtigen Druck dort festgehalten wird, bindet einer der Stifte, während die anderen sich immer noch auf und ab bewegen können. Falls Sie sich nicht sicher sind, wie dies funktioniert, schlagen Sie im Kapitel mit den Informationen zu Stiftzylinderschlössern und den dort

Rohling vorsichtig einführen

aufgeführten Nachschließmethoden nach. Wenn Sie den Schlüssel gedreht halten und dann auf und ab bewegen, drücken Sie ihn gegen den bindenden Stift. Die Auf- und Abwärtsbewegungen auf diesen Stift sollte an der bindenden Stiftsäule zu den Markierungen auf dem Rohling führen.

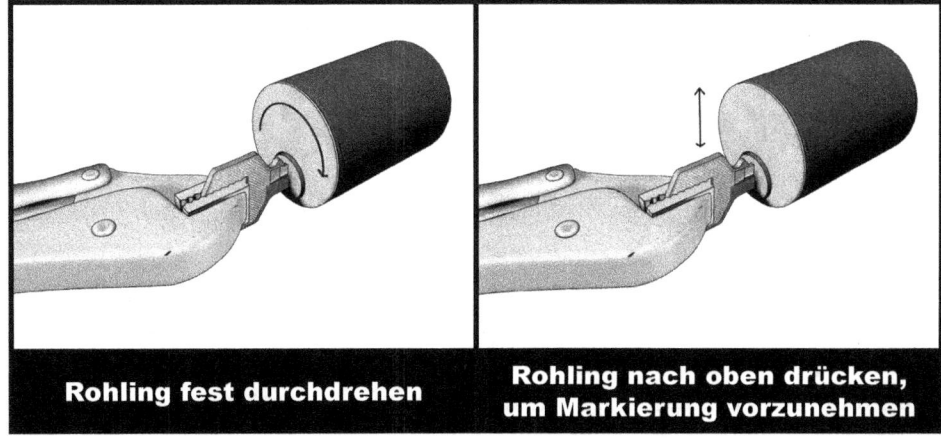
Rohling fest durchdrehen | **Rohling nach oben drücken, um Markierung vorzunehmen**

Sie können den Schlüssel mit dem gleichen Ergebnis auf die andere Seite drehen.

Rohling wieder in die andere Richtung drehen

Rohling nach oben drücken, um Markierung vorzunehmen

Wahrscheinlich bindet jedoch ein anderer Stift und die Auf- und Abwärtsbewegung hinterlässt eine Markierung für diesen zweiten Stift.

Wenn Sie den Schlüssel auf beide Seiten gedreht und auf jeder Seite auf und abwärtsbewegt haben, können Sie ihn aus dem Schloss ziehen. Während Sie den Schlüssel in das Schloss einführen und wieder aus dem Schloss abziehen, sollten Sie darauf achten, dass die Klinge nicht weiter markiert wird. Schauen Sie sich den Schlüssel jetzt gut an. Wie zu erwarten, entstehen je nach Konstruktion des Schlosses, d. h. Stift- oder Plättchenzylinderschloss, unterschiedliche Markierungen auf dem Schlüssel. Stiftzylinderschlösser hinterlassen in der Regel runde Markierungen, während bei Plättchenzylinderschlössern Streifen entstehen.

Beim Impressionieren ist es möglich, dass Sie jeweils nur ein oder zwei Markierungen sehen. Es ist dann ziemlich klar, dass Sie an diesen Stellen noch feilen müssen. Häufig sind Markierungen auf dem Schlüssel nur schwer zu erkennen. Diese wurden dann von Stiften oder Unebenheiten im Schloss hervorgerufen. Stiftsäulen, die ganz tiefe Einschnitte erfordern, hinterlassen zu Anfang auch nur ganz leichte Markierungen. Diese Markierungen werden mit der Zeit aber stärker, wenn der Rohling an diesen Stellen weiter abgeschliffen wird. Mit der richtigen Feiltiefe verschwinden diese Markierungen. Wenn Sie diese Stellen weiter abfeilen, entstehen diese Markierungen erneut. Es ist auch wahrscheinlich, dass lange Kratzer auf der

Impressionieren von Zylinderschlössern

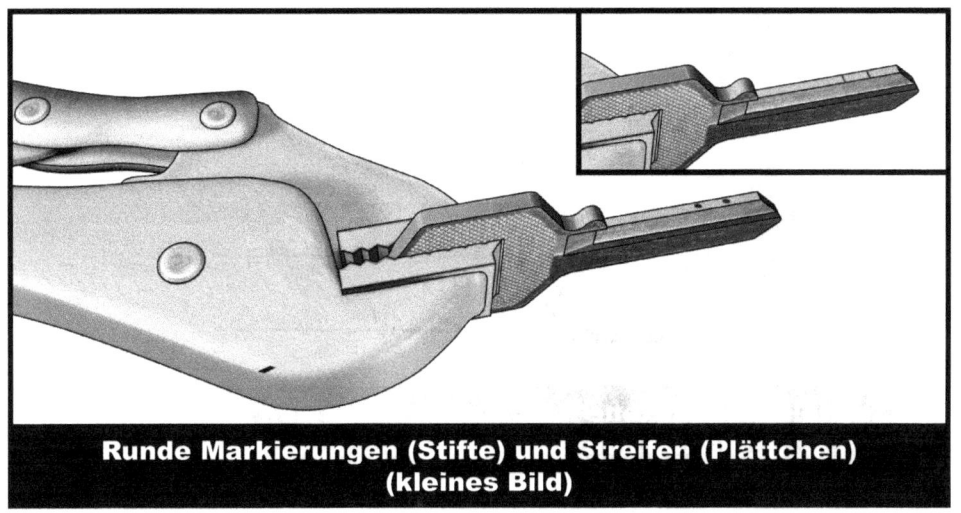

Runde Markierungen (Stifte) und Streifen (Plättchen) (kleines Bild)

Klinge entstehen, wenn die Stifte entlangrutschen, während der Schlüssel eingeführt und wieder abgezogen wird. Ignorieren Sie diese langen Kratzer und auch die schwachen Markierungen einfach. Konzentrieren Sie sich allein auf die auffälligen Markierungen auf dem Schlüssel, die auf die Stiftpositionen hinweisen.

Feilen Sie den Schlüssel an den Stellen, an denen sich die auffälligsten Markierungen befinden, weiter ab. An diesen Stellen haben die unteren Stifte gebunden. Dies bedeutet, dass der untere Stift die Scherlinie überquert hat. Die Kerbe muss tiefer sein, damit sich die Stiftsäule richtig absenken und trennen kann. Wenn Sie den Schlüssel abfeilen, sollten Sie einige wichtige Aspekte in Betracht ziehen: Feilen Sie nicht zu viel ab. Anderenfalls gehen Sie das Risiko ein, dass Sie die richtige Schlüsseltiefe verpassen und wieder von vorne anfangen müssen. Achten Sie zudem immer darauf, dass Sie

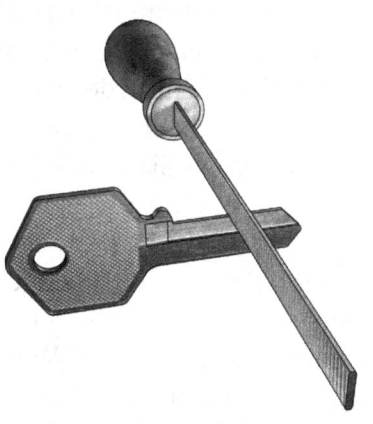

Markierungen leicht abfeilen

Stifte in die Rille hinein- und aus der Rille herausrutschen können, die Sie herstellen. Wenn die Seiten zu steil sind, besteht die Möglichkeit, dass die Stifte in der Rille hängenbleiben. Dies bedeutet, dass Sie den Schlüssel nicht aus dem Schloss ziehen können.

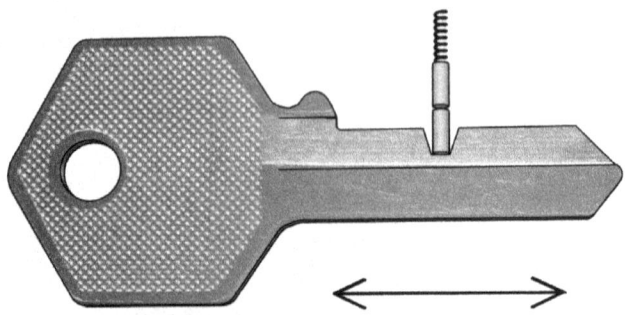

Zu steil geschnittene Kerben arretieren den Stift u. U. und halten den Schlüssel im Schloss fest

Versuchen Sie dann, immer mit einer polierten Oberfläche zu arbeiten, auf der eine weitere Markierung angebracht werden kann. Wenn Sie die Schlüsselkante messerartig abfeilen, achten Sie stets darauf, dass die Feilkante abgeschrägt ist.

Setzen Sie zu Beginn des Feilvorgangs einen Schnitt mit der scharfen Kante der Feile. Machen Sie sich zunächst keine Sorgen um die schrägen Seiten. Achten Sie erst einmal darauf, dass Sie an der richtigen Stelle feilen. Da die Markierung verschwindet, sobald Sie mit dem Feilen beginnen, sollten Sie eine Kerbe genau an der Stelle hinterlassen, an der die Markierung entstand. Diese Kerbe sollte schmal sein und genau auf der Markierung gesetzt werden. Feilen Sie nun Schrägen mit Ihrer Feile, in die die Stiftsäulen bei Einführen des Schlüssels hinein- und wieder herausrutschen können.

Es gibt Feilen mit einem quadratischen oder rechteckigen Querschnitt, sogenannte Flach- oder Vierkantfeilen. Mit diesen Feilen lassen sich die Kanten einfach in einem Winkel von 45° abfeilen. Andere Feilen wiederum haben einen sehr schmalen Querschnitt. In diesem Fall müssen Sie die Feile in beide Richtungen verkanten, um die Schräge zu erhalten. Wenn Sie eine Rundfeile verwenden, müssen Sie seitlichen Druck ausüben, damit die Schräge entsteht.

Da Sie den Schlüssel nur an einigen Stellen leicht abgeschliffen haben, sind Sie noch weit von der Herstellung eines funktionsfähigen Schlüssels entfernt. Der Prozess des Einführens des Schlüssels, der Auf- und Abbewegung,

Impressionieren von Zylinderschlössern 159

Gerade abfeilen und dann Schrägen schneiden

damit Markierungen entstehen, und des Abfeilens der Markierungen muss mehrere Male wiederholt werden. Bei jedem Feilvorgang sollte nur eine ganz geringe Menge Material abgetragen werden. Dazu reichen ggf. nur wenige Züge mit der Feile. Die Markierungen werden bei weiterem Abfeilen und Impressionieren immer stärker, bis sie schließlich verschwinden. Sobald keine Markierung mehr entsteht, hören Sie an der Stelle mit dem Abfeilen auf. Wenn Sie hier weiter feilen oder aus Versehen zu viel Material abtragen, werden die Markierungen nicht mehr zu sehen sein, da der obere Stift jetzt bindet und der untere Stift eine Markierung hinterlässt. Es ist besser, wenn man vorsichtig vorgeht und die Rille nicht zu tief setzt. Sie können immer weiter impressionieren und abfeilen, aber es ist viel schwieriger, wenn man wieder von vorne anfangen muss. Da Sie bei jedem Schritt immer nur wenig Material abtragen, können Sie sich vorstellen, dass das Impressionieren ziemlich lange dauert. Wie genau Sie vorgehen müssen, wird durch die Qualität und Toleranzen des Schlosses festgelegt.

Der Grund dafür, dass nur bestimmte Stiftsäulen Markierungen hinterlassen, liegt darin, dass diese Markierungen durch bindende Stifte entstehen. Im Kapitel über die Stiftzylinderschlösser wurde darauf hingewiesen, wie bei bestimmten Stiftsäulen die oberen Stifte zuerst binden, wenn Drehkraft angewandt wird. In diesem Fall schiebt der Rohling alle Stiftsäulen nach oben, daher bindet der untere Stift. Die bindenden Stiftsäulen werden in Position gehalten und führen zu den Markierungen, wenn der Schlüssel an ihnen entlanggeschoben wird. Die nicht bindenden Stifte bewegen sich ungehindert mit dem Schlüssel und hinterlassen keine Spuren. Wenn Sie an der Stelle eine Kerbe mit der richtigen Tiefe gesetzt haben, bindet der untere Stift nicht, sobald Drehkraft angewandt wird. Dies bedeutet, dass keine Markierung entsteht. Sie wissen nun, dass die Kerbe auf die richtige Tiefe gefeilt wurde. Ist dies der Fall, besteht die Möglichkeit, dass andere untere Stifte zu binden beginnen und zu einer Markierung führen, wenn der Schlüssel bewegt wird. Bedenken Sie jedoch, dass es nicht unbedingt heißt, dass die Kerbe die richtige Tiefe aufweist, nur wenn an einer bestimmten Stiftposition eine Markierung auftritt. Es kann einfach bedeuten, dass eine weitere Stiftsäule bindet. Wenn eine Stiftsäulenposition richtig abgeschliffen wurde, können weitere Säulen binden und Markierungen entstehen lassen. Vorsicht: Wenn Sie eine Kerbe zu tief abfeilen, bewegt sich der obere Stift über die Scherlinie hinweg und bindet mit Drehkraft ebenfalls. Dies bedeutet, dass erneut eine Markierung entsteht. Sie erhalten also eine Markierung, wenn die Kerbe zu tief und wenn sie zu flach ist. Leider sind die Markierungen in beiden Fällen nicht zu unterscheiden. Daher ist es so wichtig, dass Sie immer nur eine geringe Materialmenge abfeilen, damit Sie nicht aus Versehen die richtige Tiefe verpassen.

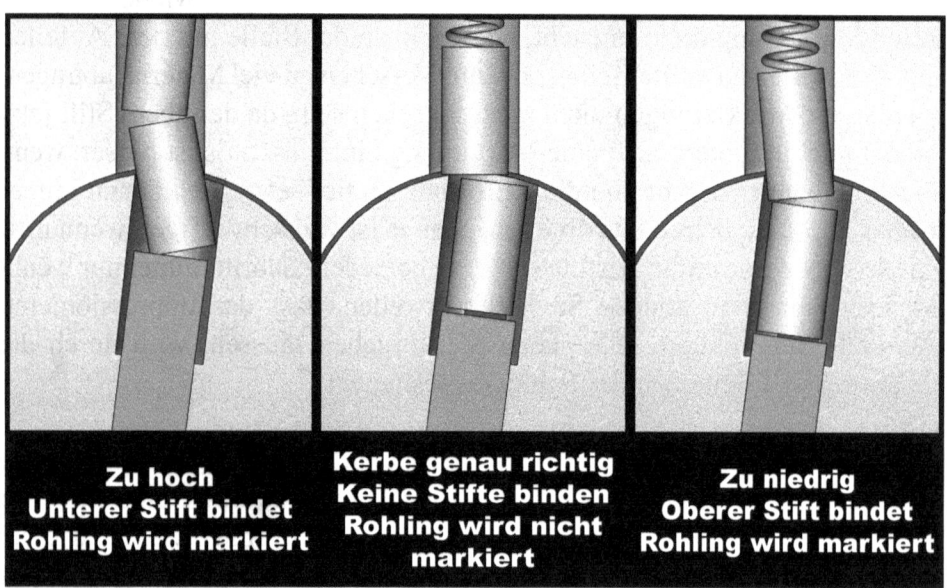

Zu hoch
Unterer Stift bindet
Rohling wird markiert

Kerbe genau richtig
Keine Stifte binden
Rohling wird nicht markiert

Zu niedrig
Oberer Stift bindet
Rohling wird markiert

Dasselbe gilt bei Plättchenzylinderschlössern. Markierungen entstehen, wenn das Plättchen zu stark oder auch nicht stark genug angehoben wird, da ein Teil des Plättchens, das aus dem Schlosskern herausragt, am Schlossgehäuse bindet. Diese Plättchen können entweder oben oder unten aus dem Schlosskern herausragen. Daher ist es – wie gesagt – wichtig, immer nur eine geringe Menge Material abzufeilen, damit Sie nicht die richtige Tiefe verpassen, wenn sich die Plättchen jeweils auf der richtigen Höhe befinden: d. h. wenn es nicht aus dem Kern herausragt, nicht bindet und daher auch

Impressionieren von Zylinderschlössern

keine Spur hinterlässt. Mit der Zeit werden Sie die Erfahrung haben, genau sagen zu können, wie viel Material Sie ohne Bedenken abfeilen können. Da Stifte und Plättchen in der Regel in Standardgrößen hergestellt werden, kann die Kerbe ohne Weiteres von einer Tiefe auf eine andere gefeilt werden. Wenn Sie diesen Prozess aber erst lernen, sollten Sie vorsichtig sein und nur wenig abfeilen, um Ihre Rohlinge nicht zu verschwenden und immer wieder von Neuem anfangen zu müssen.

Bei wiederholtem Impressionieren des Schlüssels werden Sie ggf. sehen, dass die Markierungen nicht immer an der tiefsten Stelle in der Rille erfolgen. In diesem Fall befindet sich Ihre Rille u. U. nicht an der richtigen Stelle und Sie müssen seitlich weiterarbeiten. Daher ist besondere Vorsicht geboten, damit Sie die Rille nicht aus Versehen tiefer ausfeilen. Achten Sie darauf, dass der Druck beim Feilen nur auf die Seiten gerichtet ist, die verschoben werden müssen.

Konzentrieren Sie sich auf die stärkste Markierung. Unter Umständen entstehen mehrere schwache Markierungen auf dem Schlüssel und Sie können das Schloss trotzdem entsperren. Es ist jedoch auch möglich, dass Sie wenige schwache Markierungen haben und der Schlüssel nicht funktioniert. Manche dieser Markierungen sind wahrscheinlich einfach aufgrund von Unebenheiten im Schloss entstanden, während andere auf die Positionen tiefer Einschnitte im Schlüssel hinweisen. Der Schlüssel sollte an diesen Stellen poliert und erneut impressioniert werden. Wenn Sie wieder eine Markierung sehen, erhöht sich dadurch die Wahrscheinlichkeit, dass es sich hierbei tatsächlich um eine gültige Markierung handelt. Bevor Sie mit dem Abfeilen der Rille in dieser Position jedoch beginnen, sollten Sie die Tiefe und Position der vorhandenen Rillen mit einer Messlehre erfassen. Der Schlüssel kann dann einfacher bis zu diesem Punkt neu gefertigt werden, damit Sie nicht ganz von vorne beginnen müssen. Oder nehmen Sie einfach einen weiteren Rohling und feilen ihn direkt auf dieselben Tiefen. Wenn Sie es mit einem Schloss zu tun haben, das über mehr als 2 Stifte verfügt, können Sie falsche Markierungen am einfachsten dadurch umgehen, indem Sie überprüfen, ob diese Markierungen mit den schon gefeilten Markierungen übereinstimmen. Der Abstand zwischen den Stiftsäulen ist fast immer gleich. Die Markierungen auf dem Schlüssel sollten daher gleichmäßig von einander entfernt sein. Sie können die Stiftsäulen in einem Schloss mit einem regulären Nachschließwerkzeug zählen. Wenn Sie mindestens

2 Rillen und deren Position ermittelt haben, können Sie aufgrund ihrer Positionen erkennen, welche Markierungen falsch sind. Dieser Sachverhalt ist besonders dann hilfreich, wenn Sie versuchen, ein Schloss mit zahlreichen Stiften zu impressionieren.

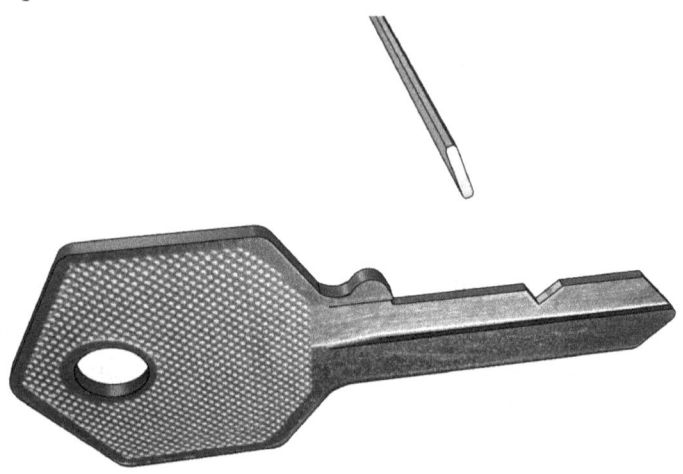

Markierung auf der Seite der Rille

Wie beim Nachschließen eines Zylinderschlosses müssen Sie beim Impressionieren daran denken, nicht zu viel Drehkraft auf den Schlüssel auszuüben. Bei zu viel Drehkraft binden zu viele Stiftsäulen. Die konstant einwirkende Kraft führt zudem dazu, dass Materialschwäche an der Raute eintritt und der Schlüssel abbricht. Das ist ziemlich frustrierend und nur dann von Nutzen, wenn Sie eine Ausrede benötigen, um mit Ihrem Ziehwerkzeug zu üben. Sie sollten ungeachtet dessen für den Fall beim Impressionieren aber immer ein Ziehwerkzeug bereithalten. Achten Sie auch auf Risse, die eventuell unten in der Raute entstehen können. Wenn Sie Risse erkennen können, kopieren Sie die Form des Schlüssels auf einen neuen Rohling, bevor der Schlüssel zerbricht.

Wenn Sie versuchen, den Schlüssel erneut zu impressionieren, sollten Sie das Schloss erfolgreich öffnen können. Gratulation, wenn dies der Fall ist! Sie haben soeben einen Schlüssel für Ihr Schloss impressioniert. Der Schlüssel kann nun allein verwendet werden oder Sie können die Stifttiefe mit einer Messlehre ablesen und einen richtigen Schlüssel fachmännisch herstellen.

Impressionieren – Beispiel

Gehen Sie wie folgt vor, um einen Schlüssel zu impressionieren. Dieses Beispiel überspringt nur die Schritte, die sich immer wiederholen und nur dem tieferen Abfeilen dienen.

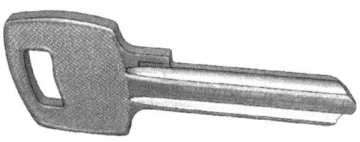

1
Wählen Sie den Rohling, der genau in das Schlüsselloch passt. Er muss die richtige Länge und Form aufweisen, dass er den Schlüsselkanal füllt.

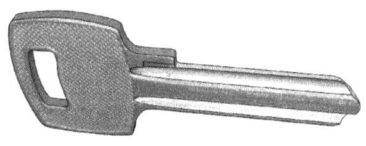

2
Polieren Sie die Oberfläche mit einer Feile. Feilen Sie nicht zu viel ab. Glätten Sie nur die Unebenheiten auf der Schlüsseloberfläche aus.

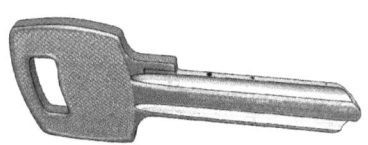

3
Führen Sie den Schlüssel in das Schloss und drücken Sie ihn gegen die Stifte. In diesem Beispiel erscheinen 3 Markierungen auf dem Rohling. Die stärkste Markierung befindet sich in nächster Nähe zur Raute. Beginnen Sie mit dem Abfeilen also dort.

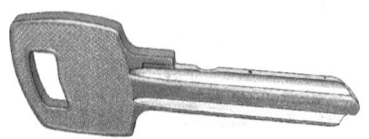

4
Feilen Sie eine Rille an dieser Position. Die Seitenwände sollten nicht ganz so steil sein und die Rille selbst nicht allzu tief. Polieren Sie die Oberfläche der Rille, so dass weitere Markierungen an dieser Position zu erkennen sind.

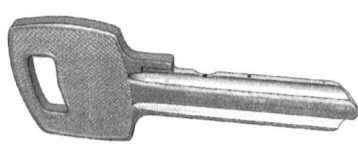

5
Impressionieren Sie den Schlüssel erneut und überprüfen Sie ihn. Eine größere und stärkere Markierung zeigt sich in der Mitte der Rille. Diese Markierung reicht aus, um als letzte Markierung an dieser Position betrachtet zu werden.

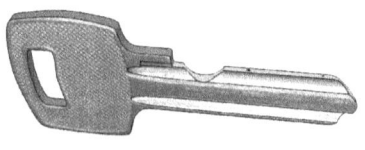

6
Feilen Sie die Rille an der markierten Position etwas tiefer und breiter. Dieser Prozess des Impressionierens und Feilens sollte mehrere Male wiederholt werden.

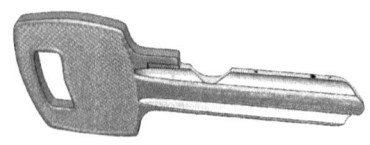

7
Impressionieren Sie den Schlüssel erneut. Die Markierung in der Rille ist nicht mehr zu erkennen. Anstatt dessen ist eine stärkere Markierung in der Nähe der Schlüsselspitze zu sehen.

Impressionieren von Zylinderschlössern Beispiel

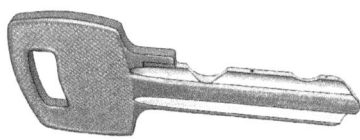

8
Feilen Sie eine Rille an der Position, an der die Markierung entstanden ist. Wiederholen Sie den Prozess des Impressionierens und Feilens mehrere Male.

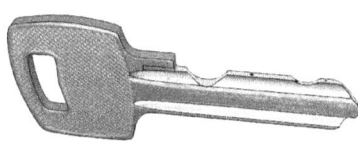

9
Nach einem weiteren Impressionierschritt ist eine sehr starke Markierung entlang der Seitenwand der zweiten Rille zu sehen. Die Markierung ist so stark, dass man vermuten möchte, dass die richtige Tiefe bald erreicht ist.

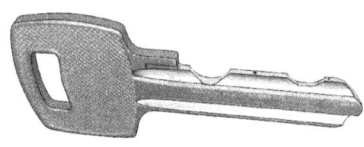

10
Vertiefen Sie diese Rille nicht. Anstatt dessen verbreitern Sie die bestehende Rille. So wird der Schlüssel unter die neue Markierung gebracht, ohne die ganze Rille zu vertiefen.

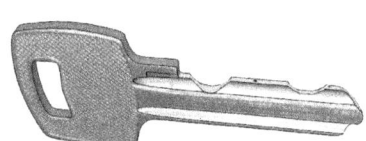

11
Nach einem weiteren Impressionierschritt mit dem Schloss bleiben nur zwei schwache Markierungen auf dem Schlüssel. Aber das Schloss öffnet sich nicht. Eine der leichten Markierungen befindet sich in der Mitte zwischen den beiden Rillen. Da sich die Stifte in der Regel im gleichen Abstand zueinander befinden, bedeutet dies, dass die mittlere Markierung wahrscheinlich echt ist.

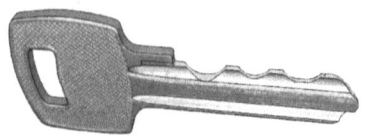

12
Feilen Sie eine flache Rille unter der mittleren Markierung. Impressionieren und feilen Sie mehrere Male.

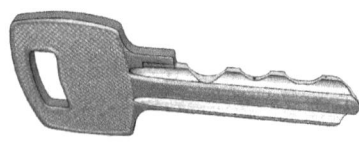

13
Impressionieren Sie den Schlüssel erneut. Eine stärkere Markierung in der mittleren Rille zeigt sich auf dem Schlüssel. Feilen Sie noch ein wenig tiefer.

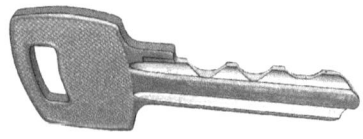

14
Verbreitern und vertiefen sie die Stiftrille. Polieren Sie den Schlüssel, damit die Markierungen besser zu erkennen sind.

Impressionieren von Zylinderschlössern Beispiel

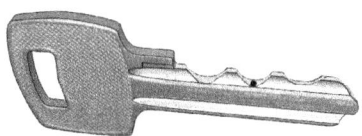

15
Impressionieren Sie den Schlüssel erneut. In der mittleren Rille ist eine starke Markierung zu sehen. Da diese Markierung so stark ist, sollten Sie jetzt nicht zu weit abfeilen.

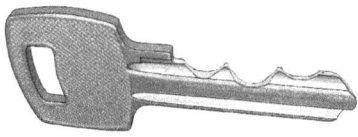

16
Ist die Rille jetzt etwas tiefer und breiter, polieren Sie den Schlüssel, um ihn später zu impressionieren.

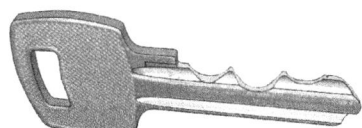

17
Das Schloss öffnet sich, während Sie versuchen, den Schlüssel zu impressionieren. Ziehen Sie den Schlüssel ab, es ist jedoch noch eine leichte Markierung von der ersten Impressionierung zu sehen. Hierbei handelt es sich um eine falsche Markierung, die nicht weiter beachtet werden muss.

8

Kombinations-
schlösser

Kombinationsschlösser

Kombinationsschlösser sind praktisch, da kein Schlüssel erforderlich ist, um sie zu öffnen. Kein Schlüssel, den man vergessen oder gar verlieren kann. Sie werden zudem gerne von Einrichtungen eingesetzt, in denen sonst unzählig viele Schlüssel und entsprechende Schlösser notwendig wären. Des Weiteren können alle Kombinationen problemlos aufgezeichnet und Schlössern angepasst werden, wenn diese neuen Benutzern zugewiesen werden. Die Kombination kann auch Gästen zugänglich gemacht und bei Bedarf nach mehr Sicherheit wieder geändert werden. Kombinationsschlösser sind als kostengünstige Bügelschlösser bis hin zu Tresorschlössern in Hochsicherheitsbereichen in zahlreichen unterschiedlichen Ausführungen zu finden. Da sie nicht wie ein Schloss mit Schließzylinder nachgeschlossen werden können, sind hochwertige Kombinationsschlösser gute Sicherheitsalternativen.

Funktionsweise

Die einfachste Methode, Schlösser dieser Art zu entsperren, besteht darin, die Zahlenkombination herauszufinden. Sie ist häufig irgendwo notiert oder Sie müssen nur die richtige Person fragen. Ist weder das eine noch das andere möglich, müssen Sie das Schloss halt außer Gefecht setzen. Dazu sollten Sie sich erst mit der Funktionsweise vertraut machen. Schauen wir uns daher eine stark vereinfachte Version eines Kombinationsschlosses an, das einem Kombinationsbügelschloss ähnelt.

Eine Sperrscheibe

Beachten Sie die sich bewegenden Teile in diesem Schloss. In diesem Bild spielen die Sperrscheibe, der Sperrzapfen, die Zuhaltung und der Bügel eine wichtige Rolle für die Funktionsweise des Schlosses. In der Mitte der *Sperrscheibe* befindet sich eine Öffnung Durch diese Öffnung führt die Achse, um die sich die Scheibe dreht. Der *Sperrzapfen* und die *Zuhaltung* drehen sich ebenfalls, und zwar um einen Stift. Zudem sind sie federbelastet. Dieses Schloss ist so konzipiert, dass der Sperrzapfen in der Regel in eine Kerbe im Bügel einrastet. Das Bügelschloss bleibt verschlossen, indem der Bügel am Schlosskörper in Position gehalten wird. Wenn Sie am Bügel

Kombinationsschlösser Funktionsweise

ziehen, schieben sich der Regel und die Zuhaltung gegen die Sperrscheibe. Die Sperrscheibe verhindert die Bewegung der Zuhaltung, welche wiederum den Sperrzapfen fest im Bügel und das Bügelschloss gesperrt hält. Wird diese Sperrscheibe nach rechts bewegt, richtet diese Bewegung eine *tiefe Kerbe in der Sperrscheibe* mit der Zuhaltung aus, so dass der Zapfen und der Sperrzapfen dort hineinrutschen können. So kann sich der Bügel lösen und öffnen.

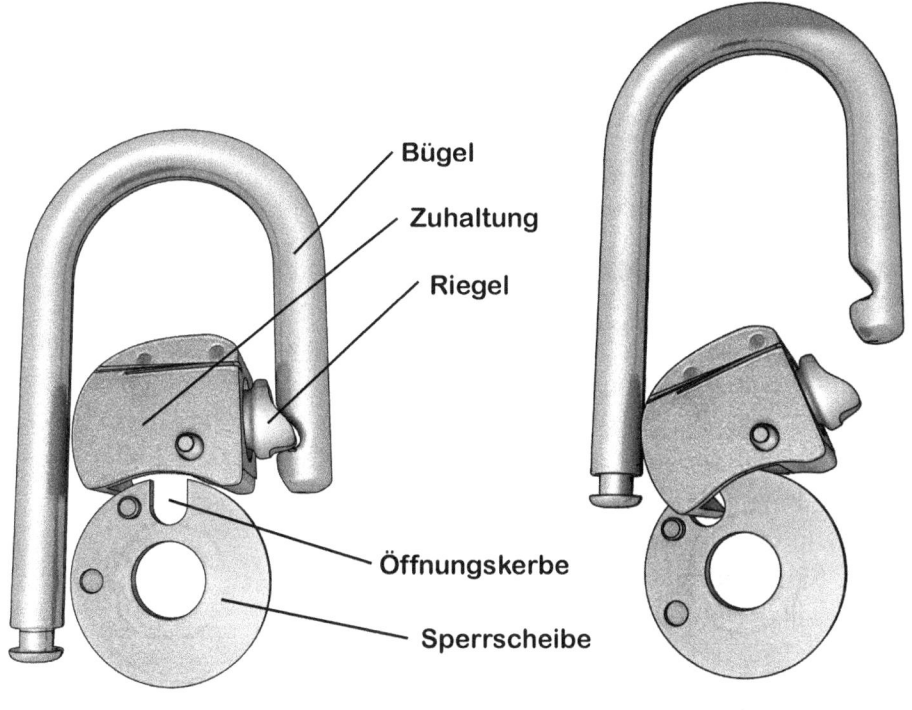

Geschlossen - Nur eine Sperrscheibe   **Offen - Zuhaltung ist an Öffnungskerbe ausgerichtet**

Nur wenn die Sperrscheibe in die richtige Position gedreht wird, öffnet sich das Schloss. Stellen Sie sich nun eine Blende vor, die an dieser Sperrscheibe angebracht und mit Zahlen gekennzeichnet ist. Um das Schloss zu öffnen, würden Sie die Scheibe auf die richtige Zahl drehen müssen. Dies ist die Funktionsweise eines einfachen Kombinationsschlosses mit nur einer Zahl als Kombination.

Es ist offensichtlich, dass das Kombinationsschloss in unserem Beispiel ohne Weiteres geknackt werden könnte. Drehen Sie einfach die Sperrscheibe und ziehen Sie am Bügel. Durch die auf den Bügel angewandte Kraft wird die Zuhaltung gegen die Sperrscheibe gedrückt. Drehen Sie die Sperrscheibe, bis die Kerbe an der Sperrscheibe mit der Zuhaltung ausgerichtet ist. Ist dies der Fall, schiebt sich die Zuhaltung in die Kerbe und das Schloss öffnet sich. Dieses Schloss muss also unbedingt noch verbessert werden.

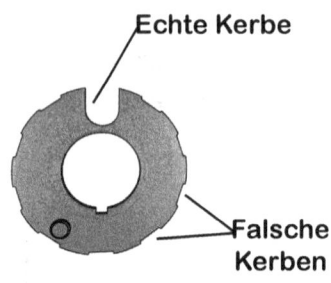

Aus diesem Grund sind die Sperrscheiben in der Regel nicht glatt, wie oben in unserem Beispiel beschrieben. Wäre die Sperrscheibe wirklich glatt und würde sie nur über eine einzige Kerbe verfügen, wäre es ein Kinderspiel, die richtige Kombination für das Schloss herauszufinden. Daher werden die Frontsperrscheiben in Kombinationsschlössern in der Regel mit einem besonderen Design konzipiert. Sie verfügen nur über eine echte Kerbe, haben aber auch zahlreiche falsche Kerben. So kann sich die Blende nicht drehen, wenn die Zuhaltung wie oben beschrieben in die Sperrscheibe gedrückt wird. Diese Modifikation erschwert die Ermittlung der Kombination durch Ziehen am Bügel und Drehen der Sperrscheibe. Viele Schlösser haben zwischen 9 und 11 falsche Kerben und nur eine echte Kerbe. Einige billigere Versionen sind aber neben der echten Öffnungskerbe nur mit einer speziellen falschen Kerbe ausgestattet.

Vielleicht fragen Sie sich jetzt, wie die Zuhaltung, die den Sperrzapfen umfasst, nicht in einer dieser Kerben hängenbleibt, während die Blende und die vordere Sperrscheibe gedreht werden. Solange wir aber nicht am Bügel ziehen, berührt die Zuhaltung keine der Sperrscheiben im Schloss. Eine Feder an der Zuhaltung dreht diese nach oben und hält sie von den Sperrscheiben weg.

Dieses Kombinationsschloss mit einer Sperrscheibe wäre auch mit falschen Kerben immer noch sehr einfach zu knacken. Man muss nur jede Kerbe ausprobieren. Aus diesem Grund umfassen Kombinationsschlösser nie nur eine Sperrscheibe. Um das Öffnen durch Unbefugte zu verhindern, werden mehrere Sperrscheiben hinzugefügt. Die meisten Kombinationsschlösser verfügen über so viele Scheiben wie Zahlen in der Kombination. Die

Kombinationsschlösser Eine Sperrscheibe

Zuhaltung in einer falschen Kerbe

Zuhaltung dreht sich in die echte Kerbe

häufigsten Kombinationsschlösser öffnen sich mit einer Kombination aus 3 Zahlen und umfassen somit 3 Sperrscheiben. Jede Sperrscheibe hat eine Kerbe. Dies bedeutet, dass alle Sperrscheiben richtig positioniert sein müssen, damit sich die Zuhaltung drehen und den Bügel freigeben kann. Die vordere Sperrscheibe ist in der Regel direkt mit der sich drehenden Blende des Schlosses verbunden, auf der Zahlen in einem Kreis notiert sind.

Auch bei Verwendung mehrerer Sperrscheiben sind falsche Kerben erforderlich. Ansonsten könnte man einfach am Bügel oder Sperrzapfen

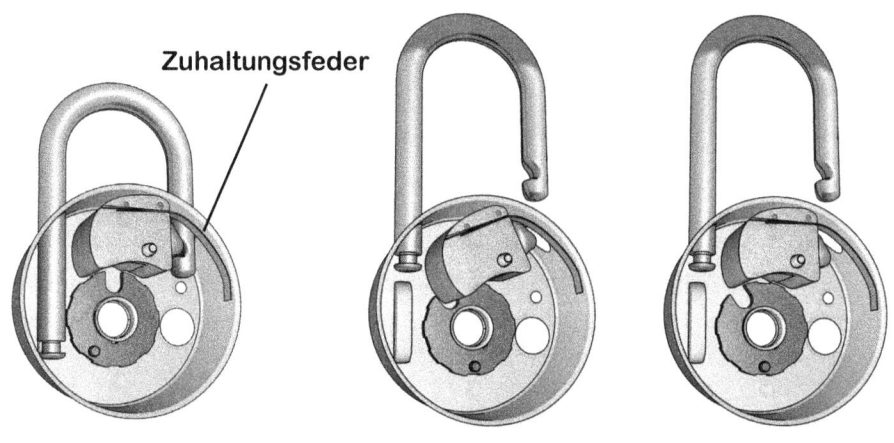

Zuhaltungsfeder hält die Zuhaltung von den Sperrscheiben weg

ziehen, während man die Sperrscheibe dreht. So würde die Zuhaltung an die sich drehenden Sperrscheibe(n) gedrückt. Der Kontakt der Zuhaltung mit der Öffnungskerbe könnte dann einfach ertastet und ein Teil der Zahlenkombination ermittelt werden. Die falschen Kerben befinden sich in der Regel nur in der vorderen Sperrscheibe und die Verzahnung der Sperrscheibe reicht über die anderen Scheiben heraus. So bleibt die Zuhaltung hängen, wenn bei sich drehender Sperrscheibe Druck ausgeübt wird.

Zwei Sperrscheiben

Wir fügen nun eine zweite Sperrscheibe hinzu, um die Sache etwas komplizierter zu machen.

Die Sperrscheiben werden nun mithilfe von *Abstandshaltern* in einem gewissen Abstand zueinander gehalten. Diese Zwischenscheiben verhindern, dass sich die Sperrscheiben berühren und stören. Die Sperrscheiben und Abstandshalter werden häufig mit einer Feder zusammengehalten. Die Sperrscheiben drehen sich um einen Stift in der Öffnung in der Mitte, während sich die Abstandshalter nicht bewegen. Die Feder sorgt zudem für etwas Reibung zwischen den Sperrscheiben und Abstandshaltern, welche die Sperrscheiben in Position hält, wenn sie an die richtige Stelle gedreht werden.

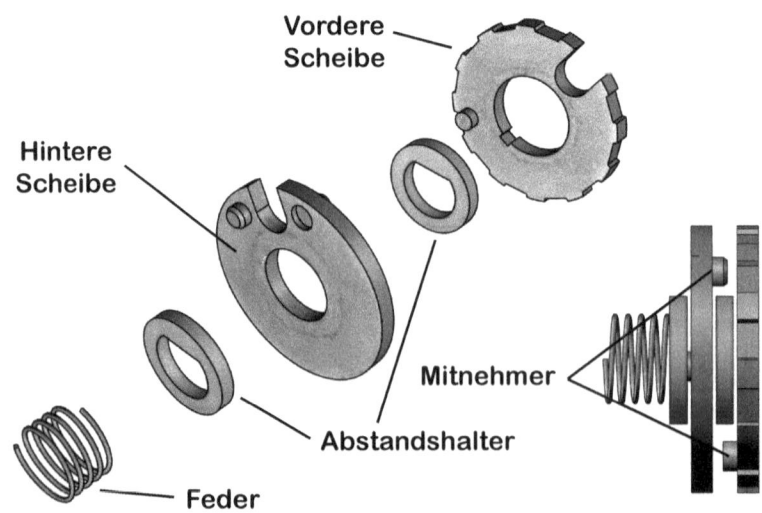

Teile des Kombinationsschlosses – zwei Sperrscheiben

Kombinationsschlösser Zwei Sperrscheiben **175**

Die Abstandshalter sind notwendig, weil verhindert werden soll, dass die Bewegung einer Sperrscheibe dazu führt, dass sich die nächste Sperrscheibe ebenfalls bewegt. Der Stift und die Abstandshalter sind so konzipiert, dass der Stift in Position bleibt und am Schlosskörper befestigt ist. Die Abstandshalter auf dem Stift können sich nicht drehen.

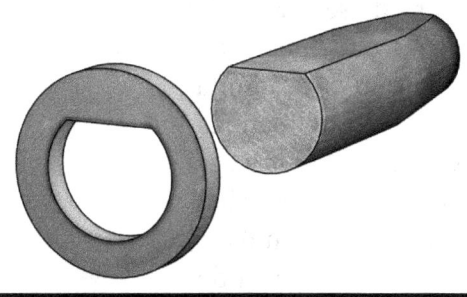

Abstandshalter dreht sich nicht

So wird die Drehbewegung nicht von einer Sperrscheibe auf eine andere übertragen.

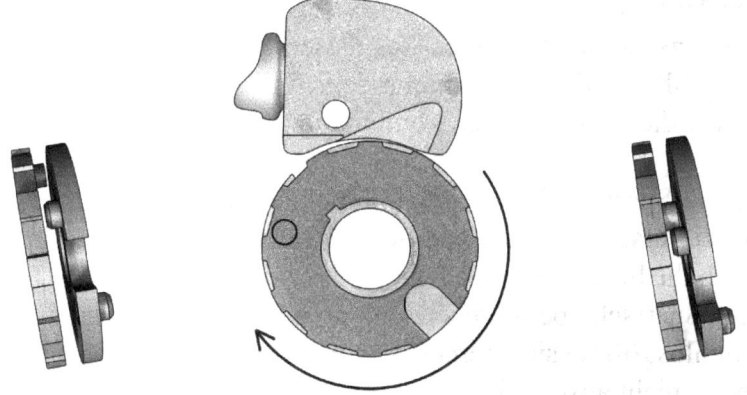

Schloss durch mehrmaliges Drehen zurücksetzen (damit die Mitnehmer greifen)

Was wir bisher beschrieben haben, sind einfache Sperrscheibenkonstruktionen, bei denen der Benutzer die Blende und die vordere Sperrscheibe dreht, ohne dass dabei die hintere Sperrscheibe bewegt wird. Damit das Schloss funktionieren kann, müssen die Sperrscheiben über *Mitnehmer* verfügen. Bei Mitnehmern handelt es sich um kleine Vorsprünge an den Seiten der Sperrscheiben. Wenn diese Vorsprünge aneinander ausgerichtet sind, findet ein Kontakt statt. Jegliche weitere Drehbewegungen der vorderen Scheibe führen dazu, dass auch die hintere Scheibe über diese Mitnehmer gedreht wird.

Die Mitnehmer berühren sich u. U. nicht immer. Wenn Sie die vordere Scheibe jedoch einmal ganz im Uhrzeigersinn drehen, greift der Mitnehmer dieser Scheibe den Mitnehmer der nächsten bestimmt. Da Kombinationsschlösser in der Regel über drei Sperrscheiben verfügen, müssen Sie die Blende in der Regel zuerst zweimal drehen. So wird sichergestellt, dass alle Mitnehmer in Kontakt stehen. So lassen sich bei Drehen der Blende

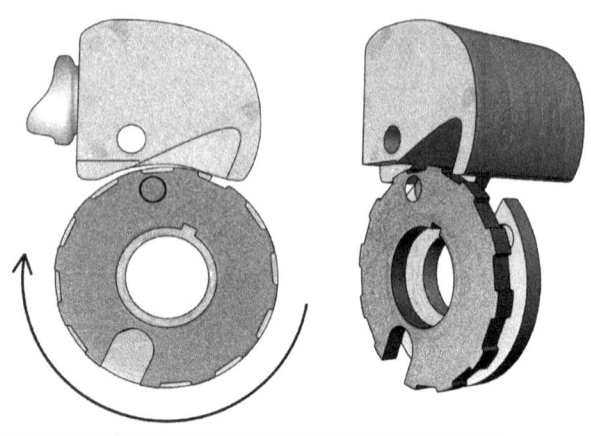

Hintere Scheibe gesetzt

auch alle Sperrscheiben bewegen. Aus diesem Grunde umfassen die Anleitungen für Schlösser dieser Art immer den Hinweis, die Blende zweimal zu drehen, bevor die erste Zahl der Kombination gesetzt wird.

Wenn Sie die Sperrscheiben einmal zurückgesetzt haben, können Sie die Blende bis zur ersten Zahl drehen. Sobald Sie die erste Zahl gesetzt haben, befindet sich die hintere Sperrscheibe in ihrer richtigen Position. Die Kerbe der hinteren Sperrscheibe sollte jetzt mit dem Sperrzapfen ausgerichtet sein. Aber das Schloss öffnet sich immer noch nicht, da die Kerbe an der vorderen Scheibe noch nicht ausgerichtet ist.

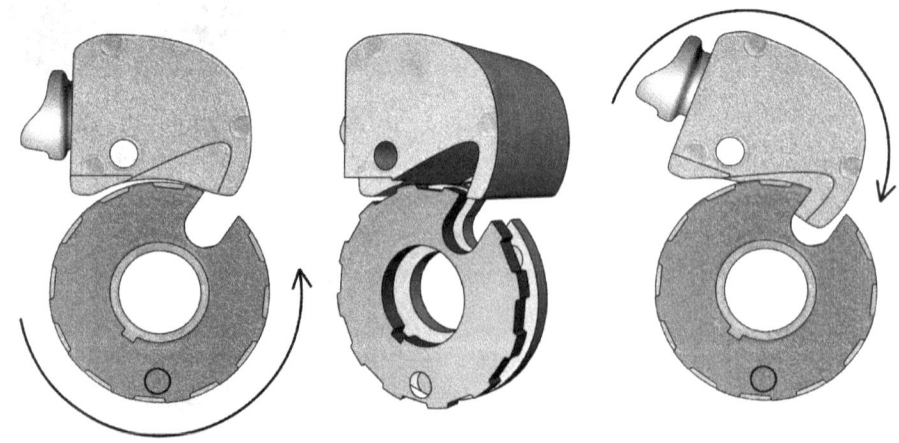

Beide Scheiben gesetzt   **Das Schloss öffnet sich!**

Kombinationsschlösser Drei Sperrscheiben

Sie müssen jetzt einfach die vordere Scheibe in die richtige Position drehen. Wenn Sie die vordere Scheibe im Uhrzeigersinne drehen würden, würde sich dadurch die hintere Scheibe verschieben. Wenn Sie die vordere Scheibe in die entgegengesetzte Richtung drehen, löst sich der Mitnehmer und lässt die hintere Scheibe in Position. Sie dürfen die vordere Scheibe nicht mehr als eine volle Umdrehung drehen. Ansonsten greift der Mitnehmer wieder von der anderen Seite. Drehen Sie die Scheibe nur bis zur richtigen zweiten Zahl. Jetzt sind die Kerben der beiden Scheiben mit dem Sperrzapfen ausgerichtet und das Schloss lässt sich öffnen.

Drei Sperrscheiben

Die meisten Kombinationsschlösser verfügen der höheren Sicherheit wegen über drei Sperrscheiben. Jetzt fügen wir eine dritte Sperrscheibe hinzu und schauen uns einmal an, wie dieses Prinzip funktioniert:

Auch beim Öffnen von Kombinationsschlössern mit drei Sperrscheiben müssen Sie mit der Drehung im Uhrzeigersinn beginnen, bis alle Mitneh-

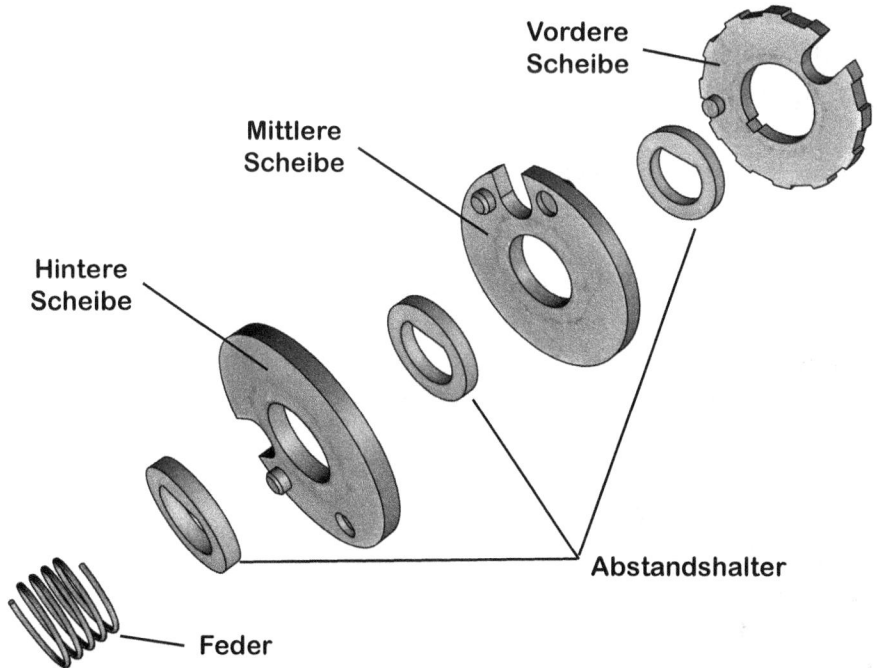

Teile des Kombinationsschlosses – drei Sperrscheiben

mer greifen. Dies bedeutet, dass Sie eine Drehung benötigen, um sicherzustellen, dass der Mitnehmer der vorderen Scheibe die mittlere Scheibe greift, und dann eine weitere Umdrehung, damit gewährleistet ist, dass die mittlere Scheibe die hintere Scheibe greift. Drehen Sie dann weiter im Uhrzeigersinn, bis

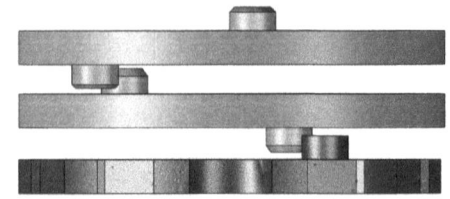

Scheiben zurücksetzen – alle Mitnehmer greifen

Sie die erste Zahl erreichen. An dieser Stelle ist die Kerbe der hinteren mit dem Sperrzapfen ausgerichtet. Die erste Zahl steht fest und die erste Scheibe ist fertig eingestellt. Jetzt setzen Sie die mittlere Scheibe. Diese muss über den Mitnehmer an der vorderen Sperrscheibe gedreht werden, welche an der Blende befestigt ist. Wenn Sie die Wählscheibe weiter im Uhrzeigersinne drehen würden, würde sich dadurch die hintere Scheibe weiter verschieben und ihre Position verlassen. Aus diesem Grund müssen Sie jetzt eine ganze Umdrehung entgegen dem Uhrzeigersinn vornehmen, damit der Mitnehmer auf der vorderen Scheibe den Mitnehmer auf der anderen Seite der mittleren Scheibe greift. Jetzt können Sie die mittlere Sperrscheibe entsprechend entgegen dem Uhrzeigersinn drehen, um sie in die richtige Position zu bringen, wo die Kerbe auch mit dem Sperrzapfen ausgerichtet ist. Darum heißt es in den Anleitungen für diese Schlösser immer, dass Sie nach Setzen der ersten Zahl die Blende einmal ganz entgegen dem Uhrzeigersinn drehen müssen, bevor Sie sie auf die zweite Zahl einstellen. Jetzt befinden sich die hintere und mittlere Sperrscheibe in Position. Nur die vordere Scheibe hält den Sperrzapfen in Position und das Schloss gesperrt. Wie bevor muss sich das vordere Rad in die entgegengesetzte Richtung drehen, was jetzt wieder im Uhrzeigersinn erfolgen muss, denn der Mitnehmer der vorderen Scheibe darf die Position der mittleren Scheibe nicht verändern. Da sich die Blendenbewegung direkt auf die vordere Scheibe auswirkt, können Sie sie problemlos ohne eine volle Umdrehung auf die richtige Position bringen. Wenn Sie sie mehr als eine volle Umdrehung drehen, würden Sie die mittlere Scheibe stören. Der Grund hierfür ist, dass die Mitnehmer da wieder greifen. Die Position der Kerbe auf der hinteren Scheibe ist mit der ersten Zahl der Kombination verknüpft. Die Position der Kerbe auf der mittleren Scheibe entspricht der zweiten Zahl und die Position der vorderen, mit der Blende verbundenen Scheibe der dritten und letzten Zahl in der Kombination.

Kombinationsschlösser Drei Sperrscheiben **179**

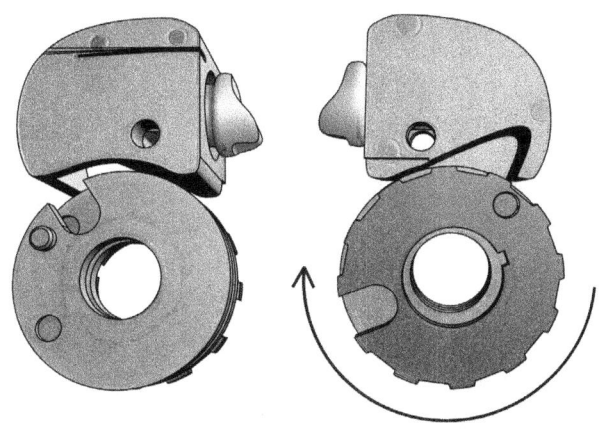

1. Zahl – hintere Scheibe gesetzt

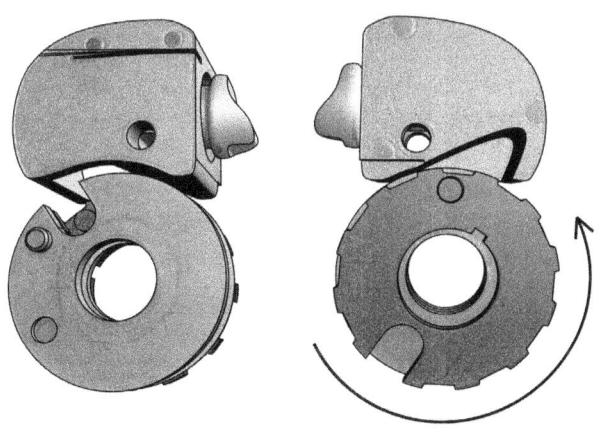

2. Zahl – hintere und mittlere Scheibe gesetzt

Sie sollten sich jetzt also gut vorstellen können, wie das Schloss funktioniert. Es gibt aber noch einige Kleinigkeiten, die dieses Bild vervollständigen.

Schauen wir uns einmal die Schnittansicht des Sperrzapfens und der Zuhaltung an. Zu beachten ist hier, dass der Sperrzapfen federbelastet ist. Und der Stift, der durch die Öffnung ragt, verhindert, dass sich der Sperrzapfen aus dem Gehäuse löst. Dieser Stift bildet nicht nur die Achse für das Gehäuse, er stabilisiert auch den gesamten Aufbau. Der Sperrzapfen und die Zuhaltung selbst sind federbelastet, damit sich der Bügel schließen kann, ohne die Kombination einzustellen. Der Bügel kann somit einfach in das Schloss geschoben werden. Der Sperrzapfen rutscht dabei lediglich zurück. Bei Einführung springt der Sperrzapfen in die Kerbe im Bügel und arretiert ihn. Ältere und minderwertige Schlösser können einfach geöffnet werden, indem Sie einen dünnen Stab in das Schloss schieben, um den Sperrzapfen in das Gehäuse zu drücken, damit sich der Bügel öffnen kann. Für diesen Zweck sind spezielle Shims oder Einstellplättchen im Handel erhältlich. Sie müssen sehr dünn und kräftig sein. Hochwertigere Schlösser haben dank moderner Fertigungsmethoden aber immer engere Toleranzen, um diese primitive Art der Schlossöffnung zu verhindern.

Schauen wir uns jetzt einmal in dieser Abbildung alle Komponenten des Kombinationsschlosses zusammen an. Sie sollten jetzt ein klares Verstänndis der Funktionsweise eines Kombinationsschlosses haben. Wir empfehlen Ihnen, mehrere Kombinationsschlösser zu erwerben, damit Sie eines auseinanderbauen und mit den anderen üben können. Häufig ist es am einfachsten, bei einem dieser Schlösser die Metallabdeckung abzustemmen, mit der die Rückplatte am Schloss befestigt ist.

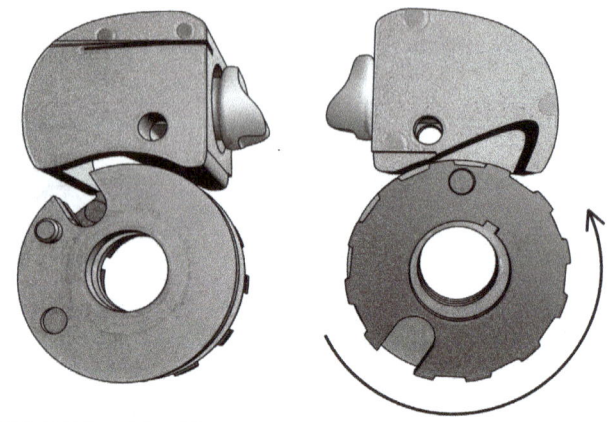

2. Zahl – hintere und mittlere Scheibe gesetzt

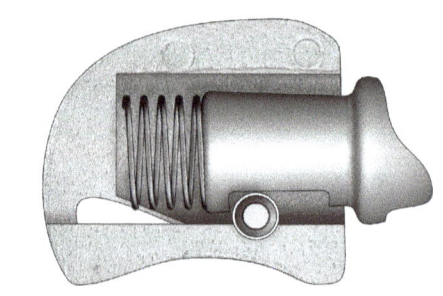

Federbelasteter Zapfen in der Zuhaltung

Knacken von Kombinationsschlössern

Sie können jetzt mit dem Erlernen der Fähigkeiten anfangen, die Ihnen dazu verhelfen werden, zahlreiche gewöhnliche Kombinationsbügelschlösser ohne vorheriges Wissen um den Zahlencode zu öffnen. Diese Methode gilt jedoch u. U. nicht für bessere, kompliziertere und teurere Schlösser. Der Grundgedanke besteht darin, Ihnen die Ermittlung der richtigen Zahlenkombination zu einfach wie möglich zu machen. Diese Kombinationsschlösser verfügen in der Regel auf der Blende über 40 Zahlen und umfassen 3 Sperrscheiben, d. h. die Kombinationen bestehen aus 3 Zahlen. Theoretisch gibt es bei 3 Zahlen und 40 Möglichkeiten jeweils 40 x 40 x 40 = 64.000 mögliche Kombinationen. Es würde ziemlich

Kombinationsschlösser Knacken

lange dauern, wenn wir jede einzeln ausprobieren würden. Machen Sie sich aber keine Sorgen. Um das Schloss zu öffnen, brauchen wir nicht jede Kombination einzeln auszuprobieren. Wir geben Ihnen Methoden zur Hand, damit Sie wissen, welche Kombinationen Sie ausprobieren, um die richtige Kombination viel schneller ermitteln zu können.

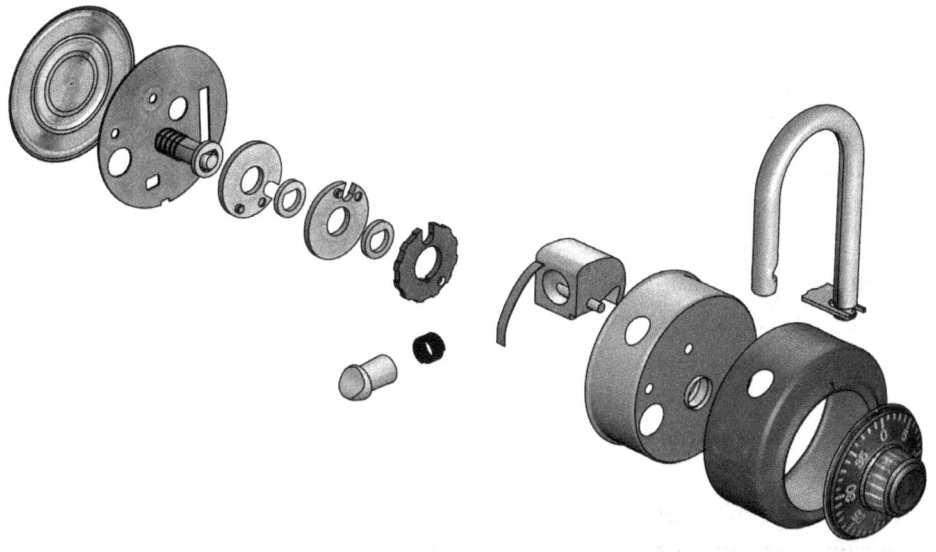

Teile des Kombinationsschlosses

Blende des Kombinationsschlosses

Das Öffnen eines Schlosses ist in der Regel ein Spiel gegen die Fertigungstoleranzen des Herstellers. Das Gleiche gilt für Kombinationsschlösser. Dies bedeutet, dass Sie bei zahlreichen Schlössern auch ein oder zwei Zahlen rechts oder links neben der richtigen Zahl wählen können. Die in offiziellen Dokumenten aufgeführte Zahl ist nicht unbedingt immer die mittlere Zahl direkt über der Öffnungskerbe. Daher ist es möglich, dass Sie auch dann das Schloss nicht öffnen können, wenn die Zahl nur eine Zahl vom offiziell bekannten Code abweicht. In diesen Fällen funktioniert das Öffnen aber u. U. mit den zusätzlichen Zahlen auf der anderen Seite der offiziellen Zahl. Anstatt also eine genaue Zahlenkombination einzustellen, ist es möglich, das Schloss auf zahlreiche Zahlen „in der Nähe" einzustellen, um das Schloss öffnen zu können. Die Zahlen, die vom Hersteller für das Schloss genannt werden, fallen dann in diese Öffnungsbereiche. Die vom Hersteller genannten Zahlen entsprechen jedoch nicht unbedingt der Bereichsmitte. Es ist sogar eher wahrscheinlich, dass einige Nummern eher am Rand des akzeptablen Bereichs liegen. So ist es für weniger achtsame Personen nicht unbedingt offensichtlich, dass nur ein Bruchteil aller möglichen Kombinationen ausprobiert werden muss, bis die richtige Kombination ermittelt ist.

Um Fertigungskosten zu sparen, werden die mittleren und hinteren Sperrscheiben in der Regel nicht mit allen 40 möglichen Variationen hergestellt. Es gibt sogar nur 10 Variationen je Scheibe, die Sie kennen sollten. Wenn Sie herausgefunden haben, wo sich die Kerben mittig ausrichten, können Sie die möglichen Einstellungen für die hinteren Scheiben auf jeweils 10 Zahlen beschränken. Es gibt zudem Tricks, die Ihnen helfen, die dritte Zahl viel schneller zu ermitteln (als es mit dem einfachen Ausprobieren aller Kombinationen möglich wäre).

Sperrscheiben mit zehn Kerben

Zuerst befassen wir uns mit dem Fall, dass es auf der vorderen Scheibe 9 falsche Kerben und eine richtige Kerbe gibt. Die vordere Scheibe könnte mit der echten Kerbe unter einer der 40 Zahlen an der Blende befestigt sein. Die Mitte der echten Kerbe könnte sich an einer der 40 Positionen unter jeder Zahl befinden (wo sich die Mittelpunkte der falschen und echten Kerben befinden). Dann können Sie die Möglichkeiten für die Position der echten Kerbe auf nur 10 begrenzen. Das ist auf jeden Fall besser als 40 und Sie haben schon

Kombinationsschlösser

einige der möglichen Kombinationen ausgeschlossen. Sie wissen bereits aufgrund der Beschreibung des Kombinationsschlosses, dass erkennbar ist, wann der Sperrzapfen in der Kerbe stecken geblieben ist. Unter Umständen können Sie aber nicht sagen, ob es sich bei der Kerbe um eine echte oder falsche Kerbe handelt. Allein das Wissen, wo sich der Mittelpunkt der Kerbe befindet, hilft Ihnen jedoch bei den weiteren Schritten.

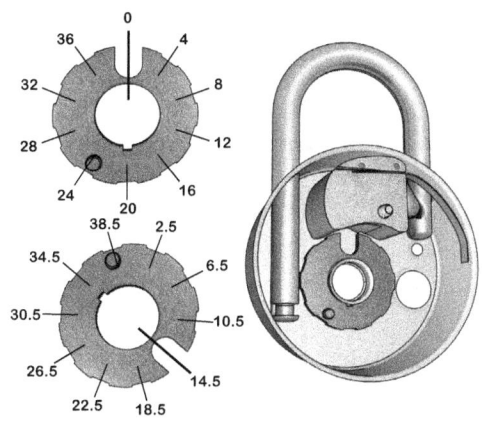

Kerbenmuster – Beispiel

Drehen Sie zunächst die Blende dreimal entgegen dem Uhrzeigersinn. Beenden Sie die Drehung entgegen dem Uhrzeigersinn, wenn Sie Null erreichen. So wird sichergestellt, dass sich keine anderen Sperrscheiben drehen und Ihre Einstellungen verändern, wenn Sie die Blende um eine Drehung im Uhrzeigersinn bewegen. Ziehen Sie jetzt am Bügel und beginnen Sie mit der Drehung der Blende im Uhrzeigersinn, bis Sie die erste Kerbe erreichen (es spielt keine Rolle, ob diese Kerbe echt ist oder nicht). Sie werden spüren, dass der Sperrzapfen in einer Kerbe hängen bleibt, weil die Blende nur schwer vor- oder zurückgedreht werden kann, solange Sie die Spannung am Bügel aufrechterhalten. Ziehen Sie weiterhin am Bügel und drehen Sie die Blende im Uhrzeigersinn bis zum Anschlag. Notieren Sie sich die Zahl und drehen Sie die Blende nun entgegen dem Uhrzeigersinn bis zum Anschlag und notieren Sie sich diese Zahl. Diese beiden Zahlen sollten sich nur geringfügig voneinander unterscheiden. Die Zahl in der Mitte dieser beiden entspricht dem Mittelpunkt der Kerbe. Lassen Sie den Bügel etwas los, damit Sie in die nächste Kerbe springen können. Wenn Sie sich in der nächsten Kerbe befinden, ermitteln Sie ihren Mittelpunkt. Suchen Sie weiter die Mittelpunkte der Kerben, bis Sie wieder bei Null ankommen. Ihre Kerbenmittelpunkte sollten stets im selben Abstand voneinander entfernt sein. Und Sie sollten zehn oder zwölf Kerben gefunden haben. Billigere Schlösser verfügen ggf. nur über 2 Kerben. Teurere oder seltenere Schlösser sind u. U. anders konzipiert oder haben evtl. Kerben, die nicht immer denselben Abstand aufweisen. Befassen wir uns zunächst jedoch mit dem Modell mit zehn Kerben. Die Informationen, die Ihnen hier vorgestellt werden, werden sich auch bei der Arbeit mit anderen Schlossarten als hilfreich erweisen.

Schloss mit 10 Kerben – 4 unterschiedliche Kerbenmuster

0	1	2	3
4	5	6	7
8	9	10	11
12	13	14	15
16	17	18	19
20	21	22	23
24	25	26	27
28	29	30	31
32	33	34	35
36	37	38	39

Jetzt, da Sie 10 Kerbenmittelpunkte erfasst haben, wissen Sie, wie sie auf der vorderen Scheibe verteilt sind. Sie sollten gleichmäßig auf der Scheibe verteilt sein. Die folgende Tabelle zeigt vier mögliche Kerbenmuster auf der vorderen Scheibe. Zu beachten ist hier, dass nur vier unterschiedliche Muster aufgeführt werden, und nicht 40. Der Grund besteht darin, dass bei einer Drehung der Mittelpunkte über das vierte Muster heraus, das nächste Muster wie das erste aussehen würde, da die Kerben ja im selben Abstand zueinander angebracht sind. Daher verfügt jedes hier aufgeführte Muster über eindeutige Kerbenmittelpunkte. Wenn Sie herausfinden, dass die Kerben zwischen Zwischenzahlen angebracht sind, machen Sie sich keine Sorgen. Wählen Sie einfach das nächstgelegene Muster oder addieren Sie 1/2 hinzu. Wenn die Breite der Kerbe nicht mit der nächsten ganzen Zahl funktioniert, würde auch die vom Hersteller angegebene Kombination aus ganzen Zahlen nicht funktionieren. Sie haben mit 40 möglichen Positionen für eine echte Kerbe begonnen. Wenn Sie einmal herausgefunden haben, welche Tabellenspalte Ihrem Muster entspricht, haben Sie die Möglichkeiten auf 10 Position begrenzt. Wichtig: Die echte Kerbe kann sich in einer der zehn Positionen in diesem Muster befinden.

Die Mittelpunkte der möglichen Kerbpositionen auf den hinteren Scheiben lassen sich in der Regel an den möglichen Kerbpositionen der vorderen

Kombinationsschlösser

Scheibe ausrichten. Wenn das Muster der Kerben auf der vorderen Scheibe auf 0, 4, 8, 12, 16, 20, 24, 28, 32 und 26 verweist, kämen diese Zahlen auch für die Kerben auf der hinteren Scheibe in Frage. Die mittlere Scheibe wird etwas anders gehandhabt. Bei Manipulation der mittleren Scheibe berühren sich die Mitnehmer auf der entgegengesetzten Seite. Dies bedeutet, dass Sie die Stärke der zwei Mitnehmer der möglichen Kerbposition hinzufügen müssen, um die zweite Zahl zu erhalten. Bei dieser Schlossart heißt das, dass jeder Zahl eine 2 hinzuaddiert wird. Die möglichen Positionen für die zweite Zahl umfassen daher 2, 6, 10, 14, 18, 22, 26, 30, 34 und 38. Die folgende Tabelle zeigt alle möglichen Kombinationen der ersten und zweiten Zahl, die wiederum auf die Kerben auf der hinteren und vorderen Scheibe eines bestimmten Musters verweisen. Jedes Muster hätte eine andere Tabelle wie diese. Wenn die Mittelpunkte der Kerben auf der vorderen Scheibe bei 1,5; 5,5; 9,5; 13,5; 17,5; 21,5; 25,5; 29,5; 33,5 und 37,5 liegen, würde die Tabelle auf diese möglichen Positionen für die hintere Scheibe verweisen. Die mittlere Scheibe hätte Kerben bei 3,5; 7,5; 11,5; 15,5; 19,5; 23,5; 27,5; 31,5; 35,5 und 39,5.

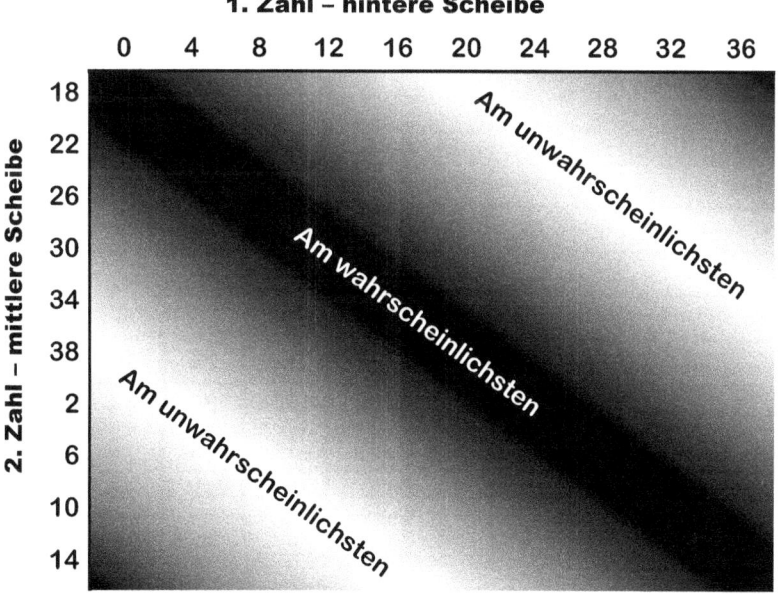

Wie Sie sehen können, gibt es 100 verschiedene Kombinationen aus ersten und zweiten Zahlen: 10 mögliche Positionen der ersten echten Kerbe x 10 mögliche Positionen der zweiten echten Kerbe. Die erste und zweite Zahl können nicht identisch sein oder nahe beieinander liegen. Ansonsten würden die Mitnehmer beim Einstellen der mittleren Scheibe auf der anderen Seite greifen und die hintere Scheibe verschieben. So scheiden mindestens 10 mögliche Positionen aus, vielleicht sogar mehr. Sie haben noch maximal 90 Kombinationen, mit denen Sie arbeiten können. Nicht alle Kombinationen der ersten beiden Zahlen werden mit derselben Wahrscheinlichkeit verwendet. Wenn Sie diese Tatsache im Auge behalten, erleichtert sich Ihre Arbeit etwas. Viele Hersteller bevorzugen eine Trennung der beiden Kerbenpositionen um etwa eine halbe Umdrehung. Dies bedeutet, dass es wahrscheinlicher ist, dass sich die zweite Zahl (unabhängig von der ersten Zahl) auf der anderen Seite der Wählscheibe befindet. Wenn die erste Zahl also sehr klein oder groß ist, befindet sich die zweite Zahl etwa in der Mitte. Wenn sich die erste Zahl in der Mitte des Zahlenbereichs befindet, werden Sie die zweite wahrscheinlich am oberen oder unteren Ende des Zahlenbereichs antreffen. Obwohl solche Kombinationen evtl. häufiger verwendet werden, ist es ein Anliegen der Hersteller, ein Öffnen des Schlosses ohne Schlüssel nicht allzu einfach zu gestalten. Aus diesem Grund werden weniger wahrscheinliche Kombinationen verwendet. Die hier aufgeführte Tabelle zeigt die Wahrscheinlichkeit jeder Kombination.

Schloss mit 10 Kerben – erste zwei Zahlen für Muster A

Zuerst diese Zahl versuchen...	Dann diese zweite Zahl versuchen... Am wahrscheinlichsten ⟶ Am unwahrscheinlichsten								
0	18	14	22	10	26	6	30	2	34
4	22	18	26	14	30	10	34	6	38
8	26	22	30	18	34	14	38	10	2
12	30	26	34	22	38	18	2	14	6
16	34	30	38	26	2	22	6	18	10
20	38	34	2	30	6	26	10	22	14
24	2	38	6	34	10	30	14	26	18
28	6	2	10	38	14	34	18	30	22
32	10	6	14	2	18	38	22	34	26
36	14	10	18	6	22	2	26	38	30

Auf der Suche nach dem richtigen Code sollten Sie die wahrscheinlichsten Kombinationen der ersten und zweiten Zahlen zuerst ausprobieren und dann mit den weniger wahrscheinlichen Kombinationen fortfahren. Stellen Sie die hintere Scheibe zunächst auf die erste Zahl ein, wenn Sie anhand dieser

Kombinationsschlösser

Tabelle vorgehen möchten. Ermitteln Sie dann in derselben Zeile rechts davon die möglichen zweiten Zahlen, die Sie für die echte Kerbe in der mittleren Scheibe ausprobieren sollten. Fangen Sie an, indem Sie jede Reihe mit den Spalten der höchsten Wahrscheinlichkeit ausprobieren und dann jede Reihe mit weniger und weniger wahrscheinlichen Spalten wiederholen.

Wenn Sie anhand einer der weiter unten beschriebenen Methoden die dritte Zahl bereits ermittelt haben, ist dies ein Bonus. Überspringen Sie Kombinationen mit einer zweiten Zahl, die dieser dritten Zahl ähnelt, und konzentrieren Sie sich auf die Zeilen, deren erste Zahl der schon bekannten dritten Zahl ähnelt. Diese Tabelle zeigt die unterschiedlichen Möglichkeiten für die hintere und vordere Scheibe für das erste Kerbenmuster: Mittelpunkt der Kerbe liegt bei 0. Tabellen für alle vier Muster finden Sie am Ende dieses Abschnitts. Sie können diese Tabellen kopieren, damit Sie Kombinationen mit ähnlichen zweiten und dritten Zahlen oder Kombinationen, die Sie bereits ausprobiert haben, durchstreichen können.

Sie müssen aber jede einzelne Kombination der ersten beiden Zahlen ausprobieren. Es ist viel einfacher, die dritte Zahl zu ermitteln. Sie haben bereits gelernt, wie Sie logisch die wahrscheinlichsten Kombinationen der hinteren und vorderen Scheibe durcharbeiten. Nach dem Einstellen jeder Kombination können Sie dann rasch alle restlichen Zahlen der vorderen Scheibe ausprobieren. Während Sie jede zweifache Zahlenkombination ausprobieren, versuchen Sie alle der möglichen dritten Zahlen mit einer einzelnen Umdrehung der vorderen Scheibe. Das schnelle Durchspielen der 9 Kombinationen der dritten Zahl ist eine Fähigkeit, mit der sich die gesuchte Kombination in kürzerer Zeit ermitteln lässt. Es gibt wirklich nur 9 Möglichkeiten, nicht 10. Da die zweite und dritte Zahl nicht identisch oder nur etwas größer sein können.

Dieser Aspekt der Öffnungsarbeit ist besonders zeitaufwändig. Wenn die vordere Scheibe keine falschen Kerben hätte, könnte man einfach am Bügel ziehen und die vordere Schreibe drehen, bis der Sperrzapfen in die Kerbe rutscht. Leider ist es nicht so einfach. Es ist wirklich hilfreich Fähigkeiten zu entwickeln, die das Problem, das sich mit den falschen Kerben stellt, lösen helfen. Lassen Sie den Bügel etwas los, wenn das Riegelgehäuse und die Zuhaltung in einer falschen Kerbe hängenbleiben. Sie müssen gerade so viel Druck nachlassen, dass Sie in die nächste Kerbe gelangen, aber nicht so viel, dass Sie eine ganze Kerbe überspringen. Kerben, die Sie überspringen, könnten u. U. richtig sein. Sobald Sie diese Fähigkeit gemeistert haben, können Sie schnell alle Kerben in der vorderen Scheibe in einer Umdrehung ausprobieren. Sie können unterschiedliche Kombinationsschlösser mit 1, 9 oder 11 falschen Kerben im Handel erwerben und damit üben. Stellen Sie die ersten beiden Zahlen bei allen ein und versuchen Sie, nach der dritten Zahl zu suchen, ohne dass Sie in den Herstellerunterlagen nachschauen. Versuchen Sie, alle falschen Kerben zu ertasten, bis Sie die richtige Kerbe gefunden haben. Sie müssen lernen, die auf den Bügel und die auf die Blende angewandte Drehkraft auszugleichen. Diese Fähigkeit, diese beiden Kräfte auszugleichen, ähnelt dem Fahren eines Autos mit Gangschaltung. Allerdings verwenden Sie hier nicht ihre Füße, sondern Ihre Hände. Mit etwas Übung sparen Sie bei Erlernen dieser Fähigkeit viel Zeit bei der Ermittlung der richtigen Kombination.

Es gibt noch weitere Tricks, die Ihnen das Austesten der dritten Zahl erleichtern. Wenn Sie am Bügel ziehen und die Blende drehen, sollten Sie darauf achten, ob sich die Scheibe mit oder ohne Reibung dreht. Wenn Widerstand in der Drehbewegung zu spüren ist, während Sie am Bügel ziehen, ist davon auszugehen, dass die Zuhaltung an einer falschen Kerbe entlang schrappt, die flacher als die Kerben auf der hinteren Scheibe ausgelegt ist. Da die Scheibe direkt an der Wählscheibe befestigt ist, schiebt der Druck vom Bügel die Zuhaltung in die vordere Scheibe und hält die Wählscheibe dort unter Widerstand fest. Dies heißt, dass diese Kerbe offensichtlich falsch ist und bei Ermittlung der dritten Zahl übersprungen werden kann.

Wenn sich die Scheibe aber andererseits problemlos drehen lässt, obwohl Sie Kraft auf den Bügel ausüben, lässt sich nicht ohne Weiteres feststellen, ob die Kerbe echt ist oder nicht. Wenn eine falsche Kerbe tiefer ausgelegt ist als die Kerben auf einer anderen Scheibe, ist der Unterschied zu einer echten Kerbe nicht zu ertasten. Wenn es nur eine Kerbe gibt, die sich durch dieses Merkmal auszeichnet, haben Sie jedoch die dritte Zahl gefunden! Auch wenn einige Kerben keinen Widerstand aufweisen, ist dieses Wissen hilfreich. Wählen Sie eine dieser fraglichen Kerben und testen Sie sie mit dem ersten Satz an Zahlen für die ersten beiden Scheiben. Wenn eine der Kerben in der vorderen Scheibe eine ungehinderte Drehbewegung zulässt, wissen Sie, dass die ersten beiden Zahlen nicht stimmen, da die Zuhaltung anstatt dessen an einer der hinteren Scheiben bindet. Wenn Sie es später mit

Kombinationsschlösser

einer anderen Kombination versuchen und dieselbe Kerbe der Bewegung widersteht und bei Ziehen am Bügel bindet, heißt es, dass die ersten beiden Zahlen stimmen! Danach werden einfach die restlichen möglichen echten Kerben ausprobiert.

Manchmal erweist sich Ihre Arbeit jedoch nicht als so einfach. Wenn der Außendurchmesser der vorderen Scheibe kleiner ist als die hinteren Scheiben, werden Sie falsche Öffnungskerben nicht ertasten können. Das ist nicht ungewöhnlich, da Sie einfach alle drei Scheiben drehen und die leichten Unebenheiten ertasten können, anhand denen die Kerben in den hinteren Scheiben zu erkennen sind. Das Problem entsteht mit mikrobearbeiteten Schlössern, in denen die Scheiben alle etwa denselben Durchmesser aufweisen. Das erschwert ein Ertasten der Kerben. Unter Umständen werden Sie einige ertasten können, aber nicht alle. Versuchen Sie, die Blende hin- und herzubewegen und leicht im Winkel abzustellen, wenn dies möglich ist. Vielleicht lassen sich so leichte Änderungen im Widerstand bewirken, wenn Sie die Wählscheibe drehen. Bemühen Sie sich und wählen Sie das Muster, das Ihren Vorgaben am ehesten entspricht.

Schloss mit 10 Kerben – erste zwei Zahlen für Muster A

Zuerst diese Zahl versuchen...   Dann diese zweite Zahl versuchen...
Am wahrscheinlichsten ⟶ *Am unwahrscheinlichsten*

0	18	14	22	10	26	6	30	2	34
4	22	18	26	14	30	10	34	6	38
8	26	22	30	18	34	14	38	10	2
12	30	26	34	22	38	18	2	14	6
16	34	30	38	26	2	22	6	18	10
20	38	34	2	30	6	26	10	22	14
24	2	38	6	34	10	30	14	26	18
28	6	2	10	38	14	34	18	30	22
32	10	6	14	2	18	38	22	34	26
36	14	10	18	6	22	2	26	38	30

Schloss mit 10 Kerben – erste zwei Zahlen für Muster B

Zuerst diese Zahl versuchen...   Dann diese zweite Zahl versuchen...
Am wahrscheinlichsten ⟶ *Am unwahrscheinlichsten*

1	19	15	23	11	27	7	31	3	35
5	23	19	27	15	31	11	35	7	39
9	27	23	31	19	35	15	39	11	3
13	31	27	35	23	39	19	3	15	7
17	35	31	39	27	3	23	7	19	11
21	39	35	3	31	7	27	11	23	15
25	3	39	7	35	11	31	15	27	19
29	7	3	11	39	15	35	19	31	23
33	11	7	15	3	19	39	23	35	27
37	15	11	19	7	23	3	27	39	31

Kombinationsschlösser

Schloss mit 10 Kerben – erste zwei Zahlen für Muster C

Zuerst diese Zahl versuchen... | Dann diese zweite Zahl versuchen... *Am wahrscheinlichsten* ⟶ *Am unwahrscheinlichsten*

Zuerst									
2	20	16	24	12	28	8	32	4	36
6	24	20	28	16	32	12	36	8	0
10	28	24	32	20	36	16	0	12	4
14	32	28	36	24	0	20	4	16	8
18	36	32	0	28	4	24	8	20	12
22	0	36	4	32	8	28	12	24	16
26	4	0	8	36	12	32	16	28	20
30	8	4	12	0	16	36	20	32	24
34	12	8	16	4	20	0	24	36	28
38	16	12	20	8	24	4	28	0	32

Schloss mit 10 Kerben – erste zwei Zahlen für Muster D

Zuerst diese Zahl versuchen... | Dann diese zweite Zahl versuchen... *Am wahrscheinlichsten* ⟶ *Am unwahrscheinlichsten*

Zuerst									
3	21	17	25	13	29	9	33	5	37
7	25	21	29	17	33	13	37	9	1
11	29	25	33	21	37	17	1	13	5
15	33	29	37	25	1	21	5	17	9
19	37	33	1	29	5	25	9	21	13
23	1	37	5	33	9	29	13	25	17
27	5	1	9	37	13	33	17	29	21
31	9	5	13	1	17	37	21	33	25
35	13	9	17	5	21	1	25	37	29
39	17	13	21	9	25	5	29	1	33

Zusammenfassung

Wie Sie schon gesehen haben, gibt es bei herkömmlichen Schlössern dieser Art 80 Möglichkeiten, wie die Blende unter jeder Zahl oder halben Zahl an der vorderen Scheibe befestigt ist, obwohl nur etwa 40 (oder weniger) von Bedeutung sind, da Schlösser nur mit ganzen Zahlen funktionieren. Dieses Beispielschloss hat 4 Kerbenmuster auf der vorderen Scheibe und je Muster 10 möglicher Positionen für die echte Kerbe auf allen Scheiben. Da Sie ermitteln können, welches Muster Ihrem Schloss zugrunde liegt, indem Sie die Kerben ertasten, gibt es je Zahl wirklich nur 10 Möglichkeiten. Somit ergeben sich 10 x 10 x 10 = 1.000 auszuprobierende Kombinationen. Da Sie nie zwei identische oder ähnliche Zahlen nebeneinander haben können, gibt es eigentlich nur 9 Möglichkeiten für die zweite und dritte Zahl. Aus diesem Grund gibt es nur 10 x 9 x 9 = 810 auszuprobierende Kombinationen. Das ist viel besser als die ursprünglich befürchteten 64.000! Wir haben diese Voraussetzung mit Methoden verbessert, mit denen nur etwa die dritte Zahl je Satz aus erster und zweiter Zahl getestet und alle möglichen dritten Zahlen mit einer Umdrehung der Wählscheibe ausprobiert werden können. Somit verbleiben nur 90 Kombinationen für die erste und zweite Zahl. Auch diese Zahl konnten wir verbessern. Benachbarte Zahlen in der Kombination sind, wie gesagt, wahrscheinlich durch eine halbe Umdrehung der Blende voneinander getrennt. Daher müssen Sie nur 30 Kombinationen in den ersten drei Spalten der ersten und zweiten Zahl mit der höchsten Wahrscheinlichkeit ausprobieren, um die ersten beiden Zahlen zu ermitteln. So bleiben Ihnen ggf. nur 30 Kombinationen aus erster und zweiter Zahl, um halbwegs sicher zu sein, dass Sie die richtige Kombination haben!

Sperrscheiben mit zwölf Kerben

Viele Schlösser zeichnen sich durch ein Muster mit zwölf Kerben auf der ersten Scheibe aus, die das Knacken des Schlosses erschweren. Bei Schlössern dieser Art gibt es für die hinteren Scheiben trotzdem jeweils nur 10 mögliche Positionen. Da sich die Anzahl der Kerben in der vorderen Scheibe von der Anzahl der möglichen Positionen der echten Kerben in den hinteren Scheiben unterscheidet, ist die Öffnungsmethode auch leicht umgekehrt. Wir fangen mit der dritten Zahl an und versuchen dann unterschiedliche Kombinationen der ersten und zweiten Zahl.

Kombinationsschlösser 193

Wie bei herkömmlichen Schlössern mit zehn Kerben könnte die vordere Scheibe mit dem Mittelpunkt der echten Kerbe unter jeder Zahl oder halben Zahl an der Wählscheibe angebracht sein. Es werden 10 häufige Kerbenmuster aufgeführt. Der erste Schritt umfasst die Identifizierung des Musters auf der vorderen Scheibe. Notieren Sie sich die Mittelpunkte jeder Kerbe, die Sie ertasten, und gleichen Sie sich mit den aufgeführten Mustern ab. Da die hinteren Scheiben nur

Schloss mit zwölf Kerben

jeweils 10 mögliche Positionen haben, funktionieren die Tabellen mit den Kombinationen für die beiden ersten Zahlen im vorherigen Abschnitt weiterhin. Wir werden uns später noch mit einer schnelleren Methode befassen, aber dieselbe einfache Methode für Schlösser mit 10 Kerben funktioniert auch hier. Das Problem ist jetzt, dass Sie nicht unbedingt wissen, welche der vier Tabellen Sie verwenden müssen, obwohl Sie das Kerbenmuster kennen. Sie müssen die dritte Zahl zuerst ermitteln und dann die entsprechende Tabelle für die Wählscheibeneinstellung verwenden, in der diese Zahl als eine der möglichen Varianten zuerst genannt wird. Versuchen Sie es mit unterschiedlichen Kombinationen der ersten beiden Zahlen und der dritten Zahl Ihrer Wahl. Wenn die von Ihnen gewählte dritte Zahl stimmt, werden Sie die richtige Kombination in dieser Tabelle finden. Ansonsten haben Sie evtl. die falsche dritte Zahl gewählt und müssen den ganzen Prozess mit einer anderen dritten Zahl und Tabelle wiederholen.

Zum Glück besteht nicht für alle 12 Positionen dieselbe Wahrscheinlichkeit, dass es sich hierbei um die richtige dritte Zahl handelt. Viele von ihnen sind mittig an halben Zahlen ausgerichtet. Wenn wir davon ausgehen, dass die Kerben schmal genug sind, kann es sich hierbei nicht um Positionen für die dritte Zahl handeln, da hier keine ganze Zahl verwendet wird. Bei den fett gedruckten Zahlen ist die Wahrscheinlichkeit, dass es sich hier um eine dritte Zahl handelt, viel höher. Schauen Sie sich jetzt die Kerbenmittelpunkte und -breiten an, die Sie notiert haben. Kerben ohne ganze Zahl, aber ausreichend Platz für eine Einstellung über die Wählscheibe, können nicht für die dritte

Zahl in Frage kommen. Versuchen Sie also zu ertasten, wie einfach sich die Wählscheibe in jeder Kerbe drehen lässt, während Sie am Bügel ziehen. Bei Widerstand gegen die Wählscheibe (und Ziehen des Bügels in die Kerben) wird die Zuhaltung gegen eine flache falsche Kerbe gedrückt. Hier kann es sich nicht um die Position der dritten Zahl handeln. So sollte sich die Anzahl der Möglichkeiten für die dritte Zahl auf wenige Alternativen reduzieren lassen. Suchen Sie nun nach Kerben, die sich von anderen unterscheiden. Kerben, die vielleicht nicht dem Muster entsprechen oder etwas breiter sind als die anderen.

Schloss mit 12 Kerben – 10 beliebte Kerbenmuster

0.5	1.5	2.5	3.5	4.5	5.5	6.5	7.5	8.5	9.5
3.8	4.8	5.8	6.8	7.8	8.8	9.8	10.8	11.8	12.8
7.2	8.2	9.2	10.2	11.2	12.2	13.2	14.2	15.2	16.2
10.5	11.5	12.5	13.5	14.5	15.5	16.5	17.5	18.5	19.5
13.8	14.8	15.8	16.8	17.8	18.8	19.8	20.8	21.8	22.8
17.2	18.2	19.2	20.2	21.2	22.2	23.2	24.2	25.2	26.2
20.5	21.5	22.5	23.5	24.5	25.5	26.5	27.5	28.5	29.5
23.8	24.8	25.8	26.8	27.8	28.8	29.8	30.8	31.8	32.8
27.2	28.2	29.2	30.2	31.2	32.2	33.2	34.2	35.2	36.2
30.5	31.5	32.5	33.5	34.5	35.5	36.5	37.5	38.5	39.5
33.8	34.8	35.8	36.8	37.8	38.8	39.8	0.8	1.8	2.8
37.2	38.2	39.2	0.2	1.2	2.2	3.2	4.2	5.2	6.2

Schloss mit 12 Kerben – 10 weitere Kerbenmuster

0.0	1.0	2.0	3.0	4.0	5.0	6.0	7.0	8.0	9.0
3.3	4.3	5.3	6.3	7.3	8.3	9.3	10.3	11.3	12.3
6.7	7.7	8.7	9.7	10.7	11.7	12.7	13.7	14.7	15.7
10.0	11.0	12.0	13.0	14.0	15.0	16.0	17.0	18.0	19.0
13.3	14.3	15.3	16.3	17.3	18.3	19.3	20.3	21.3	22.3
16.7	17.7	18.7	19.7	20.7	21.7	22.7	23.7	24.7	25.7
20.0	21.0	22.0	23.0	24.0	25.0	26.0	27.0	28.0	29.0
23.3	24.3	25.3	26.3	27.3	28.3	29.3	30.3	31.3	32.3
26.7	27.7	28.7	29.7	30.7	31.7	32.7	33.7	34.7	35.7
30.0	31.0	32.0	33.0	34.0	35.0	36.0	37.0	38.0	39.0
33.3	34.3	35.3	36.3	37.3	38.3	39.3	0.3	1.3	2.3
36.7	37.7	38.7	39.7	0.7	1.7	2.7	3.7	4.7	5.7

Kombinationsschlösser

Die echte Kerbe unterscheidet sich meist von dem Rest und mit etwas Glück ist dieser Unterschied einfach zu erkennen.

Hier sehen Sie 10 weitere mögliche Kerbenmuster, die zwischen den vorherigen 10 anzuordnen sind und sich bei bestimmten Schlossmarken als praktisch erweisen. Je nach Bauart ist es möglich, dass 12 gleichmäßig angeordnete Kerben sogar leicht gedreht sind.

Wenn Sie sich für eine dritte Zahl entschieden haben, wählen Sie die Einstellungstabelle, in der diese Zahl als mögliche erste Zahl aufgeführt wird. Sie könnten alle Kombinationen in dieser Tabelle ausprobieren, allerdings wäre dies sehr zeitaufwändig. Da Sie aber schon eine dritte Zahl haben, müssen Sie nur diese Zahl ausprobieren und nicht alle. So sparen Sie Zeit. Wichtig: Die zweite und dritte Zahl können nicht identisch sein oder nahe beieinander liegen. Dies bedeutet, dass Sie alle Kombinationen für die erste und zweite Zahl in der Tabelle weglassen können, bei denen die zweite Zahl nahe an Ihrer dritten Zahl liegt. Probieren Sie die wahrscheinlicheren Kombinationen zuerst aus, um noch mehr Zeit zu sparen. Dies bedeutet, dass Sie sich auf die Zeilen konzentrieren, in denen die erste Zahl nahe an der von Ihnen gewählten dritten Zahl liegt. Wenn Sie die richtige dritte Zahl gewählt haben, lässt sich die Kombination einfacher als bei einem Schloss mit zehn Kerben auf der Sperrscheibe ermitteln. Ansonsten dauert es länger, unterschiedliche Kombinationen für die dritte Zahl auszuprobieren.

Es gibt da noch eine kompliziertere Einstellungsmethode, mit der Sie noch mehr Zeit sparen können. Hier müssen Sie nich jede Kombination einzeln einstellen. Wenn Sie unter normalen Umständen eine Kombination eingeben, müssen Sie die Scheiben durch mehrmaliges Drehen im Uhrzeigersinn zurücksetzen, dann die erste Scheibe einstellen, einmal entgegen dem Uhrzeigersinn drehen, dann die zweite Scheibe einstellen und dann die dritte. Das ist viel Arbeit. Beim Ausprobieren zahlreicher Kombinationen mit derselben ersten und dritten Zahl, müssen Sie die Scheiben nicht immer wieder zurücksetzen. Anstatt dessen können Sie zur Bestätigung der ersten Zahl anhand der normalen Schrittfolge vorgehen. Anstatt die Scheiben zurückzusetzen, halten Sie die hintere Scheibe in Position und stellen Sie nur die mittlere Scheibe auf eine neue Zahl ein. Sie sollten alle unterschiedlichen zweiten Zahlen ohne Verstellen der hinteren Scheibe ausprobieren können.

Der Trick hierbei besteht darin, die Zahlen in der richtigen Reihenfolge zu verwenden, damit die hintere Scheibe nicht gestört wird. Diese Vorgehensweise wird anhand des folgenden Beispiels veranschaulicht. Stellen Sie sich vor, die von Ihnen gewählte dritte Zahl ist 17. Beginnen Sie nun, indem Sie die Scheiben mit drei Umdrehungen im Uhrzeigersinn zurücksetzen und stoppen Sie an der ersten Zahl, um zu sehen, ob es sich hierbei um die richtige Zahl für die erste Position handelt (z. B. die 1). Wenn die hintere Scheibe auf 1 eingestellt ist, sollte sie nicht weiter bewegt werden, solange Sie alle Kombinationen (mit 1 beginnend) ausprobiert haben. Nachdem Sie die hintere Scheibe auf 1 eingestellt haben, drehen Sie die Wählscheibe einmal entgegen dem Uhrzeigersinn. Stellen Sie die mittlere Scheibe dann auf die mögliche zweite Zahl ein, die nur etwas höher als die erste Zahl ist. In diesem Fall ist das die 3, die nur zwei Stellen höher ist als die 1. Drehen Sie die Scheibe danach auf die gewählte dritte Zahl (d. h. die 17) und ziehen Sie am Bügel. Sie haben soeben die Kombination 1-3-17 ausprobiert. Schlägt diese Kombination fehl, setzen Sie die Scheiben nicht zurück. Anstatt dessen drehen Sie die Wählscheibe einfach entgegen dem Uhrzeigersinn über die 3 weg, wo sie wieder in die mittlere Scheibe eingreift, und drehen Sie die mittlere Scheibe etwas weiter auf die nächste zweite Zahl von 7. Wenn die mittlere Scheibe in die neue Position gebracht wird, drehen Sie die Wählscheibe langsam im Uhrzeigersinn wieder auf die 17. Ziehen Sie dann am Bügel um die Kombination 1-7-17 zu testen. Wiederholen Sie diese Schrittfolge und drehen Sie die mittlere Scheibe immer ein Stückchen weiter, um 1-11-17, 1-15-17, 1-19-17, 1-23-17, 1-27-17, 1-31-17 und 1-35-17 auszuprobieren. Wenn Sie 1-15-17 erreichen, ist die Drehung im Uhrzeigersinn auf die 17 fast vollständig. Danach werden Sie bei Einstellen der mittleren Scheibe diese zweimal über die 19 hinausdrehen müssen. Die Kombination danach zeichnet sich dann durch eine ganz geringe Bewegung im Uhrzeigersinn, d. h. von 19 auf 17, aus. Die Bewegungen entgegen dem Uhrzeigersinn zur Einstellung der mittleren Scheibe sollten dann für 1-23-17 nur ganz gering ausfallen, während für die darauffolgenden Zahlen die Drehbewegungen größer sind. Der Grund hierfür besteht darin, dass Ihre Folge der Zahlen für die zweite Scheibe die gewählte Zahl für die dritte Scheibe kreuzt. Die Kombination 1-15-17 ist nicht sehr wahrscheinlich, da die Zahl der dritten Scheibe nur etwas größer ist als die der zweiten. Die Mitnehmer der Scheibe greifen wahrscheinlich wieder und bewegen die mittlere Scheibe, wenn Sie die Scheibe auf 17 einstellen. Daher könnten Sie diese Kombination sogar auslassen, um Zeit zu sparen.

Kombinationsschlösser

Der Einfachheit halber aber ist es sicher, die gesamte Schrittfolge zu durchlaufen. Wenn sich das Schloss mit keiner dieser Zahlen öffnen lässt und Sie die Einstellungen richtig vorgenommen haben, wissen Sie, dass die Kombination nicht mit 1 beginnt und auf 17 endet. Fahren Sie einfach mit der nächsten Zahl für die erste Scheibe fort, indem Sie alle drei Scheiben zurücksetzen und die o. a. Schrittfolge wiederholen. Wenn keine der Positionen für die erste Zahl funktioniert, müssen Sie es u. U. mit einer anderen dritten Zahl versuchen.

Hier sehen Sie ein Beispiel für eine Einstellungstabelle für die Zahl 17 für die dritte Scheibe. Die 15 wurde als Option für die zweite Zahl entfernt, um Zeit zu sparen. Wenn es mehrere Möglichkeiten gibt, sollten Sie versuchen herauszufinden, welche mit demselben Muster für 10 Kerben übereinstimmen. Sie können bei Bearbeitung des Musters immer beide ausprobieren.

Die folgenden Abbildungen zeigen vier Einstellungstabellen zum Öffnen von Schlössern mit 12 Kerben. Wählen Sie hier zunächst anhand der designierten Zahl für die dritte Scheibe (unter den möglichen Zahlen für die erste Scheibe) die richtige Tabelle. Die erste Spalte zeigt alle möglichen Zahlen für die erste Scheibe. Beginnen Sie mit der Zahl, die der gewählten Zahl für die dritte Scheibe entspricht, und gehen Sie von dort aus nach oben oder nach unten. Beim Durchlauf durch die möglichen Zahlen für die zweite Scheibe können Sie die Zahl überspringen, die etwas kleiner als die von Ihnen gewählte Zahl für die dritte Scheibe ist.

Schloss mit 12 Kerben – Einstellungstabelle für die 3. Zahl: 17

Zuerst diese Zahl versuchen...	Dann diese zweite Zahl versuchen...								Dann die dritte Zahl versuchen...
17	19	23	27	31	35	39	3	7	11	17
21	23	27	31	35	39	3	7	11	17
13	19	23	27	31	35	39	3	7	17
25	27	31	35	39	3	7	11	19	17
9	11	19	23	27	31	35	39	3	17
29	31	35	39	3	7	11	19	23	17
5	7	11	19	23	27	31	35	39	17
33	35	39	3	7	11	19	23	27	17
1	3	7	11	19	23	27	31	35	17
37	39	3	7	11	19	23	27	31	17

Schloss mit 12 Kerben – erste zwei Zahlen für Muster A

Zuerst diese Zahl versuchen... Dann diese zweite Zahl versuchen...
Zweite Zahl wird etwas weniger als dritte Zahl übersprungen

0	2	6	10	14	18	22	26	30	34
4	6	10	14	18	22	26	30	34	38
8	10	14	18	22	26	30	34	38	2
12	14	18	22	26	30	34	38	2	6
16	18	22	26	30	34	38	2	6	10
20	22	26	30	34	38	2	6	10	14
24	26	30	34	38	2	6	10	14	18
28	30	34	38	2	6	10	14	18	22
32	34	38	2	6	10	14	18	22	26
36	38	2	6	10	14	18	22	26	30

Schloss mit 12 Kerben – erste zwei Zahlen für Muster B

Zuerst diese Zahl versuchen... Dann diese zweite Zahl versuchen...
Zweite Zahl wird etwas weniger als dritte Zahl übersprungen

1	3	7	11	15	19	23	27	31	35
5	7	11	15	19	23	27	31	35	39
9	11	15	19	23	27	31	35	39	3
13	15	19	23	27	31	35	39	3	7
17	19	23	27	31	35	39	3	7	11
21	23	27	31	35	39	3	7	11	15
25	27	31	35	39	3	7	11	15	19
29	31	35	39	3	7	11	15	19	23
33	35	39	3	7	11	15	19	23	27
37	39	3	7	11	15	19	23	27	31

Kombinationsschlösser 199

Schloss mit 12 Kerben – erste zwei Zahlen für Muster C

Zuerst diese Zahl versuchen... Dann diese zweite Zahl versuchen...
Zweite Zahl wird etwas weniger als dritte Zahl übersprungen

2	4	8	12	16	20	24	28	32	36
6	8	12	16	20	24	28	32	36	0
10	12	16	20	24	28	32	36	0	4
14	16	20	24	28	32	36	0	4	8
18	20	24	28	32	36	0	4	8	12
22	24	28	32	36	0	4	8	12	16
26	28	32	36	0	4	8	12	16	20
30	32	36	0	4	8	12	16	20	24
34	36	0	4	8	12	16	20	24	28
38	0	4	8	12	16	20	24	28	32

Schloss mit 12 Kerben – erste zwei Zahlen für Muster D

Zuerst diese Zahl versuchen... Dann diese zweite Zahl versuchen...
Zweite Zahl wird etwas weniger als dritte Zahl übersprungen

3	5	9	13	17	21	25	29	33	37
7	9	13	17	21	25	29	33	37	1
11	13	17	21	25	29	33	37	1	5
15	17	21	25	29	33	37	1	5	9
19	21	25	29	33	37	1	5	9	13
23	25	29	33	37	1	5	9	13	17
27	29	33	37	1	5	9	13	17	21
31	33	37	1	5	9	13	17	21	25
35	37	1	5	9	13	17	21	25	29
39	1	5	9	13	17	21	25	29	33

Sperrscheiben mit einer Kerbe

Manchmal werden bei billigeren Schlössern Scheiben vorne mit nur einer Kerbe verwendet. Falsche Kerben fehlen dann sogar ganz. Meistens haben diese Scheiben jedoch mindestens eine falsche Kerbe. Wenn eine Scheibe nur eine falsche Kerbe hat, kann der Mittelpunkt ganz einfach ermittelt werden. Schauen wir uns einmal die Form der zweiten falschen Kerbe an, um verstehen zu lernen, wie diese Kerbe ein Öffnen des Schlosses erschweren kann.

Schloss mit einer Kerbe

Die falschen Kerben in diesen Schlössern fallen in der Regel nicht an beiden Seiten steil ab, sondern sind an einer Seite leicht abgeschrägt. Die echte Kerbe fällt an beiden Seiten steil ab. In einer solchen Situation kann sich die Blende u. U. seitlich aus der falschen Kerbe drehen, wenn Kraft auf den Bügel ausgeübt wird. In der echten Kerbe kann sich die Blende weder nach links noch nach rechts aus der Kerbe drehen, solange Kraft angewandt wird. So können Sie erkennen, dass Sie sich in der echten Kerbe befinden.

Verwenden Sie dieselbe Methode zum Öffnen dieser Schlösser wie beim Öffnen von Schlössern mit 12 Kerben. Die Suche nach der dritten Zahl erweist sich jedoch als viel einfacher. Es gibt nämlich nicht so viele falsche Kerben, die Sie daran hindern, Kraft auf den Bügel auszuüben und die vordere Scheibe zu drehen. Bei Schlössern dieser Art können Sie die glatte Scheibe ungehindert drehen, bis die Zuhaltung in die falsche Kerbe rutscht. Jetzt lassen Sie einfach den Bügel los und lassen die Zuhaltung in die nächste Kerbe springen, von der Sie wissen, dass Sie die richtige ist. Da Schlösser dieser Art so einfach zu öffnen sind, wird diese Bauart nur bei billigeren Kombinationsschlössern verwendet.

Wenn Sie den Mittelpunkt der echten Kerbe gefunden haben, können Sie stolz sein. Sie haben soeben die dritte Zahl der Kombination ermittelt. Sie müssen aber immer noch die richtigen Zahlen für die ersten beiden Scheiben herausfinden. Die Schrittfolge für die ersten beiden Zahlen sollte dem Ansatz entsprechen, den Sie auch bei dem Schloss mit 12 Kerben (siehe vorherigen Abschnitt) verwendet haben. Der Unterschied besteht lediglich darin, dass Sie jetzt genau wissen, wie die dritte Zahl lautet.

Wählen Sie die Tabelle für die Kombinationen der ersten beiden Zahlen, in dem Sie sich für das Exemplar entscheiden, in dem die bekannte dritte Zahl in den möglichen ersten Zahlen vorkommt. Wie beim Schloss mit 12 Kerben beginnen Sie mit den wahrscheinlichsten Kombinationen der ersten beiden Zahlen. Da Sie die dritte Zahl kennen, konzentrieren Sie sich auf die Zeilen mit der ersten Zahl, die der bekannten dritten Zahl am ähnlichsten ist. So lässt sich die richtige Kombination schneller ermitteln.

Anmerkungen zum Schluss

Es gibt weitere Tricks, mit denen sich die Kombinationen reduzieren lassen, die Sie ausprobieren müssen, um das Schloss zu öffnen. Bei der o. a. Schrittfolge wird davon ausgegangen, dass die Scheiben in einer beliebigen Position belassen wurden. Nach Verwendung eines Schlosses sollte die Blende jedoch mehrmals gedreht werden, damit sich die Sperrscheiben im Schloss zurücksetzen. Manchmal werden diese Scheiben beim Schließen des Kombinationsschlosses jedoch nicht vollständig zurückgesetzt. Wenn Sie Glück haben, zeigt die Wählscheibe ggf. eine Zahl, die nahe an der dritten Zahl liegt. Auch wenn dies nicht der Fall ist, können Sie davon profitieren, wenn die Scheiben nicht ordnungsgemäß zurückgesetzt wurden. Drehen Sie die Wählscheibe und die vordere Scheibe entgegen dem Uhrzeigersinn, bis Sie fühlen oder hören, wenn die mittlere Scheibe greift. Wenn die mittlere Scheibe in der richtigen Position belassen wurde, haben Sie soeben die zweite Zahl in der Kombination ermittelt. Drehen Sie die Wählscheibe weiter. Sie werden fühlen, wenn die mittlere und hintere Scheibe einrasten. Sie haben nun die erste Zahl in der Kombination. Diese Zahlen sind u. U. nicht genau, da die Scheiben sich noch leicht drehen können, wenn sie greifen. Sie sind aber ggf. nahe dran und helfen beim Ausprobieren wahrscheinlicher Kombinationen zuerst. Um dies zu verhindern, verfügen manche Schlösser über eine automatische Rücksetzfunktion. Eine oder mehrere Scheiben werden dann leicht gedreht, sobald der Bügel geöffnet oder wieder eingeführt wird.

Bei manchen Schlössern sind die falschen Kerben größer oder kleiner oder der Abstand ist anders. Wenn es sich hier um den einzigen Unterschied handelt, sollte der hier beschriebene Ansatz trotzdem funktionieren. Legen Sie zunächst fest, welche Kerben mögliche dritte Zahlen darstellen. Ermitteln Sie die richtige Kombination dann anhand der komplizierteren Einstellungsmethode.

Es ist schwieriger, teurere und kompliziertere Schlösser mit Kombinationen und roher Gewalt zu öffnen. Wenn der Hersteller wahllose Kombinationen verwendet, ist die richtige Kombination eine der möglichen Kombinationen für die erste und zweite Zahl mit gleicher Wahrscheinlichkeit. Bei den Tabellen in diesem Buch wird zudem davon ausgegangen, dass es für die hinteren Scheiben 10 Kombinationen gibt, die jeweils 4 Zahlen voneinander entfernt sind. Wenn einem Schloss ein anderes Muster zugrunde liegt, müssten die Tabellen entsprechend angepasst werden. Wenn ein Schloss nicht dem hier beschriebenen herkömmlichen Bügelschloss entspricht und Sie die möglichen Positionen der Kerben nicht kennen, müssen Sie mehrere Kombinationen ausprobieren, um sicher zu sein, dass Sie die richtige haben. Je nach den Toleranzen reicht es ggf. aus, wenn Sie nur gerade oder ungerade Zahlen testen. Verwenden Sie trotzdem die im Abschnitt zu den Sperrscheiben mit 12 Kerben angegebene Einstellungsmethode, um Zeit zu gewinnen.

Manchmal werden die Kombinationen vom Hersteller mit Drehfolgen von links-rechts-links (und nicht rechts-links-rechts) angegeben. Die Scheibe kann in der Regel nach links, rechts und wieder nach links oder zuerst nach rechts, dann nach links und wieder nach rechts gedreht werden, um das Schloss zu öffnen. Die Zahlen für beide Methoden unterscheiden sich jedoch aufgrund der Stärke der Mitnehmer auf den Scheiben. Dies gilt besonders bei schmalen Kerben. Unter Umständen wird für ein Schloss nur die Methode für links-rechts-links bekannt gegeben, wobei die Kerben ganzen Zahlen zugeordnet sind. Wenn die Kerben aber schmal genug und die Mitnehmer auf den Scheiben ungewöhnlich stark sind, kann eine Drehbewegung in die entgegengesetzte Richtung dazu führen, dass die echten Kerben sich nicht unter einer ganzen Zahl ausrichten lassen. Allgemein gilt jedoch, dass alle herkömmlichen Schlösser mit Zahlenkombinationen geliefert werden, die mit einer Bewegung der Blende von rechts nach links und wieder nach rechts verknüpft sind.

Kombinationsschlösser Anmerkungen zum Schluss

Wir wünschen Ihnen viel Glück mit den in diesem Buch beschriebenen Methoden. Wie Sie sehen, unterscheidet sich die Ermittlung der richtigen Kombination für ein Kombinationsschloss von dem Nachschließen eines Zylinderschlosses. Manche Aspekte sind jedoch immer gleich, d. h. Sie brauchen immer Geduld und Durchhaltevermögen. Anhand dieser hier genannten Methoden sollten Sie aber eine unüberschaubare Anzahl an Kombinationen auf nur wenige zu testende Kombinationen reduzieren können. Wie lange dies dauert, richtet sich nach Ihren Fähigkeiten und den Toleranzen des Schlosses. Auch bei Kombinationsschlössern gilt: Übung macht den Meister.

9

Was Sie noch wissen sollten

Was Sie noch wissen sollten

Dieses Buch befasst sich mit den meisten handelsüblichen Schlössern. In der Regel werden Sie es mit der einen oder anderen Variante zu tun haben, obwohl sie sich in ihrer Form und Größe schon ziemlich unterscheiden können. Mit etwas Übung kann aber jeder die meisten Vorhängeschlösser oder Schlossvarianten in Gebäuden, Schreibtischen oder Schränken außer Gefecht setzen. Wenn Sie einmal mit den hier genannten Methoden vertraut sind, kann es sein, dass Sie Ihren Glauben an herkömmliche Türschlösser verlieren und dass das Gefühl entsteht, schutzlos zu sein. Allerdings kann dasselbe Wissen Ihnen auch eine gewisse Zuversicht geben. Sie wissen jetzt, welche Sicherheitsvorkehrungen und welche Hilfe Sie in der jeweiligen Situation benötigen. Hochsicherheitszylinder erfordern dabei sehr viel Übung und Know-how. Auch wenn Sie es evtl. nie schaffen werden, die besten Schlösser auf dem Markt nachzuschließen, sollten Sie mit der Zeit Ihre Fertigkeiten in diesem Bereich wesentlich ausbauen können.

Die Schließtechnik schaut auf eine langjährige Tradition zurück. Seit der Erfindung des ersten Schlosses gibt es Menschen, die diese Einrichtungen schützen. Im Mittelalter waren Zünfte und andere Verbände, Gemeinschaften und Organisationen weit verbreitet. Sie hüteten ihre Geheimnisse sorgfältig, damit sie für ihr Wissen und ihre Dienste gut bezahlt wurden. Lehrlinge, Technologien und Überbrückungsmethoden wurden streng kontrolliert. Da alles so streng gehandhabt wurde und fast ein Monopol entstand, konnte sich die Schließtechnik nur langsam weiterentwickeln. Obwohl diese Informationen mittlerweile in Fachzeitschriften zugänglich sind, verlangen Schlüsseldienste hohe Preise für ihre Leistungen. Das Informationszeitalter hat zu einer explosionsartigen Verbreitung der verfügbaren Informationen geführt. Wenn Sie sich im Internet über Schlossöffnungstechniken informieren möchten, achten Sie darauf, welche Quellen Sie verwenden. Obwohl der Unterhaltungswert ggf. hoch ist, sind viele Angaben irreführend bzw. falsch.

Ein Aspekt, der mit der Zeit unverändert geblieben ist, ist eine Art Gefühl für ethische Verantwortung unter professionellen Schlossern, Metallbauern und

Was Sie noch wissen sollten

Schließtechnikern. Daher sollte dieser Tradition mit besonderer persönlicher Integrität auch Respekt gezollt werden. Für den Beruf des Schlossers oder Metallbauers sind zahlreiche unterschiedliche Fertigkeiten erforderlich. Mit diesem Buch soll nicht auf die zahlreichen wichtigen Konzepte wie z. B. die Installation eines Schlossriegels, Schreinerarbeiten, Bearbeitung, Elektronik und Buchführung eingegangen werden. Als Schlosser oder Metallbauer haben Sie die Möglichkeit, mit unterschiedlichen Alarmanlagen und Sicherheitssystem vertraut zu werden. Welche Richtung Sie verfolgen, liegt letztendlich an Ihnen. Ihre Motivation ist der einzige Faktor, der Ihrem Erfolg hier Grenzen setzen wird.

Achten Sie stets darauf, dass Sie über die entsprechende Genehmigung verfügen oder anderweitig befugt sind, ein Schloss zu öffnen, bevor Sie sich an die Arbeit geben. Die Person, die Ihnen die Erlaubnis gibt, sollte zudem berechtigt sein, einen solchen Auftrag zu erteilen. Unter Umständen ist es illegal, Nachschließwerkzeuge mit sich zu führen. Informieren Sie sich über die gesetzlichen Bestimmungen für Ihre jeweilige Situation. Denken Sie daran, dass Sie für Schäden haften können, die bei Nachschließversuchen entstehen. Ihr Schlosser/Metallbauer vor Ort kann Ihnen sicherlich wertvolle Informationen geben.

Lassen Sie sich nicht durch egoistische oder angeberische Ziele ablenken, wenn Sie die Arbeit an einem Schloss beginnen. Versuchen Sie nie, ein Schloss mit Gewalt zu öffnen. Versuchen Sie eher, mit dem Schloss zu arbeiten. Zeigen Sie sich entgegenkommend und es wird Ihnen entgegenkommen. Geduld ist eine wichtige Fertigkeit, die es zu meistern gilt. Ohne Geduld haben Sie wenig Aussicht auf Erfolg. Lassen Sie sich Zeit. Hören Sie auf das, was das Schloss Ihnen mitteilt. Vielleicht muss das jetzt nicht unbedingt betont werden, aber Sie haben es bei einem Schloss mit winzigen Metallgegenständen zu tun, die mit kleinsten Toleranzen hergestellt wurden, die dem bloßen Auge oft verschlossen bleiben. Achten Sie auf jede Kleinigkeit, damit Sie das Schloss verstehen lernen. Mit Zeit und Übung werden auch Sie zum Meister.

In den letzten Jahren hat sich das Nachschließen (auch Lockpicking genannt) zu einer Freizeitbeschäftigung entwickelt, die an Popularität gewonnen hat. Teilnehmer an öffentlichen Veranstaltungen zu diesem Thema öffnen keine Schlösser mehr, um Türen oder Tore aufzusperren, sondern aus reinem

Spaß an der Freude. Sportvereine, örtliche Gruppen und Wettbewerbe sind mittlerweile überall zu finden. Besonders in Deutschland gibt es große Verbände. Dieses Buch wurde aufgrund der Beliebtheit dieses Sports in Deutschland in die deutsche Sprache übersetzt. Auch in Ihrer Gegend wird es bestimmt viele Freunde der Sperrtechnik geben.

G

Glossar

Glossar

Abstandshalter – Ein unbewegliches Trennglied zwischen den Zuhaltungen in einem Hebelschloss oder zwischen Sperrscheiben in einem Kombinationsschloss, das verhindert, dass die Bewegung benachbarter Zuhaltungen oder Sperrscheiben übertragen wird. Ein **Trennstift** wird manchmal auch Abstandshalter genannt.

Achsbohrung – Eine Öffnung in den Zuhaltungen eines Hebelschlosses. Ein Stift wird durch diese Öffnungen geführt und lässt die Drehung der Zuhaltungen bei Schlüsseldrehung zu.

Angel – Der Schlüssel- oder Werkzeugansatz zwischen dem Griff und der Spitze. Wird je nach Schlüssel auch als Rohr bezeichnet.

Ansatz – Der lange Abschnitt des Schlüssels zwischen dem Bogen und dem Schaft.

Bart – Der Teil des Schlüssels, der den Sperrriegel dreht oder aktiviert bzw. der die Stifte berührt.

Beidseitig bedienbares Plättchenschloss – Ein Plättchenschloss mit alternierenden Federn, bei dem einige Plättchen nach oben und andere nach unten geschoben werden müssen.

Besatzung – Ein Hindernis im Schloss, das verhindert, dass der falsche Schlüssel eingeführt, gedreht oder sich im Schloss bewegen kann.

Binden – Wenn das Gehäuse und der Kernzylinder den Stift greifen und in Position halten, bindet der Stift.

Blende – Die Wählscheibe eines Kombinationsschlosses, auf der Zahlen aufgedruckt sind und die gedreht wird, um die richtige Kombination einzustellen.

Bügel – Die Metallschlaufe eines Vorhängeschlosses, mit der das Schloss an Ketten, Toren oder anderen zu sichernden Gegenständen befestigt werden kann.

Buntbartschloss – Ein Schloss mit Besatzung, die zwischen verschiedenen Schlüsseln unterscheidet, damit nur der richtige Schlüssel eingeführt werden und das Schloss öffnen kann.

Dekodierer für Tubularschlösser – Ein Werkzeug, mit dem die Tiefen der Taster auf einem Tubularpick ermittelt werden können.

Glossar

Doppelschloss – Ein Schloss, für das (gleichzeitig) zwei unterschiedliche Schlüssel erforderlich sind, damit es sich öffnet. Wird nur ein Schlüssel verwendet, öffnet sich das Schloss nicht.

Drehmoment – Eine rotatorische Kraft.

Dünner Stift – Ein dünner Stift, der bei Tubular- und Hebelschlössern als Sicherheitsmaßnahme verwendet wird.

Einbruchsicherer Schnapper – Dieser Schnapper ist häufig in Türschlössern anzutreffen, die ohne Schlüssel gesperrt werden können. Es handelt sich hierbei um einen kleineren, sekundären Schnapper zusätzlich zum größeren Hauptschnapper. Der Hauptschnapper ist federbelastet, ragt aus der Tür heraus und hält die Tür verriegelt. Wenn der sekundäre Schnapper beim Schließen der Tür aktiviert wird, verhindert er auf mechanische Weise, dass der Hauptschnapper in die Tür gezogen wird. Da der Hauptschnapper nicht einfach in die Tür geschoben werden kann, trägt diese Schnapperkonstruktion dazu bei, dass das Schloss auch nicht durch Shimmen geöffnet werden kann.

Einschnitt – Die Konfiguration der Kerben im Schlüssel für das Schloss.

Einschnitte – Siehe **Kerben**

Einschnittstelle – Die Position eines Einschnitts im Schlüsselbart.

Einschnitttiefe – Die Tiefe eines Einschnitts im Schlüsselbart.

Elektro-Sperrpistole – Eine automatische Sperrpistole.

Endbesatzung – Eine Besatzung am Ende des Schlüsselkanals. Die Spitze des Schlüssels muss so geformt sein, dass diese Besatzung gemieden oder umgangen wird.

Erl – Siehe *Angel*.

Extraktor – Ein Werkzeug, mit dem Schlüsselfragmente und andere Kleinteile aus dem Schloss entfernt werden können.

Fallenriegel – Siehe **Einbruchsicherer Schnapper**

Falsche Kerben – Kerben auf einer Zuhaltung oder einer Scheibe, die einer echten Kerbe ähneln und verhindern sollen, dass sich das Schloss bei unbefugter Manipulation öffnet.

Falsches Setzen – Wenn ein Stift den Eindruck erweckt, als hätte er ordnungsgemäß gesetzt, obwohl er weiterhin die Scherlinie blockiert.

Feder – Eine Feder, die die Sperrscheiben und Abstandshalter in einem Kombinationsschloss zusammendrückt. Die Reibung fixiert die Sperrscheiben, damit sie in eine bestimmte Position gebracht werden können, um das Schloss zu öffnen.

Federbelasteter Spanner – Ein besonderes Spannwerkzeug, mit dem ganz leicht und gezielt Drehkraft angewandt werden kann.

Fenster – Siehe **Hinteres Fenster**

Flipper – Ein Werkzeug, mit dem der Kern schnell gedreht werden kann. Der Flipper dreht den Kernzylinder so rasant, dass die oberen Stifte nicht wieder herunterfallen können.

Gehäuse – Die Hauptkomponente des Schlosses. Der Kern dreht sich im Gehäuse.

Gehäusebesatzung – Ein Teil des Gehäuses, das als Besatzung fungiert. Ein Schlüssel muss ordnungsgemäß geschnitten werden, um dieses Hindernis zu vermeiden.

Gehäusefeder – Eine Feder oben auf der Stiftsäule, die die Stifte oder Zuhaltungen in Richtung des Schlüsselkanals schiebt.

Gehäuseschraube – Die Schraube, die das Gehäuse des Schlosses stabilisiert.

Generalschlüssel – Ein Schlüssel für ein Buntbartschloss, der nur über die Teile verfügt die zum Einführen in das Schloss erforderlich sind und den Riegel drehen. Es gibt keine zusätzlichen Vorsprünge, die mit Besatzungen in Kontakt kommen und den Schlüssel am Drehen hindern könnten. Dies ist ein Schlüssel für alle Buntbartschlösser dieser Art.

Gesenk – Eine tiefe Einkerbung in einem Flachschlüssel, an der die Schließhülse den Schlüsselkanal blockieren kann, um ein Nachschließen zu verhindern.

Gezackter Gehäusestift – Siehe *gezackter Stift*.

Gezackter Stift – Eine Art Sicherheitsstift, der seitlich gekerbt ist, um die Verzahnung in den Stiftöffnungen aufzunehmen. Die Konfiguration dieses Stifts erschwert das Nachschließen des Schlosses.

Hakenförmiges Werkzeug – Ein Werkzeug, mit dem Schlösser manuell bearbeitet werden, da jeder Stift einzeln manipuliert wird.

Glossar

Harke – Ein Werkzeug zur Manipulation der Zuhaltungen, um ein Schloss ohne entsprechende(n) Schlüssel zu öffnen.

Harken – Eine Nachschließmethode für unterschiedliche Schlösser, bei der die Zuhaltungen direkt manipuliert werden.

Hebel – Ein flaches Stück Metall in einem Hebelschloss, über das der Riegel in eine Kerbe rutschen kann, wenn der Schlüssel richtig gedreht wird. In der Regel „Zuhaltung" genannt.

Hebelschloss mit Zuhaltungen – Ein Schloss mit zahlreichen Zuhaltungen. Bei der richtigen Ausführung ein sehr sicheres Design. Tresorfächer und Safes in Banken verfügen häufig über Schlösser mit mehr als 10 Hochsicherheitszuhaltungen.

Hinteres Fenster – Eine Öffnung in den Zuhaltungen eines Hebelschlosses. Der Riegelstift ruht in dieser Öffnung, wenn das Schloss geöffnet ist.

Impressionieren – Eine Methode, mit der ohne Kenntnisse in Bezug auf das Aussehen des Originalschlüssels ein neuer Schlüssel entsteht, indem die Form oder Gestalt des Schlosses auf einen Rohling übertragen wird und die Einschnitte durch Abfeilen des Bartes entstehen.

Kammer – Die Öffnung im Gehäuse, in der der Kern installiert wird.

Kerbe – Eine Rille in einer Sperrscheibe eines Kombinationsschlosses. Wenn alle Kerben einer Sperrscheibe unter der Zuhaltung ausgerichtet sind, kann sich das Schloss öffnen.

Kerben – Ein Einschnitt an einer bestimmten Position und mit einer bestimmten Tiefe in einem Schlüssel.

Kern – Der innere Zylinder eines Schlosses. Der Kern dreht sich mit dem Schlüssel. Bei zahlreichen Schlössern kann man den Kernzylinder ausbauen, wenn das Schloss neu eingestellt werden soll.

Kernstift – Siehe **unterer Stift**.

Kombinationsschloss – Ein Schloss, für das kein Schlüssel notwendig ist. Anstatt dessen muss der Benutzer eine Zahlenkombination eingeben.

Köpfchen – Die Spitze eines Werkzeugs oder Schlüssels, die zuerst in den Schlüsselkanal eintritt. Bei einem Nachschließwerkzeug oder einer Harke handelt es sich hier um den Teil, der die Zuhaltungen direkt manipuliert.

Linus Yale – Der Erfinder des modernen Stiftzylinderschlosses.

Mitnehmer – Vorsprünge auf den Sperrscheiben in einem Kombinationsschloss. Diese Vorsprünge berühren einander und übertragen die Drehbewegung von einer Sperrscheibe auf die andere. So können beim Einstellen der richtigen Kombination alle Sperrscheiben ordnungsgemäß ausgerichtet werden.

Mittlerer Stift – Siehe **Trennstift**

Montageklammer – Ein Werkzeug, das den Kern während der Arbeit festhält.

Nachschließen in Rückwärtsrichtung – Eine Nachschließmethode, bei der alle oberen Stifte über die Scherlinie hinweg geschoben werden. Die Stiftsäulen werden dann geharkt und manipuliert, damit die unteren Stifte wieder unter die Scherlinie zurückfallen.

Nachschließwerkzeug – Ein Werkzeug beliebiger Art, mit dem Zylinderschlösser manipuliert oder Schlösser ohne entsprechende(n) Schlüssel geöffnet werden können.

Neueinstellung eines Schlosses – Neue Anordnung oder Auswechseln der Kernstifte, so dass ein Schlüssel mit anderen Einschnitten/Kerben auf das Schloss passt.

Oberer Stift – Der obere Stift in einem Stiftzylinder, der bei Einführen des Schlüssels in das Gehäuse geschoben wird. Der Gehäusestift berührt die Feder und schiebt den Kernstift nach unten.

Passepartout-Schlüssel – Ein Schlüssel, der bei Hin- und Herbewegung in einem Schloss eine bestimmte Art von Schlössern öffnen kann.

Pilzkopfförmiger Gehäusestift – Siehe *pilzkopfförmiger Stift*.

Pilzkopfförmiger Stift – Ein Hochsicherheitsstift, der sich falsch setzt und somit ein Nachschließen erschwert.

Plättchenschloss – Eine Art von Schloss mit vielen dünnen Plättchen (oft bis zu 15).

Plättchenschloss mit Stange – Ein Plättchenschloss mit integrierter Stange, die erst dann einrastet und eine Drehung des Zylinders zulässt, wenn alle Plättchenzuhaltungen ordnungsgemäß ausgerichtet sind.

Glossar

Plättchenzylinderschloss – Ein Zylinderschloss, bei dem anstatt Stifte Plättchen verwendet werden. Es gibt zahlreiche parallele Plättchen in diesem Schloss, die sich an den entsprechenden Einschnitten des Schlüssels ausrichten. Die Plättchen bewegen sich je nach Tiefe der Einkerbung im Schlüssel. Nur Kerben der richtigen Tiefe verschieben die Plättchen auf die richtige Position, damit sich der Kern drehen kann.

Plug Follower – Ein primär in den USA eingesetztes Werkzeug, mit dem sich der Kern entfernen lässt. Er füllt den Hohlraum, den der Kern hinterlässt, und hält die Gehäusestifte und Federn im Schlosskasten/Gehäuse.

Räute – Der Griff des Schlüssels. Der Teil des Schlüssels, den Sie mit den Fingern festhalten.

Riegelstift – Der Teil des Riegels, der in die Zuhaltungen rutschen kann, wenn der richtige Schlüssel in das Schloss eingeführt wird.

Rohling – Ein Schlüssel, der noch nicht auf ein Schloss zugeschnitten wurde.

Runder Spanner – Ein rundes Werkzeug, mit dem Drehkraft auf beide Seiten eines Schlüsselkanals angewandt wird. Diese Bauart hält den Schlüsselkanal frei und ist bei beidseitig bedienbaren Schlössern hilfreich.

Sattel – Der gebogene Teil der Zuhaltung im Hebelschloss, der den Schlüssel berührt.

Saubere Öffnung – Das geschickte Öffnen eines Schlosses ohne Beschädigung oder Kraftaufwand.

Scheibenabstandshalter – Siehe **Siehe Zwischenscheibe**

Scherlinie – Die Trennlinie zwischen dem Kernzylinder und dem Schlosskasten. Wenn Stifte, Plättchen oder andere Elemente die Scherlinie blockieren, kann sich der Kernzylinder nicht drehen. Wenn die Scherlinie frei ist, kann das Schloss geöffnet werden.

Schlagmethode – Diese Methode setzt voraus, dass alle unteren Stifte zur selben Zeit angeschlagen werden. Diese unteren Stifte übertragen die Schlagwirkung auf die oberen Stifte, die somit über die Scherlinie katapultiert werden. Der Kern kann nun gedreht und das Schloss geöffnet werden.

Schlagschlüssel – Ein besonders zugeschnittener Schlüssel, bei dem jeder Einschnitt besonders tief ist. Am Bart verbleibt lediglich eine winzige Rampe für jeden Stift. Wird der Schlüssel mit einer schlagartigen Bewegung in das Schloss geführt, schiebt jede Rampe einen Stift nach oben, damit sie sich gleichzeitig setzen.

Schließblech – Eine Platte, in der Regel aus Metall, am Türrahmen oder anderen Gegenstand. Der Schnapper des Schlosses tritt in die Öffnung im Schließblech ein und hält das Schloss geschlossen.

Schließhülse – Teil des Hebelschlosses, der den Schlüssel aufnimmt, während das Schloss ordnungsgemäß geöffnet wird. Sie dient u. U. bei der Übertragung der Drehbewegung und blockiert den Schlüsselkanal, damit die Zuhaltungen nicht manipuliert werden können.

Schließkanal – Die Öffnung im Schloss, in die der Schlüssel eingeführt wird.

Schloss – Eine Vorrichtung, mit der ein Zugriff durch Unbefugte verhindert wird, es sei denn, ein bestimmter Schlüssel, Code, eine Vorrichtung oder biometrische bzw. andere Methode der Authentifizierung wird verwendet.

Schlosskasten – Siehe **Gehäuse**

Schlossriegel – Ein Riegel, der weder abgeschrägt noch federbelastet ist. Er wird nur durch Schließen oder Öffnen des Schlosses betätigt.

Schlüssel – Eine Vorrichtung zum Öffnen bestimmter Schlösser.

Schlüsselloch – Siehe **Schließkanal**.

Schlüsselrohling – Siehe **Siehe Rohling**

Schlussstück – Das Stellglied hinten am Kernzylinder, mit dem der Sperrriegel bewegt werden soll.

Schnapper – Ein Riegel, der aus dem Schloss herausragt und in den Türrahmen, das Schließblech, den Bügel oder in eine andere Vorrichtung reicht, die das Schloss geschlossen hält.

Schräge -Eine angewinkelte Kante. Die meisten federbelasteten Riegel verfügen z. B. über eine schräge Kante, damit sie ohne Aufsperren des Schlosses geschlossen werden können. Öffnungen können ebenfalls seitlich abgeschrägt sein, damit sich die Stifte dort falsch setzen können.

Glossar

Schraubzwinge – Ein Handwerkzeug, das wie eine Zange funktioniert, aber in Position festgestellt werden kann.

Schwebender Stift – Ein Stift, der sich frei nach oben und unten bewegen kann.

Setzen eines Stifts – Beim Setzen wird die Stiftsäule zwischen dem oberen und unteren Stift entlang der Scherlinie getrennt. Hat sich ein Stift gesetzt, lässt er die Drehbewegung des Kernzylinders zu.

Shimmen – Aufschließen eines Schlosses durch eine direkte Verlagerung des Sperrriegels oder des Schnappers. Bei dieser Methode werden nicht die Zuhaltungen oder sonstigen Schließmechanismen manipuliert.

Sicherheitsstifte – Stifte, die das Nachschließen besonders erschweren sollen.

Sicherheitszuhaltungen – Siehe *Sicherheitsstifte*.

Snap Gun – Siehe *Pickpistole*.

Spanner – Siehe *Spannwerkzeug*.

Spannwerkzeug – Ein Werkzeug, das in den Schlüsselkanal eingeführt wird und mit dem Drehkraft auf den Kern ausgeübt wird.

Sperrpistole – Ein Handwerkzeug, mit dem sich manche Stiftzylinderschlösser mit wenig Mühe und Fertigkeiten öffnen lassen.

Sperrriegel – Der Riegel, der durch die Drehbewegung des Zylinders beim Schließen/Öffnen des Schlosses betätigt wird.

Sperrscheibe – Ein Rad in einem Kombinationsschloss. Ein Schloss verfügt über mehrere Sperrscheiben. Jede dreht sich und umfasst eine Kerbe, die ausgerichtet werden muss, damit sich das Schloss öffnet.

Spulenförmiger Gehäusestift – Siehe *Spulenstift*.

Spulenstift – Eine Art Sicherheitsstift, der oben breiter ist als unten. Er soll ein falsches Setzen begünstigen und das Nachschließen erschweren.

Stellglied – Ein Stellglied ist eine Vorrichtung oder Komponente, die einen Schließmechanismus aktiviert oder deaktiviert.

Stifte – Zylinderförmige Metallteile, die in einem Schloss als Zuhaltungen dienen. Erst wenn diese Stifte auf eine bestimmte Höhe angehoben werden, lassen sie die Drehbewegung des Kernzylinders zu.

Stiftsäule – Der aus oberem, unterem sowie ggf. Trennstift und Feder bestehende Aufbau in den Öffnungen von Stiftzylinderschlössern.

Stiftzylinderschloss – Ein Schloss, dessen Zuhaltungsmechanismus Stiftsäulen umfasst. Die Stifte müssen mithilfe der Schlüsselkerben so auf die richtige Höhe angehoben werden, dass eine gleichmäßige Scherlinie entsteht und der Sperrmechanismus sich drehen kann.

Taster – Stäbchen, die in einen Tubularpick hineingeschoben und auch wieder herausgezogen werden können. Bei richtiger Einstellung dieser Taster hat das Werkzeug die Form eines Schlüssels, mit dem das Schloss geöffnet werden kann.

Trennplättchen – Siehe **Trennstift**.

Trennstift – Ein Stift, der zwischen dem oberen und dem unteren Stift eingefügt wird. So entstehen mehrere mögliche Kombinationen an der Scherlinie, d. h. das Schloss kann mit unterschiedlichen Schlüsseln geöffnet werden.

Tubularpick – Ein Werkzeug, das speziell für die Manipulation eines Tubularschlosses entwickelt wurde.

Tubularschloss – Ein Schloss, dessen Funktionsprinzip einem Stiftzylinderschloss ähnelt. Allerdings sind die Stiftsäulen kreisförmig und nicht in einer Reihe angeordnet.

Überbrückung – Die Nachschließmethode, bei der das Schloss überbrückt wird und der Sperrriegel direkt manipuliert wird.

Unbeweglicher Stift – Ein Stift, der anstatt eines normalen beweglichen Stifts verwendet wird, um die Verwendung eines falschen Schlüssels oder von Nachschließwerkzeugen im Schlüsselkanal zu verhindern.

Unterer Stift – Der untere Stift in einer Stiftsäule, der den Schlüssel berührt. Kernstifte sind unterschiedlich lang und passen in die Einschnitte des Schlüssels.

Vibrationsmethode – Eine Nachschließmethode, bei der die Stifte nach oben oder unten springen, bis sie die Scherlinie überqueren und das Schloss geöffnet werden kann.

Vordere Scheibe – Die Sperrscheibe in nächster Nähe zur Blende in einem Kombinationsschloss. Diese Scheibe umfasst in der Regel mehrere falsche Kerben.

Glossar

Vorderes Fenster – Eine Öffnung in der Zuhaltung eines Hebelschlosses. Der Riegelstift ruht in dieser Öffnung, wenn das Schloss geschlossen ist.

Vorhängeschloss – Ein tragbares Schloss mit einem Bügel oder einer sonstigen Haltevorrichtung, mit dem/der ein anderer Gegenstand gesichert werden kann.

Wechsel – Die Anzahl der Schlüssel, die eine bestimmte Art Schloss unterscheiden kann.

Zuhaltung – Die Stifte, Plättchen, Hebel oder anderen Gegenstände, die je nach Schlüssel bewegt oder gedreht werden. Das Schlöss öffnet sich erst dann, wenn die Zuhaltungen in die richtige Richtung gedreht oder bewegt wurden.

Zuhaltung – Siehe **Hebel**

Zuhaltungsschloss nach Barron – Ein Hebelschloss, bei dem die Zuhaltung nicht wie bei modernen Hebelschlössern, bei denen die Zuhaltung über Kerben verfügt, auf Kerben im Riegel gehoben werden.

Zweitouriger Schließmechanismus – Ein Schloss, das über zwei Schließmechanismen verfügt, die das Schloss verriegeln. Beide Mechanismen müssen entriegelt werden, damit die Vorrichtung sich öffnet. Eine derartige Konstruktion ist häufig bei Handschellen anzutreffen.

Zwischenscheibe – Kleine fixierte Zwischenscheibe, die verhindert, dass sich die Sperrscheiben in einem Kombinationsschloss zusammen drehen, wenn die Mitnehmer nicht greifen.

RECHTLICHER HINWEIS

DER KÄUFER (UND NICHT STANDARD PUBLICATIONS, INC.) ÜBERNIMMT DIE VERANTWORTUNG, SICH ÜBER VOR ORT GELTENDE GESETZLICHE VORSCHRIFTEN MIT HINSICHT AUF DEN BESITZ UND DIE VERWENDUNG VON HIER GENANNTEN GEGENSTÄNDEN ZU INFORMIEREN UND DIESE EINZUHALTEN. INFORMIEREN SIE SICH VOR ALLEN ARBEITEN BZGL. DER GELTENDEN AUFLAGEN BEI IHREM ANWALT. STANDARD PUBLICATIONS, INC. HAFTET NICHT FÜR IHRE TATEN. DIESES PRODUKT DIENT LEDIGLICH DER INFORMATION UND WEITERBILDUNG UND SOLLTE NUR DEM GESETZ ENTSPRECHEND VERWENDET WERDEN. STANDARD PUBLICATIONS, INC. ÜBERNIMMT KEINE HAFTUNG IN ZUSAMMENHANG MIT DIESEM PRODUKT. STANDARD PUBLICATIONS, INC. STELLT DIESES PRODUKT OHNE MÄNGELGARANTIE ZUR VERFÜGUNG UND MACHT KEINERLEI GEWÄHRLEISTUNGEN, WEDER AUSDRÜCKLICH NOCH STILLSCHWEIGEND, MIT HINSICHT U. A. AUF STILLSCHWEIGENDE GEWÄHRLEISTUNGEN DER MARKTGÄNGIGKEIT ODER DER EIGNUNG FÜR EINEN BESTIMMTEN ZWECK. SIE ÜBERNEHMEN DAS GESAMTE RISIKO FÜR DIE QUALITÄT UND RICHTIGKEIT DIESES PRODUKTS. BEI FEHLERN ÜBERNEHMEN SIE DIE KOSTEN FÜR ERFORDERLICHE WARTUNGS-, REPARATUR- ODER KORREKTURMASSNAHMEN.

INHABER DES URHEBERRECHTS ODER VERTREIBER HAFTEN NUR IN DEM VOM GESETZ ZULÄSSIGEN AUSMASS ODER JE NACH SCHRIFTLICHER ZUSTIMMUNG FÜR SCHÄDEN, ZU DENEN ALLGEMEINE, BESONDERE, ZUFÄLLIGE ODER FOLGESCHÄDEN AUS DER VERWENDUNG ODER NICHTVERWENDUNG DES PRODUKTS ZÄHLEN, AUCH WENN DER INHABER ODER DRITTE ÜBER DIE MÖGLICHKEIT DERARTIGER SCHÄDEN INFORMIERT WURDE(N).

spi

Sie haben das Buch jetzt gelesen... Holen Sie sich jetzt die englische DVD im Handel!

Die DVD zeigt die Schnittansichten in diesem Buch in voller Farbe und mit Computeranimationen. Das Video umfasst Buntbartschlösser, Stiftzylinder und Plättchenschlösser und erläutert die unterschiedlichen Nachschließmethoden. Eine perfekte Ergänzung zur *Illustrierten Einführung in die Schlossöffnung*.

Informativ gestaltet veranschaulicht das Video die Informationen aus der illustrierten Einführung. Mit viel Übung und unter Anwendung der vorgestellten Methoden können auch Sie die meisten heutzutage verwendeten Schlösser öffnen. Das Video umfasst die Grundlagen und auch Informationen zu Generalschlüsseln und Hochsicherheitsanwendungen. Sie haben somit jetzt die Möglichkeit, alle Teile eines Schlosses auch in Bewegung zu sehen. Ihre Funktionsweise wird veranschaulicht und Ihnen näher gebracht. Schrittweise Anleitungen sind für die Öffnung aller Schlosstypen inbegriffen und begleiten Sie durch durch den gesamten Prozess, informieren Sie über die erforderlichen Werkzeuge und analysieren unterschiedliche Methoden, bis Sie das ersehnte Klicken hören und das Schloss sich öffnet.

Visual Guide to Lock Picking

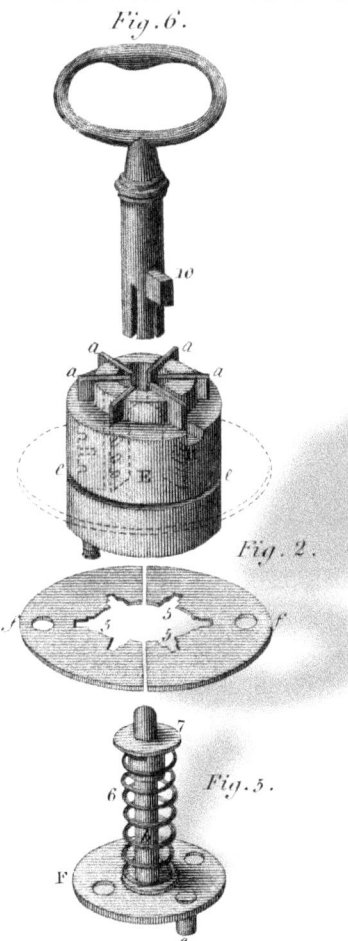

- 3D ANIMATION
- WARDED LOCKS
- PIN TUMBLER LOCKS
- WAFER LOCKS
- AND MUCH MORE

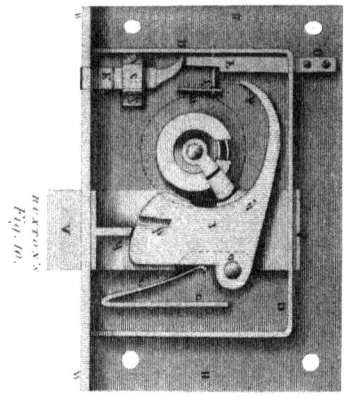

www.StandardPublications.com

www.ingramcontent.com/pod-product-compliance
Lightning Source LLC
Chambersburg PA
CBHW071714160426
43195CB00012B/1678